Kohlhammer

Peter Dabrock / Max Tretter / Tabea Ott / Michael Hahn
(Hrsg.)

Grenzen von Vermittlung – Vermittlung von Grenzen

Ethische, theologische und
gesellschaftswissenschaftliche Erkundungen

Verlag W. Kohlhammer

1. Auflage 2025

Das Werk ist lizensiert unter der Lizenz CC BY-NC-ND 4.0, vgl. https://creativecommons.org/licences/by-nc-nd/4.0/.

Gesamtherstellung: W. Kohlhammer GmbH, Heßbrühlstr. 69, 70565 Stuttgart
produktsicherheit@kohlhammer.de

Print:
ISBN 978-3-17-045769-0

E-Book-Format:
PDF: ISBN 978-3-17-045770-6
DOI: 10.17433/978-3-17-045770-6

Für den Inhalt abgedruckter oder verlinkter Websites ist ausschließlich der jeweilige Betreiber verantwortlich. Die W. Kohlhammer GmbH hat keinen Einfluss auf die verknüpften Seiten und übernimmt hierfür keinerlei Haftung.
Dieses Werk einschließlich aller seiner Teile ist urheberrechtlich geschützt. Jede Verwendung außerhalb der engen Grenzen des Urheberrechts ist ohne Zustimmung des Verlags unzulässig und strafbar. Das gilt insbesondere für Vervielfältigungen, Übersetzungen, Mikroverfilmungen und für die Einspeicherung und Verarbeitung in elektronischen Systemen.

Inhalt

Vorwort 9

I Grenzen – Theologie – Ethik

Begrenzte Vermittlung von Grenzen
Zum Ansatz responsiver Transpartikularisierung 15
Peter Dabrock

Grenzen des Verstehens – Vermittlung letzter Grenzen
Ein Vorschlag zur Verständigung zwischen den theologischen Disziplinen. ... 23
Friedhelm Hartenstein

Kleiner Grenzverkehr
Fragile Diskurse und die (In)Kompetenz der Theologie 32
Hartmut von Sass

Konkrete Ethik als Vermittlung von Grenzen unter Beachtung der Grenzen von Vermittlung. 40
Michael Hahn

»You will never be one of us«
Reflexionen zum Umgang mit Identität, Privilegien und Grenzerfahrungen .. 47
Max Tretter

Das grenzenlose Böse nach dem 7. Oktober 2023 56
Florian Schroeder

II Recht – Ethik – Politikberatung

Normative Grenzen der Räterepublik 65
Steffen Augsberg

Wissenschaftlicher Rat und politische Entscheidung 72
Frank Niggemeier

Grenzen der Vermittlung?
Grenzkonflikte angesichts der Entgrenzung von Medienpraktiken
(wie des Konsiliarischen) 80
Philipp Stoellger

Ethikberatung der Politik?
Einige (selbst)kritische Anmerkungen zur Arbeit des Deutschen Ethikrates ... 90
Wolfram Höfling

Zum schwierigen Verhältnis zwischen Wissenschaft und Politik 98
Sabine Döring

III Digitalität – Künstliche Intelligenz – Öffentlichkeit

Welche Sicherheit? Vertrauen zur Zeit des *Democratic Backsliding* 107
Barbara Prainsack

**Grenzphänomene – oder: Die Demokratie ist tot; lang lebe die
Demokratie** 114
Matthias Braun

**Ohne Intelligenz aber wirkmächtig:
Künstliche Intelligenz als Akteur im öffentlichen Raum**
Algorithmische Statistik als Mythos 120
Jeanette Hofmann

Über Grenzen veröffentlichen?
Medienethische Anmerkungen zu digitalen Transformationen von
Öffentlichkeitspraktiken... 128
Florian Höhne

Die Mensch-Maschinen-Grenze
Zum Verhältnis von Mensch und Technik in Zeiten von Robotik und
Künstlicher Intelligenz 136
Thomas Zeilinger

**Metafiktionalität und die digitale Präsenz Verstorbener durch
generative Künstliche Intelligenz**... 143
Mathias Wirth

IV Kirche – Öffentlichkeit – Politik

Kirche als Akteurin in der Politik öffentlicher Emotionen – Verhältnisbestimmungen im Blick auf den Populismus 155
Lisanne Teuchert

Reflexion und Engagement
Ethische Kompetenz in der Kirche als Thema einer Ekklesiologie des Öffentlichen Protestantismus 162
Christian Albrecht & Reiner Anselm

Kirchenpolitikberatung – ein Grenzverkehr sui generis 172
Peter Bubmann

Was tun in Zeiten des Geschreis? 176
Martin Hein

V Produktion und Kommunikation von Wissen

Grenzen der Vermittlung, oder: Können Hexen fliegen 2.0
Dekoloniale Perspektiven auf Wissensproduktion 187
Claudia Jahnel

Situierte Expeditionen
Ein kritischer Kommentar zu Konventionalisierungen von Unwissen 194
Kristin Merle

Elementarisierung als doppelte Entdifferenzierung
Anmerkungen zu Wissenschaftskommunikation und Ethik 201
Thorsten Moos

Theologie als Grenzkompetenzvermittlung
Theologisch-ethische Überlegungen zur Wissenschaftskommunikation 207
Tabea Ott

Verzeichnis der Autorinnen und Autoren 215

Vorwort

Vermittlung ist ein anspruchsvolles Unterfangen. Unterschiedliche Personen und Positionen mit ihren jeweiligen Eigenarten, Überzeugungen und individuellen Erfahrungshorizonten in ein Gespräch zu bringen und auf eine Weise im Gespräch zu halten, dass am Ende nicht nur ein gegenseitiges Vernehmen, sondern eventuell sogar ein wechselseitiges Verständnis, ein Einvernehmen oder zumindest ein tragfähiger Kompromiss entsteht, erfordert oft immense Anstrengungen. Es kann enorm nervenzehrend und kräfteaufreibend sein – und nicht selten dennoch oder auch gerade daran scheitern. Wie zermürbend solche Vermittlungsversuche verlaufen können, wird popkulturell durch kaum ein Werk so treffend inszeniert wie durch Roman Polańskis 2011 erschienenen Film *Der Gott des Gemetzels*.[1]

Basierend auf dem gleichnamigen Kammerspiel der französischen Schriftstellerin Yasmina Reza,[2] beginnt der Film mit einer vermeintlich harmlosen Alltagsszene: Nach einem Streit zwischen zwei Schülern, bei dem einer dem anderen durch einen Schlag ins Gesicht zwei Schneidezähne ausgeschlagen hat, treffen sich die Eltern der beiden, um den Vorfall zu besprechen und gemeinsam eine konstruktive Lösung zu finden – ein geradezu exemplarischer Vermittlungsversuch. Doch was zunächst als höfliches, wenn auch distanziertes Gespräch beginnt, eskaliert zusehends. Je länger die Diskussion andauert und je mehr die vier Protagonist:innen – hochkarätig verkörpert von Jodie Foster, Kate Winslet, Christoph Waltz und John Christopher Riley – ihrer persönlichen, weltanschaulichen, pädagogischen und beruflichen Differenzen gewahr werden, desto mehr gerät das Gespräch außer Kontrolle. Aus der anfänglichen Suche nach Verständigung wird eine zunehmend absurde und destruktive Gesprächskatastrophe. Anstatt einander zuzuhören oder aufeinander einzugehen, reagieren die Figuren zynisch, machen sich gegenseitig lächerlich und lassen ihren wachsenden Antipathien freien Lauf. Während dieses »Elterngespräch« unaufhaltsam ins Absurde abgleitet, was gleichermaßen faszinierend wie unangenehm anzusehen ist, und die anfangs angestrebte Verständigung immer unerreichbarer scheint, zeigt der letzte Kameraschwenk des Films – quasi als ironischer Schlusstwist, der an

---

1 Roman Polański & Yasmina Reza, *Der Gott des Gemetzels*, Frankreich, Deutschland, Polen & Spanien: SBS Production & Constantin, 24. November 2011.
2 Yasmina Reza, *Der Gott des Gemetzels. Schauspiel*, übersetzt von Frank Heibert & Hinrich Schmidt-Henkel, Lengwil: Libelle 2007.

die ähnlich angelegte *Vater-und-Sohn*-Bildgeschichte »Wie die Jungen zwitschern«[3] erinnert – die beiden Jungs, wie sie friedlich miteinander spielen.

Mit seiner Inszenierung zeigt *Der Gott des Gemetzels* auf schrecklich humorvolle Weise, wie schnell Vermittlung an ihre Grenzen gelangen und scheitern kann – und vor allem: *woran* sie scheitern kann. Doch obwohl ihr Gelingen so unwahrscheinlich und die Möglichkeiten ihres Scheiterns so zahlreich erscheinen, wirken die Alternativen zur Vermittlung noch weniger erstrebenswert. Denn was bleibt, wo Vermittlung ausbleibt? Im Film sind es ein wachsendes »Unvernehmen«[4] und eine zunehmende Entfremdung, die dazu führen, dass die Protagonist:innen immer weniger miteinander und zunehmend aneinander vorbei reden. Dies mündet in einem schleichenden Verlust von Höflichkeitsformen, wachsender Respektlosigkeit und schließlich in lautstarkem »Geschrei.«[5] Angesichts dieser höchst unattraktiven Alternativen erscheinen die Anstrengungen der Vermittlung und der Versuch, ihre Grenzen nicht nur auszuloten, sondern sie gegebenenfalls auch auszuweiten, umso wertvoller. Gleichzeitig wird im Film deutlich, dass erfolgreiche Vermittlung auf das Einhalten bestimmter Grenzen angewiesen ist. Werden diese überschritten – etwa, wenn grundlegende Überzeugungen ins Lächerliche gezogen oder intime Details von anderen preisgegeben werden –, kann ein vormals vielversprechendes Gespräch seinen Vermittlungscharakter schnell verlieren und ins Apologetische kippen. Umso wichtiger ist es, diese Grenzen im Vorhinein klar zu markieren, das heißt: in einem fundamentalkommunikativen Akt zu vermitteln. In diesem Sinne steckt *Der Gott des Gemetzels* das zentrale Themenfeld dieses Sammelbands ab: Er thematisiert in sehenswerter Weise sowohl die *Grenzen von Vermittlung* als auch das *Vermitteln von Grenzen* und macht deren wechselseitige, dialektische Verschränkung sichtbar. Damit kann der Film als nicht nur humor-, sondern auch gehaltvolle Hintergrundfolie für die Reflexionen gelesen werden, die in diesem Band angestellt werden.

Während *Der Gott des Gemetzels* – in einer durchaus protestantisch anmutenden Manier – das Zusammenspiel von Vermittlung und Grenze vornehmlich aus einer Perspektive des Scheiterns beleuchtet, indem er eindrucksvoll zeigt, wie grandios Vermittlung sprichwörtlich »in die Hose gehen« kann und welche beklemmenden Situationen daraus resultieren können, will dieser Sammelband den Blickwinkel etwas weiten. Er zielt darauf ab, insbesondere die *produktiven* Potenziale des Wechselspiels zwischen Grenzen und Vermittlung in den Fokus zu rücken.

Wie nicht zuletzt Paul Tillich betont, ist Denken immer schon Reflexion »auf der Grenze«[6] – weswegen auch jede Kommunikation des eigenen Denkens stets als Vermittlung dieser Grenzerfahrung aufzufassen ist. Damit bleibt die denkende Vermittlung über Grenzen (hinweg) zwar eine permanente Herausforderung selbstkritischen

---

3 e.o. plauen, *Vater und Sohn. 150 Bildgeschichten*, Stuttgart: Reclam 2020, 24.
4 Vgl. Jacques Rancière, *Das Unvernehmen. Politik und Philosophie*, übersetzt von Richard Steurer, Frankfurt am Main: Suhrkamp 2002.
5 Zum Phänomen des Geschreis, vgl. den Beitrag von Martin Hein in diesem Band.
6 Vgl. Paul Tillich, *Auf der Grenze. Aus dem Lebenswerk Paul Tillichs*, Stuttgart: Evangelisches Verlagswerk 1962.

Denkens – ist dabei aber, wie sich im Anschluss an Bernhard Waldenfels festhalten lässt, gleichermaßen als Ausgangspunkt dieser Reflexions- und Erkenntnisprozesse und darüber hinaus sogar als Grundlage aller Formen von Gemeinschaft und Selbsterfahrung festzuhalten.[7] Ohne Grenzen und ohne Vermittlung, so muss man folgern, kann es demnach weder Denken noch Kommunikation, weder »Ich« noch »Wir« geben.[8]

Gerade angesichts ihrer Fundamentalität erscheint eine erneute Reflexion über Grenzen, Vermittlung und das Verhältnis beider heute – in einer Zeit, in der Populismus und Polarisierung, Propaganda und Hassreden zunehmend die elementaren Voraussetzungen von Verständigungs- und Vermittlungsprozessen untergraben und damit an den Grundnormen der liberal-rechtsstaatlichen Demokratie nagen[9] – dringlicher denn je. Umso mehr gilt dies, da Grenzen und Vermittlung in einer semantisch immer pluraleren und komplexeren, sich strukturell stets weiter ausdifferenzierenden und zu neuen Formen von Rehybridisierung tendierenden Weltgesellschaft,[10] gleichzeitig immer zentraler, aber auch immer unfassbarer werden.[11]

Vor diesem Hintergrund vereint dieser Sammelband – der auf ein gleichnamiges Symposium zurückgeht, das am 17. und 18. Oktober 2024 anlässlich des 60. Geburtstags von Peter Dabrock an der Friedrich-Alexander-Universität Erlangen-Nürnberg stattfand[12] – verschiedene Beiträge herausragender Denker:innen. Aus ihren jeweiligen Fachperspektiven reflektieren sie über die Dialektik der *Grenzen der Vermittlung* und der *Vermittlung von Grenzen*. Im Zentrum des gemeinsamen Nachdenkens stehen dabei verschiedene Grenzreflexionen, die Peter Dabrocks wissenschaftliche Arbeit

---

7   Vgl. Bernhard Waldenfels, *Antwortregister*, Frankfurt am Main: Suhrkamp 2007; Bernhard Waldenfels, *Sozialität und Alterität. Modi sozialer Erfahrung*, Berlin: Suhrkamp 2015.
8   Vgl. Bernhard Waldenfels, *Ordnung im Zwielicht*, Frankfurt am Main: Suhrkamp 1987; Bernhard Waldenfels, *Topographie des Fremden. Studien zur Phänomenologie des Fremden. Band 1*, Frankfurt am Main: Suhrkamp 1997; Bernhard Waldenfels, *Der Stachel des Fremden*, 3. Auflage, Frankfurt am Main: Suhrkamp 1998.
9   Vgl. u.a. Eric Heinze, *Hate Speech and Democratic Citizenship*, Oxford: Oxford University Press 2016; Philip Manow, *(Ent-)Demokratisierung der Demokratie*, Berlin: Suhrkamp 2020; Cynthia Fleury, *Hier liegt Bitterkeit begraben. Über Ressentiments und ihre Heilung*, übersetzt von Andrea Hemminger, Berlin: Suhrkamp 2023; Veith Selk, *Demokratiedämmerung. Eine Kritik der Demokratietheorie*, Berlin: Suhrkamp 2023; Kolja Möller, *Volk und Elite. Eine Gesellschaftstheorie des Populismus*, Berlin: Suhrkamp 2024; Craig Calhoun, Dilip Parameshwar Gaonkar & Charles Taylor, *Zerfallserscheinungen der Demokratie*, übersetzt von Andreas Wirthensohn, Berlin: Suhrkamp 2024.
10 Vgl. Niklas Luhmann, *Die Gesellschaft der Gesellschaft. Erster und zweiter Teilband*, Frankfurt am Main: Suhrkamp 1997; Bruno Latour, *Wir sind nie modern gewesen. Versuch einer symmetrischen Anthropologie*, übersetzt von Gustav Roßler, Frankfurt am Main: Suhrkamp 2008; Bruno Latour, *Eine neue Soziologie für eine neue Gesellschaft. Einführung in die Akteur-Netzwerk-Theorie*, übersetzt von Gustav Roßler, Frankfurt am Main: Suhrkamp 2010.
11 Vgl. Zygmunt Bauman, *Flüchtige Moderne*, übersetzt von Reinhard Kreissl, Frankfurt am Main: Suhrkamp 2003; Steffen Mau, *Sortiermaschinen. Die Neuerfindung der Grenze im 21. Jahrhundert*, München: C. H. Beck 2021; Kanishka Chowdhury, *Border Rules. An Abolitionist Refusal*, Cham: Palgrave Macmillan 2023.
12 Vgl. den Konferenzbericht in der Zeitschrift für Evangelische Ethik 69 (3), 2025.

nachhaltig geprägt haben und weiterhin prägen. Sie kreisen um das Verhältnis von Theologie, Philosophie und Ethik im Kontext von Politik(beratung) und Öffentlichkeitsgestaltung – nicht nur, aber immer auch mit Blick auf die religionskulturelle Institution ›Kirche‹. Gerade diese Schnittstellen, Spannungsfelder prägen die wissenschaftliche Arbeit von Peter Dabrock und liegen ihm persönlich besonders am Herzen.

Auf eine detaillierte Darstellung der einzelnen Beiträge verzichten wir an dieser Stelle, da diese durch ihre prägnante Kürze und ihren essayistischen Stil schnell zugänglich sein sollten. Ebenso selbsterklärend dürfte die fünfteilige Struktur dieses Sammelbands sein. Überflüssig zu erwähnen, dass die Beiträge – der Thematik entsprechend – ausschließlich die Positionen der jeweiligen Autorinnen und Autoren widerspiegeln. Mögen sie der Vermittlung von Grenzen dienen und neue Diskussionen anstoßen!

Zum Abschluss dieses Vorworts bleibt uns als Herausgebenden daher nur, unseren aufrichtigen Dank auszusprechen: Wir danken allen, die am Oktobersymposium 2024 teilgenommen und es nicht nur zu einer intellektuell anregenden, sondern auch zwischenmenschlich bereichernden Veranstaltung gemacht haben. Eine besondere Ehre waren uns die zahlreichen persönlichen Grußworte, die das Symposium bereichert haben. Hierfür danken wir herzlich Joachim Hornegger, Präsident der Friedrich-Alexander-Universität Erlangen-Nürnberg, Bärbel Bas, Präsidentin des Deutschen Bundestages, Kay Kirchmann, Dekan der Philosophischen Fakultät und des Fachbereichs Theologie an der Friedrich-Alexander-Universität Erlangen-Nürnberg, Kirsten Fehrs, Ratsvorsitzende der Evangelischen Kirche in Deutschland, Jan Wörner, Präsident der Deutschen Akademie der Technikwissenschaften, und David du Toit, Sprecher des Fachbereichs Theologie an der Friedrich-Alexander-Universität Erlangen-Nürnberg. Ebenso möchten wir allen Autorinnen und Autoren ausdrücklich danken, die mit ihren Beiträgen die thematische Vielfalt und inhaltliche Substanz dieses Sammelbands geprägt haben. Darüber hinaus gilt unsere Anerkennung all jenen, die organisatorisch oder unterstützend an der Vorbereitung und Durchführung des Symposiums, der Ausarbeitung des Manuskripts und dem Publikationsprozess beteiligt waren. Unser besonderer Dank gilt dabei Gerdi Seybold, ebenso wie – in alphabetischer Reihenfolge – Isabella Auer, Fiona Bendig, Carima Jekel, Anika Ranzenberger, Lena Völkel und Sebastian Weigert.

Für die Herausgebenden in Erlangen im Januar 2025, Max Tretter

I   Grenzen – Theologie – Ethik

Begrenzte Vermittlung von Grenzen
Zum Ansatz responsiver Transpartikularisierung

Peter Dabrock

Leben ist notorisch Grenzerfahrung: Bisweilen sind Grenzen zu achten, bisweilen zu überwinden, gar zu zerstören. Denken ist Reflexion von Grenzerfahrungen: Kompetenz im Differenzieren und im Aushalten von Zweideutigkeiten und in beidem Orientierung zu suchen, zu vermitteln – und sei es zu vermitteln, dass Vermittlung und Orientierung an ihre Grenzen geraten.

Grenzerfahrungen und Grenzerfahrungsreflexionen und -artikulationen sind vielfältig, weil Grenzen so unfassbar vielfältig sind: Es gibt nicht nur physische, psychische, soziale (sprich: rechtliche, politische, religiöse, wirtschaftliche etc.), technische, soziotechnische und metaphorische. Sie unterscheiden sich in all diesen Sphären, Domänen, Regionen und Konfessionen vor allem nach ihren Modi. Es gibt scharfe und weiche Grenzen, kalte und heiße, sichtbare oder unsichtbare, materielle und immaterielle, stabile oder instabile, undurchlässige, durchlässige, einseitig durchlässige, einigermaßen symmetrisch oder strikt asymmetrisch überwindbare, kurz-, mittel-, langfristig angelegte, explizit oder implizit diskriminieren wollende, Zäune, Gräben, Bruchlinien, Schwellen, Minenfelder, »Sortiermaschinen« (S. Mau) und, und, und …

Ob und wenn ja, wann, wo, wie und warum Grenzen mal zu errichten und zu schützen oder mal zu überwinden oder gar zu zerstören sind, ist eine Frage der Perspektive. Diese wiederum ist regelmäßig erfahrungsgesättigt. Das wiederum können die einen bedenken und artikulieren, anderen fällt es schwer, Grenzerfahrungen zu formulieren, sie manifestieren ihre Widerfahrnis von und ihren Umgang mit Grenzen dann oft nicht-propositional. Ob durch »Wort und Zunge« oder in der Prätention von »Tat und Wahrheit« (1 Joh 3,18): Grenzerfahrungen sind daher mindestens latent, oft explizit gewalttätig. Das ergibt sich schon daraus, dass die einen Grenzen verteidigen wollen (müssen, meinen es zu müssen); andere wollen sie überwinden (müssen, meinen es zu müssen) – diese Konstellation trägt fast a priori Gewaltpotential in sich. Da mag man vermitteln (wollen), aber Vermittlung, die sich ihrer eigenen Begrenztheit nicht bewusst bleibt, wirkt oft grenzverletzend. Und doch kann sie im Vollzug nicht anders, muss halt versuchen, möglichst »wenig Porzellan zu zerschlagen« – das wäre doch schon mal was. Oder in Anlehnung an eines der wichtigsten theologischen Statements des 20. Jahrhunderts (von Karl Barth in *Das Wort Gottes als Aufgabe der Theologie*) formuliert: »Wir sind Menschen, und können nicht … – wir sind (von unserer Möglichkeit her) Denkende, es ist unsere Aufgabe. Wir haben den Gegensatz auszuhalten, zu bezeugen und, wo und wann (was immer das heißt) diese Spannung nicht beachtet wird, gegenzusteuern.« »Pecca fortiter – sed fortius fide«, mag man denken … In diesem Sinne einige Überlegungen zur begrenzten Bedeutung von Grenzen und ihrer Vermittlung – in deutender Beobachtung dreier typologischer Perspektiven: der der

Grenzverteidigenden, der Überwinden-Wollenden und der mit beiden dekonstruktiv Kämpfenden (Spoiler: den responsiv Transpartikularisierenden).

Grenzverteidigungen

Gerade Progressiven scheint der Drang nach Grenzüberschreitung, nach »schöpferischer Zerstörung« (J. Schumpeter), nach Neuem, ja »Neuartigem« (A. Schütz) inhärent zu sein. Verteidigung von Grenzen wirkt für sie dagegen oft lethargisch, innovationsfeindlich. So sehr gerade in der DNA der Moderne Grenzverteidigungen den Eindruck von Retardierung oder gar Regression machen mögen, einseitige Kritik daran springt praxeologisch wie theoretisch meist zu kurz: Ohne Grenzen kein Leben – und dazu braucht es nicht unbedingt eine feste Zellwand –, erst recht kein menschliches Leben. Grenzen bieten Schutz, Stabilität und Sicherheit, indem sie nach innen Identität inszenieren (was nicht nichts, vielmehr konstitutiv für Selbst-Verwirklichung ist) und nach außen ausschließen; sie schaffen oder kultivieren die vermeintlich eindeutige Differenz von »wir« und »die anderen« und stellen so »prima facie« einen erheblichen Solidarisierungs-, Zugangs- zu Rechten oder Privilegien und somit Machtfaktor dar. Nur in unrealistischen Szenarien ist Macht per se verpönt. Realistischerweise kann und sollte man sich und anderen eingestehen: Macht ist Handlungs-, Entscheidungs- und Gestaltungsmöglichkeit. Diese kann – und auch das ist immer eine Frage der Perspektive – zwar eingesetzt werden, um andere zu disziplinieren – Foucault weiß mehrere Lieder darüber zu singen –, zu kontrollieren oder zu unterdrücken, aber auch um Umwelt wie Welt verantwortlich zu gestalten – selbst dazu hilft im Übrigen bisweilen (Selbst-)Gouvernementalisierung. Wie dies geschehen kann, ergibt sich erneut aus der eingenommenen oder übernommenen Perspektive. Kurzum: Wir können nicht *nicht* Grenzen aufbauen, verteidigen, »bewirtschaften« – Macht braucht es deshalb.

Aber wie angesichts von Bedrohung, Infragestellung oder Untergrabung von Grenzen verteidigend reagiert wird, sagt viel über die soziale und ideologische Innenseite der Grenzmarkierung aus. Wenn Unsicherheit darüber, was das Eigene angesichts von Fremdem noch ist, Misstrauen und Feindschaft aus sich entlässt, äußert sich dies zunächst oft in aggressiver Ablehnung der Anderen als »Fremden«, die dann nicht selten diskriminiert werden. Zur »Verteidigung« des Eigenen werden dann in einem verstärkten Kontrollbegehren formelle Gesetze, informelle Regeln, materielle Mauern, Zäune oder unsichtbare, aber effektive soziotechnische »Sortiermaschinen« eingesetzt.

Politische Bewegungen, die einfache, nationalistische oder gar chauvinistische Lösungen imaginieren und daher Grenzschutz und nationale Sicherheit priorisieren, etwa durch strenge Einwanderungspolitiken, militärische Maßnahmen oder auch Zölle, bekommen Aufwind. Denn die Abgrenzung von »anderen« wird zentral, um die eigene bestehende Ordnung zu wahren. Wenn man glaubt, dass Fremde bereits zum vermeintlich illegitimen Teil des zu verteidigenden Eigenen geworden sind, werden gegenüber ihnen Rufe nach Ausweisung, Remigration oder Exklusion laut – Girards

Sündenbock lässt grüßen –, parallel wird eine romantisch verklärte Vergangenheit als vermeintliches Ideal hochgehalten, das durch Fremde im Eigenen gefährdet sei. Geschichtswissenschaft belehrt oft eines Besseren, dass die Vergangenheit keineswegs ideal war. Beides, Ausschluss und Pseudoidealisierung, findet sich nicht nur im politischen Raum. Reaktionen auf Grenzinfragestellungen und -überwindungsversuche können auch anders von statten gehen, wenn man darin eine Refiguration des Eigenen sehen kann – später mehr, zunächst typologisch zur Perspektive der Grenzüberwinder:innen.

Grenzüberwindungen

Weil Ordnung, Kontrolle, Disziplinierung, Machtbegehren, identitäre Stabilisierung oder gar Abschließung immer auch Kollateralschäden und Opfer produzieren, liegt es geradezu »in der Natur der Sache«, dass Menschen, die oder deren Positionen, Entscheidungen, Gemeinschaften oder Organisationen auf der Außenseite von Grenzziehungen zu stehen kommen, versuchen, solche Grenzen infrage zu stellen, zu überwinden, zu verschieben oder zumindest durchlässiger zu machen. Denn für sie und ihre Haltungen wie Handlungen sind solche Grenzen nicht Schutz- und Stabilitätsmechanismen, sondern Barrieren, die Chancen verwehren, Freiheit einschränken und Ungerechtigkeiten manifestieren. Viele geben auf und versinken in Frustration oder Lethargie, manche halten in Hoffnung auf Besseres oder gar (vermeintlich) ganz Anderes mit ihrem Veränderungswillen dagegen. Menschliche Geschichte – in allen Sphären der Gesellschaftsgeschichte – lebt von solcher Veränderungsbereitschaft, die sich mit dem Gegebenen, dem Alten, dem Überlieferten – aus welchen Gründen auch immer – nicht zufriedengibt. Paradigmatisch ist wissenschaftlicher Fortschritt nichts anderes als das permanente, methodisch geleitete Hinausschieben von Grenzen auf der Grundlage reproduzierbarer Versuche und begründungsfähiger Theorien. In sozialen und politischen Kontexten ereignen sich Akte von Befreiung oder Emanzipation meistens angesichts von wahrgenommenen Unrechts- oder Ungerechtigkeitsempfindungen ganz unterschiedlich: Solche Artikulationen, Handlungen und Bewegungen können für die Grenzüberschreitung werben, gegen das Vorgegebene protestieren, die gegebene Ordnung durch »innere Kündigung« oder »Bummelstreiks« ineffektiver machen und sie so von innen her aushöhlen; sie können aber auch als moderater ziviler Ungehorsam, deutlicher Widerstand oder gar in Form von Revolutionen daherkommen. Mal sind sie evolutiv-reformerisch, mal revolutionär-disruptiv. Um so illegitimer oder willkürlicher Grenzziehungen wahrgenommen werden, um so mehr steigt oft die selbstlegitimatorische Bereitschaft, sie gegebenenfalls auch gewaltsam zu überwinden, sofern dies noch möglich ist und die Grenzen nicht ein so enges Korsett bilden, dass jeglicher Widerstand – auch Ausdruck menschlicher Freiheit – als zum Scheitern verurteilt wirkt. Wo Überwachungstechniken, Überwachungsstaat und »Überwachungskapitalismus« (S. Zuboff) ihre dunkle digitale Hochzeit feiern, droht dieser Zustand. Der wichtigste Grund, diese Dystopie zu verhindern, besteht darin, »soziale Freiheit« (A. Honneth), also die Freiheit, die sich nur mit unter der Bedingung wechselseitiger Anerkennung mit anderen (wie beispielsweise Beziehungsleben oder Demokratie) realisieren lässt, aufrechtzuerhalten. Selbst wenn man am Bleibenden festzuhalten gewillt ist, sprich: Grenzen verteidigen will, lohnt es sich immer wieder, beharrlich nach Besserem zu schauen. Wie aber können Modi von Grenzverteidigung und Modi von Grenzüberwindungen so zusammengedacht und praktisch miteinander gekoppelt werden, dass keine »schlechte Ambiguität« (M. Merleau-Ponty) entsteht, sondern not-wendige Identitätsräume und Ordnungen geschaffen werden, die offen bleiben für Neues, Andere(s) und Fremde(s) und zugleich ihre Grenzen (von Aufnahme) anerkennen?

Responsive Transpartikularisierung als begrenzte Vermittlung von Grenzen

In der Theorie gelingt die Vermittlung schnell. Im Anschluss an Bernhard Waldenfels, dessen Arbeiten mich wie wohl kein anderer Ansatz geprägt haben, sind die entsprechenden Figuren bekannt: Wer im und am Eigenen Elemente, Erfahrungen, Spuren, Auf- und Einbrüche von und vom Fremden erlebt, sprich: ihm, ihr, ihnen widerfährt, kann – rein theoretisch – gewahr werden, dass »das, was ist, nicht alles ist« (Th. W. Adorno), vielmehr nicht alles, aber vieles »ganz anders« (R. Musil) sein könnte. Diese moderaten, relativen bis radikalen Differenzerfahrungen könnten eine Sensibilität und im Idealfall sogar Toleranz für Ambivalenzen und noch stärker Ambiguitäten (Th. Bauer) bewirken. Man würde der Begrenztheit des Eigenen aufgrund und aus der Perspektivität des eigenen Standorts gewahr oder könne sich für das (begrenzte) Recht der Perspektive, der Position, des Eigenen des/der Fremden öffnen. Das Eigene wäre dann neu oder gar neuartig die Einheit der Differenz von Eigenem und Fremdem oder – luhmannianisch gesprochen – von System und Umwelt. Ob man dann das System als konsequent operativ geschlossen oder doch unter grundsätzlicher Beibehaltung dieser Figur auch mit – warum auch immer sich ereignenden – Rehybridisierungen (B. Latour) und Intermediatisierungen (W. Huber) von Systemen und Systemlogiken rechnet, ist sekundär im Verhältnis zu der in beiden Fällen sich einstellenden Einsicht, dass Eigenes, das auf die Widerfahrnis von ihm Fremdem reagiert, ein anderes wird, als wenn es diese Erfahrung abblendet. »Man kann eben nicht zweimal in denselben Fluss steigen – panta rhei.« (Heraklit). Selbstkritik und Neuorientierung dürften sich jedenfalls eher einstellen, wenn man Fremderfahrungen im Eigenen (mindestens qua re-entry beobachtend) internalisiert.

Den Ansatz, der nicht nur die Partikularität des Eigenen würdigt, sondern in der induktiv gewonnenen Einsicht, dass aus der beanspruchenden (und durchaus herausfordernden, vulgo: oft als problematisch empfundenen) Widerfahrnis von Fremdem im und am Eigenen – man ist selten, wenn überhaupt »Herr im eigenen Hause« (S. Freud) – Allgemeineres über das Partikulare hinaus antwortend, sprich: responsiv gewonnen werden kann, ohne dass das Partikulare als bloße Zwischenstation, als Uneigentliches und möglichst schnell zu Überwindendes angesehen werden muss, habe ich seit vielen Jahren unter dem Stichwort »Transpartikularisierung« beworben.

Man könnte – je nach Perspektive oder diskursiver Intention – von kultursensibler (lateraler) Universalisierung, von differenzsensibler, transzendierungswilliger wie -fähiger Partikularität sprechen. Bereitschaft und Fähigkeit transpartikularisierender Dynamiken hängen davon ab, ob man sich von Fremdheitserfahrungen am und im Gegenüber zum Eigenen responsiv in Frage stellen lässt. Diese – im schärfsten Fall: unabweisbare – Widerfahrnis kann sich in persönlichen Erfahrungen, in (religions-)kulturellen Milieus, in politischen Gestaltungsoptionen, angesichts unvermeidbaren Aufeinandertreffens unterschiedlicher systematischer Rationalität in der Gesellschaft, aber auch bspw. in der orientierenden Beobachtung der Gesellschaft in Ethiken ereignen. Das gilt jedenfalls für solche Ethiken, die sensibel bleiben für die Dialektik von Genealogien und Geltung, von Gerechtem und Gutem, von Liberalität und Kulturalität, von Zugehörigkeit und Öffnung, von Kognition und Emotion, statt sich in den bekannten Dichotomisierungen zu verschanzen.

Theoretisch und (manchmal auch) praktisch lassen sich solche Transpartikularisierungsdynamiken, die Grenzen überschreiten wie nicht per se völlig zerstören, zumindest in fünf verschiedenen Schritten umsetzen: Neben der bereits erwähnten selbstkritischen Anerkennung der eigenen Begrenztheit legt sich zweitens nahe, aus diesem konstruktiven und kritischen Unruhefaktor gegenüber eigenen Lebenskonzeptionen heraus auf andere Lebensdeutungen offen zuzugehen. Drittens könnte man aus der eigenen Erfahrung, dass in der Überwindung von Grenzen Eigenes größer, wertvoller, anders geworden ist, andere Lebensdeutungsmuster, Menschen, Organisationen ermuntern, auch in ihren Sphären oder kultursprachlichen Praktiken nach solchen Interdiskurse eröffnenden, grenzüberschreitenden oder zumindest -erweiternden Motiven und Deutungsressourcen zu suchen. Und wenn dies für jene aus welchen sachlichen, sozialen, räumlichen Gründen auch immer schwerfällt, mag es gerade für die interdiskursiven Erschließungen von immer neu zu suchendem »overlapping consensus« (J. Rawls, aber ›consensus‹ lateinisch als Plural zu lesen!) auf sachlicher wie sozialer Ebene viertens förderlich sein, proaktiv dem/den Anderen virtuelle oder reale Diskursräume zur Verfügung zu stellen. Allein dadurch können auf beiden Seiten oder denen Dritter schließlich fünftens sachliche und/oder soziale Netzverbindungen geschaffen werden, die immer auch »Entnetzungen« (U. Stäheli) einschließen. Diese Entnetzungen mit sich führenden Vernetzungen bilden zwar nicht unbedingt *das* Allgemeine oder gar *das* Gemeinwohl, aber im Sinne komparativer Lebensdienlichkeit können sie durch begrenzte Vermittlung von Grenzerfahrungen Grenzen vermitteln oder verschieben und auf diese Weise zu situativ oder auch strukturell mehr Gemeinsamem in einer pluralen, ja zunehmend polarisierten Gesellschaft beitragen.

»Es könnte alles so einfach sein, ist es aber nicht.« (Die fantastischen Vier). Denn wann, wo, wie und von wem mal die grenzverteidigenden, mal die grenzüberwindenden Schritte zu gehen sind, was damit an Zumutungen für sich und Andere(s)/Fremde(s) verbunden ist, ist alles andere als ausgemacht. Im Gegenteil, in diesen Grenzvermittlungen liegt auch beim *reflecting* oder beim *doing transparticularisation* die entscheidende Hürde. Rein theoretisch wird man zwar sagen können, dass solche Grenzkulturen dann um so glaubwürdiger sind, wenn mit Rawls' Differenzprinzip oder dem von Heinrich Bedford-Strohm und anderen herausgearbeiteten Prinzip der vorrangigen Option für die Armen/Benachteiligten/Vulnerablen/Machtarmen etc. die Befähigung, Ermächtigung und der Ressourcenzugang für solche »Worst-off« im Vordergrund stehen. Aber wer die »Worst-off« sind, wie weit ihr Befähigungs-, Ermächtigungs- und Zugangsprivileg (wenn überhaupt) gilt, wer wann wie lange für sie sprechen darf, wenn die »Überlegenheit der Unterlegenen« (D. Loick) bei möglichen Grenzverschiebungen konstatiert, artikuliert und in Praxis umgesetzt werden soll, ist ebenfalls alles andere als klar, vielmehr notorisch Ursache für oft scharf ausgetragene Konflikte. Dass dabei die rechtliche und moralisch-ethische Dialektik der Dialektik von Menschenwürde und Menschenrechten eine nicht zu hintergehende Voraussetzung, sprich: einen Kompass zur groben Orientierung darstellt, ist zwar richtig. Aber aufgrund der nach vorne hin eigenen Offenheit der genannten doppelten Dialektik, die sich aus der Wahrnehmung und Artikulation wie den unterschiedlichen Praktiken der Überwindung von je neuen, massiven Unrechtserfahrungen und oft daran abgelesenen fundamentalen Ansprüchen ergibt (man denke an die Grenzverschiebungen in der Geschichte, was als Menschenrechte gelten durfte und darf: politische Teilhabe und Abwehrrechte, soziale Teilhaberechte, kulturelle Rechte und – wie auch immer zu begründende – Umweltrechte), erweist sich auch dieser Kompass bestenfalls als notwendige, keineswegs als hinreichende Bedingung, wie die Spannung (der Vermittlung) von Grenzverteidigungen und -überwindungen zwischen Eigenem und Fremdem auf- oder abgelöst werden soll und kann.

Immerhin können mit dem Verweis auf die rechtliche wie moralisch-ethische Dialektik der Dialektik von Menschenwürde und Menschenrechten zumindest normativ oft diskursive Beweislastigkeiten festgelegt werden. Das ist nicht nichts. Aber pragmatisch ist die Situation meistens dann doch noch oft komplizierter. Denn selten befinden »wir« uns in einer Situation, »in der das Rad neu erfunden« werden kann oder soll. Pfadabhängigkeiten sind zwar nicht per se normativ bindend (wie die zuletzt genannte Bedingung der Bedeutung von Menschenrechten und Menschenwürde zeigt). Jedoch bewirken harte Disruptionen oft nicht das, was sie intendieren – ganz im Gegenteil: »Die Revolution ... frisst ihre eigenen Kinder« (G. Büchner) oder noch schlimmer: Vorschnelle, für Pfadabhängigkeitsgeschichten unsensible Grenzüberwindungsversuche erwirken oft das Gegenteil bei den Anzusprechenden oder zu Überzeugenden und ermöglichen deshalb nicht selten (für gewisse Zeit) *contra intentionem* Restabilisierung vorhandener Ordnungen. Rhetorikratgeber, Emotions- und sozialpsychologische Bias-Forschungen bestätigen durchweg die These, dass es zur Erreichung einer normativ-ethisch rechtfertigbaren Grenzverschiebung häufig konstitutiv ist, »from scratch« auf das *Wie*, sprich: die modale Differenz – »Der Ton macht die Musik« – zu achten. Solche pragmatischen Erwägungen scheinen ähnlich wie verantwortungsorientierte Kompromisssuche für eine allgemeine Ethik eine Verunreinigung von puristischer, rein auf formale Konsistenz achtender Modallogik und (meta-) ethischer Argumentation darzustellen. In der Perspektive einer konkreten Ethik, die immer auch den Weg »from principle to practice« im Blick hat, dagegen spielt Motivation, Reproduktion und Umsetzungsfähigkeit von als rechtfertigbar erkannten Maximen, Positionen, Entscheidungen, Lebensformen oder Organisationsstrukturen eine entscheidende Rolle, um Grenzen entweder verteidigen oder verschieben zu können. Dabei wird eine konkrete Ethik zunehmend auch Theorien selbstkritisch mitbedenken müssen, die mit Gründen befragen, ob epistemische oder intersektionale verstärkte Ungerechtigkeiten übersehen wurden, und noch problematischer: ob sich eine konkrete Ethik im (zu) guten Willen paternalistisch als Stellvertreter:in für Benachteiligte inszeniert hat, ohne in gleichem Maße deren Befähigung und Selbstermächtigung zur (artikulierenden Vermittlung) von Grenzgestaltungen gefördert zu haben.

Und selbst wenn man all das zu bedenken gewillt war oder ist, wird man beständig mit Erfahrungen konfrontiert, dass Menschen, Gruppen, Organisationen trotz vermeintlich bester normativer Argumente, trotz Berücksichtigung von Genealogien, Emotionen, Beweislastigkeiten und Pfadabhängigkeiten dennoch sagen: »Nicht mit uns!« Ethische Transpartikularisierungsreflexion wird sich vielleicht rausreden können und nüchtern konstatieren: Ethik, auch konkrete, ist nicht selbst individuelle oder soziale Entscheidung, sondern nur Entscheidungskriterienberatung. Für *doing transparticularisation* gilt dieser Vorbehalt nicht so schnell. Bevor man sich und anderen eingesteht, dass selbstverständlich alle menschlichen Anliegen, ebenfalls die besten, scheitern können – auch Transpartikularisierung ist kein Wundermittel –, sollten zumindest einige Anstrengungen nicht unberücksichtigt gelassen werden: Die erwähnten fünf responsiven Transpartikularisierungsschritte haben – wenn überhaupt – vor allem dann Aussicht auf »Erfolg«, wenn Sie eingebettet sind in sie fördernde Lebensformen. Diese sind mehr als individuelle Maximen oder auch Lebenseinstellungen. Sie kombinieren Sein, Werden, Handeln und Strukturen zwischen Individuellem und Sozialem, indem sie dafür Kognitionen, Emotionen, ritualisierte Praktiken, Tugenden, Feste und Rituale einschließen und sich selbst durch diese Vielfalt an Formen und gerade Mixturen finden wie immer neu erfinden – und genau in diesem Prozess re-stabilisieren. Sie schaffen (und sind) Ordnung und gewähren Sicherheit wie Vertrauenserfahrungen, aus denen man eher bereit ist, Neues zu wagen, weil man ein Ressourcenbecken zu haben glaubt. Zugleich bilden sie, im Verständnis von Rahel Jaeggi, keinesfalls fixe Sozialontologien, sondern entwickeln sich oft durch Kritik von außen und innen, bisweilen auch transformativ – wenn auch – träge weiter. Die Entwicklung von Transpartikularisierungsdynamiken aus Lebensformen heraus kann sich deshalb so konstruktiv bei Grenzgestaltungsanstrengungen – sei es Verteidigung, sei es Verschiebung, sei es Überwindung – auswirken, weil man auf Motivationen, Deutungen, Emotionen und Praktiken zurückgreifen kann, die selbst Transformationscharakter, aber auch »Heimat«-Gefühle bieten: also das, »das allen in die Kindheit scheint und worin noch niemand war« (E. Bloch). Apropos Emotionen – auch diese werden in Lebensformpraktiken und (damit einhergehenden) -praxeologien eingehegt, sprich: nicht einfach verheimlicht, unterdrückt oder (vermeintlich) ausgeschlossen, sondern auch als Teil der Lösung und nicht nur (ja, das sind sie auch) des Problems angesichts von Grenzkrisen angesehen. Damit dies, Lebensformkultivierung mit Emotionsintegration, gelingen kann, ist die Förderung von Bildung als Einübung von Differenzkompetenz und Ambiguitätssensibilität unabdingbar. Zu dieser integral verstandenen, sprich: Emotionen und Kognition ansprechenden Bildung gehört dann nicht nur die Sensibilisierung für Grenzen, sprich: für Endlichkeit wie für konstitutive und spezifische Vulnerabilitäten und Fehlbarkeiten von Menschen im endlichen Hier und Jetzt, zu wahren, sondern auch ohne Resignation angesichts dieser Endlichkeitskonstitutiva lebensformgesättigt die Suche nach Besserem, Neuartigem, Anderem nicht aufzugeben – denn »das, was ist, ist nicht alles.« (Th. W. Adorno)

Im Verweis auf eine letzte Differenz- und damit Grenzerfahrung nicht nur einen Verlust, sondern auch eine Verheißung zu sehen, lässt sich nicht beweisen, ist aber in der Religionskultur des Christentums, insbesondere in der Traditionslinie von Reformation und Protestantismus, ein geschichtsgesättigter Möglichkeitssinn im Wirklichen. Diese Transzendenzoption lässt sich – wie nahezu alles in menschlichen Lebensformen – nicht beweisen, aber im Sinne der *fides quaerens intellectum* (Anselm von Canterbury) kann sie nicht nur »in Wort und Zunge, sondern in Tat und Wahrheit« (1 Joh 3,18) – eben nicht pseudooptimistisch, aber doch hoffnungsfroh (nach T. Eagleton) – *doing transparticularisation* helfen anzugehen. Angesichts der gegenwärtigen Lage der Gesellschaft lohnt sich dieser Möglichkeitsblick, um jenseits von Grenzverteidigungs- oder Grenzüberwindungsideologien responsiv Grenzgestaltungen als Chance, wider alle Unwahrscheinlichkeit, zu versuchen. Wenigstens das – wär doch was![1]

---

[1] Der Beitrag versteht sich als Essay und verzichtet entsprechend genretypisch auf Anmerkungen. Um nicht den trügerischen Eindruck zu erwecken, das Gesagte komme ohne Quellen des Nachdenkens aus, verweise ich bei geflügelten Worten, feststehenden Wendungen oder geliehenen Ideen in Klammern auf die jeweiligen Autor:innen. Die entsprechenden Nachweise sind dann leicht zu recherchieren.

Grenzen des Verstehens – Vermittlung letzter Grenzen
Ein Vorschlag zur Verständigung zwischen den theologischen Disziplinen

Friedhelm Hartenstein

Grenzerfahrungen – Evangelische Theologie im (erneuten) Umbruch

Gleichzeitigkeiten

Vor etwa zwanzig Jahren haben die systematischen Theologen Gerhard Sauter und Ingolf U. Dalferth unter den Titeln »Evangelische Theologie an der Jahrtausendschwelle« und »Eine Wissenschaft oder viele?« versucht, das damalige Selbstverständnis theologischer Fakultäten und der in ihnen versammelten Fächer zu sondieren und – im Fall Dalferths – gemeinsam mit Vertreterinnen und Vertretern aller Disziplinen zu bilanzieren.[1] Beide Autoren verband nicht nur die mittelbare Bezogenheit auf die Theologie Karl Barths, sondern die Sorge, dass die Zentrifugalkräfte gesellschaftlicher und wissenssoziologischer Umbrüche den ohnehin fragilen Zusammenhalt der theologischen Teilfächer immer weiter auseinandertreiben. Es liegt nach fast einem Vierteljahrhundert aber auch ein gewisser Trost darin, dass viele gegenwartsdiagnostische Aussagen der beiden Autoren heute immer noch vollkommen aktuell erscheinen. So setzt Sauters Abschnitt »Die Einheit der Theologie im Zusammenspiel ihrer Fächer« sogleich mit dem Hinweis auf die Notwendigkeit einer Studienreform und die Gefährdung des *Status quo* durch »rigide Sparmaßnahmen« an den Universitäten ein.[2] Er fragt, ob angesichts dessen »theologische Fakultäten auch zu einer *Selbstprüfung* fähig sind«[3]:

> Wenn sich eine theologische Fakultät etwa in einer Art vorauseilenden Gehorsams nur noch als eine religiöse Ausprägung von Kulturwissenschaft verstehen wollte, weil sie so am ehesten anerkannt werden könnte, dürfte sich das über kurz oder lang selbstmörderisch auswirken. Als Deutungskultur wäre sie ebenso plausibel wie entbehrlich – es sei denn, sie würde als Traditionsverwaltung gebraucht [...].[4]

Ingolf Dalferth weist auf die aus Binnenunterscheidungen ab dem ausgehenden 18. Jahrhundert hervorgegangene interne Vielfalt der theologischen Fächer hin und

---

1   Vgl. Gerhard Sauter, *Evangelische Theologie an der Jahrtausendschwelle*, Leipzig: Evangelische Verlagsanstalt 2002; Ingolf U. Dalferth (Hg.), *Eine Wissenschaft oder viele? Die Einheit evangelischer Theologie in der Sicht ihrer Disziplinen*, Leipzig: Evangelische Verlagsanstalt 2006.
2   Sauter, *Evangelische Theologie*, 98.
3   Ebd. (Hervorhebung im Original).
4   Ebd., 99–100.

sieht deren institutionelle Einheit unter dem Dach einer Fakultät zutreffend nicht aus einer unstrittigen Homogenität von Gegenstand und Methode gegeben. Ihr Zusammenhalt müsse sich vielmehr in einem immer wieder neu zu verhandelnden Konsens über die gemeinsame Ausrichtung von Forschung und Lehre erweisen und bewähren:

> Wird diese Aufgabe nicht in gemeinsamer Weise verstanden, steht nicht nur die Orientierung der einen oder anderen Disziplin, sondern der theologische Charakter dieser Disziplinen insgesamt in Frage. Sie tendieren dann dazu, das zu werden, was sie methodisch immer auch sein könnten: Disziplinen der klassischen philosophischen Fakultät, die sich einer speziellen Aufgabe widmen.[5]

Beiden Autoren gemeinsam ist der Hinweis darauf, dass wissenschaftlicher Theologie ihre mögliche »Einheit« immer nur von außerhalb ihrer selbst zukommt und diese daher für jede Gegenwart neu identifiziert und daraus gemeinsame Aufgaben bestimmt werden müssen. Der theologische Fächerverbund hat deshalb seinen Grund wie seine Grenze nicht in einer ein für allemal gültigen Gegenstandsbestimmung. Vielmehr ist die Theologie auf einen permanenten inneren Verständigungsprozess angewiesen, den sie freilich bewusst wollen und annehmen muss. Das nicht zuletzt, weil Theologiestudierende ebenso wie die Öffentlichkeit (in Kirchen, Universitäten, Politik, Medien und Kultur) ein Recht darauf haben, die Gegenstandsbestimmung und die Arbeitsweise theologischer Wissenschaft im Bewusstsein für die gemeinsame, Theologie als solche definierende, Aufgabe gezeigt zu bekommen.[6] Dafür scheint eine spezifische Anerkenntnis ihrer Grenzen entscheidend zu sein. Sie bedarf einer grenzsensiblen Theorie und Praxis des Verstehens.

Hermeneutische Besinnung

Auch wenn Hermeneutik in Gestalt hermeneutischer Philosophie (und Theologie) kritisiert und von manchen für überholt erklärt wurde, erweisen sich in allen Geistes- und Kulturwissenschaften, die mit Artefakten bzw. Medien menschlicher Sinnbildung befasst sind, Theorien und Methoden der Interpretation als unentbehrlich.[7] Sie begegnen philologisch und archäologisch, produktions- wie rezeptionsbezogen in unaufhebbarer Vielfalt. Zugleich geht es immer um (re-)konstruierende Beschreibung und aktuelle Aktivierung von Sinngehalten in Texten, Bildern, Bauten oder Praktiken, die zuletzt von Interpretierenden individuell zu verantworten sind.[8] Die Protestantische Theologie neuzeitlicher Prägung hat erheblich zur Verfeinerung und Vertiefung solcher nicht zuletzt historisch-kritisch angeleiteter interpretierender Methodik beigetragen. Das stellt bis heute ein wichtiges Merkmal ihrer Anerkennung

---

5   Dalferth, *Wissenschaft*, 5.
6   Ebd., 6.
7   Vgl. etwa Vittorio Hösle, *Kritik der verstehenden Vernunft. Eine Grundlegung der Geisteswissenschaften*, München: C. H. Beck 2018.
8   Vgl. Franz Alto Bauer, *Selbstarchäologie. Eine etwas andere Einführung in die Geisteswissenschaften*, München: Utzverlag 2019.

in den Wissenschaften dar. Für die Frage nach der notwendigen Verständigung über ihre Aufgabe ist es wichtig, sich auf den Rahmen einer der internen Vielfalt der Fächer angemessenen Hermeneutik zu einigen. Sie kann heute nicht mehr mit dem Anspruch einer einfach vorgegebenen Sinntotalität (etwa dem übergreifenden Traditionszusammenhang Gadamers) auftreten, in die dann »einzurücken« wäre.[9] Das zeigt sich sogleich, wenn man im Licht von macht- bzw. diskurstheoretischen Kriterien[10] auf konkrete Verständigungsprozesse (etwa in Fakultäten) blickt.[11] Angesichts der faktischen Vielfalt von je nachvollziehbaren Perspektiven der Disziplinen unter dem Dach theologischer Fakultäten zeigen sich zwar Affinitäten zwischen stärker historischen und stärker gegenwartsbezogenen Fragestellungen und Arbeitsweisen. Doch führt eine derzeit gerne auch aus politischen Gründen vorgenommene Grenzziehung zwischen exegetisch-historischen und systematisch-praktischen Fächerblöcken nur zu weiterer Spaltung. Zum eigenen Schaden verstärkt der Verzicht des Mit-Denkens von Perspektiven der jeweils anderen Fächer (z. B. von systematischen Argumentationsweisen in der Exegese oder der historischen Dimension in der Praktischen Theologie) deren Auseinanderdriften.

Perspektivität in der akademischen Theologie war zuletzt immer durch ihr Außen begrenzt: Gegenüber anderen Wissenschaften wie auch der Kirche besteht ihre Besonderheit in einer Bestimmung ihres Gegenstands, die sie seit dem 19. Jahrhundert im Verbund ihrer auseinanderstrebenden Fächer vornimmt. Die Metapher der »Grenze« stellt sich dabei zweifach als sinnvoll heraus: zum einen markiert sie die instabile, gerade darin auch produktive plurale Binnenstruktur der Theologie. Sie verweist auf das Eigenprofil der Disziplinen, das diese auch an die Nachbarwissenschaften jenseits der Theologischen Fakultäten annähert. Zum anderen entspricht die Vielfalt der Perspektiven präzise einer bestimmten Erfassung des spezifischen Gegenstands von Theologie, der seinerseits als Grenzbegriff bestimmt werden kann. Das Ziel der erneut nötigen Selbstklärung theologischer Wissenschaft sollte es daher heute sein, die innere Vielfalt nicht nur als historisch gewordene zu begreifen, sondern darin auch etwas Nicht-Beliebiges zu identifizieren. Das kann m. E. nur gelingen, wenn angesichts kirchlicher und theologischer Relevanzverluste eine kritische Selbstbestimmung dessen vorgenommen wird, woran und woraufhin sich Theologie orientiert. Dazu bedarf es der Bereitschaft zum Dialog im Widerstreit der Perspektiven und im Bewusstsein von Macht- und Geltungsansprüchen.

---

9   Zur Kritik an Gadamer vgl. Bernhard Waldenfels, *Vielstimmigkeit der Rede. Studien zur Phänomenologie des Fremden 4*, Frankfurt am Main: Suhrkamp 1999, 67–87.
10 Vgl. ebd., 74–78.
11 Vgl. zur Reflexion des hermeneutischen *Modus operandi* in (nicht nur theologischen) Verstehens- und Verständigungsprozessen Michael Moxter, Einleitung, in: *Verstehen über Grenzen hinweg*, hg. von Wilfried Härle & Reiner Preul, Marburg: Elwert 2006, 1–21.

Grenzmarkierungen – Theologische Disziplinen im Widerstreit

Plurale und spannungsreiche Disziplinarität

Es ist keineswegs so, dass die Perspektivenvielfalt innerhalb der Theologie ihre Grenze lediglich auf der Ebene des Mit- und Nebeneinanders in Fakultäten hätte. In jedem der Fächer der theologischen Wissenschaft gab und gibt es je eigene Differenzierungsprozesse, Positionierungen und Methodenkonflikte (freilich heute kaum mehr in Form dezidierter Schulbildungen). Als Beispiele sei aus den exegetischen Disziplinen auf die Divergenz zwischen diachronen (redaktionskritischen) und synchronen (literaturwissenschaftlichen, z. B. narratologischen) Zugängen hingewiesen, aus der Kirchengeschichte auf die Debatte um deren Profil zwischen allgemein historischen bzw. spezifisch Christentums- oder konfessionsbezogenen (darin auch normativen) Ansprüchen, aus der Systematischen Theologie auf den Gegensatz religionstheoretischer und offenbarungstheologischer Ansätze. Solche auch jenseits der Theologie bestehenden Spannungen, die oft als Konflikte um Einfluss und Geltung persönlich werden, sind ein Teil der Wissenschaftskultur wie – verstärkt – auch des öffentlichen Diskurses (dann stets vorrangig mit politischen Ansprüchen verbunden). Für die Profilierung der eigenen Disziplin in und über die Theologie hinaus gibt es heute oft enge Kooperationszusammenhänge, z. B. in der Mitwirkung an übergreifenden Forschungsprojekten und -verbünden (etwa im Rahmen der Altertums- oder Kulturwissenschaften und der Philosophie oder Soziologie, in der Ethik auch in politischen Foren und Beratungsgremien[12]). Auch angesichts solcher zumeist disziplinärer Mitwirkung in außertheologischen Kontexten stellt sich die Frage nach dem eigenen Selbstverständnis in der Doppelheit und Spannung zwischen Theologie und der Teilhabe an anderen Wissenschaften. Dennoch bleibt die von Dalferth einst klar formulierte Aufgabe für jede Disziplin, sich ihres Beitrags zur gemeinsamen Anstrengung und zur Erkennbarkeit theologischer Arbeit bewusst zu werden:

> Es ist nun aber keineswegs so, dass über diese Aufgabe immer schon Einverständnis bestünde oder dass sich ein solches Einverständnis den verschiedenen Disziplinen von außen verbindlich vorgeben ließe. Jede theologische Disziplin orientiert vielmehr ihre Fragestellungen und Verfahren an ihrem jeweiligen Verständnis ihrer speziellen und der gemeinsamen Aufgabe, und es ist keineswegs ausgemacht, dass diese Verständnisse untereinander kompatibel oder ineinander überführbar sind.[13]

---

12 Wie theologisches Argumentieren im Feld der öffentlichen, politisch relevanten Ethik, wirksam werden kann, hat Peter Dabrock in verschiedenen Funktionen eindrucksvoll deutlich gemacht. Vgl. zu seinem genuin interdisziplinären Denkansatz innerhalb der Theologie wie der Gesellschaftswissenschaften, der sich einer phänomenologisch geschulten Hermeneutik verdankt, Peter Dabrock, *Befähigungsgerechtigkeit. Ein Grundkonzept konkreter Ethik in fundamentaltheologischer Perspektive*, Gütersloh: Gütersloher Verlagshaus 2012.

13 Dalferth, *Wissenschaft*, 5.

Das bedeutet, dass weder ein bestimmter programmatisch enzyklopädischer Entwurf, noch ein lediglich einseitig angemahnter Appell zu einer Verpflichtung auf die »Einheit« der Theologie allgemeine Anerkennung erfahren wird. Es bedarf vielmehr sorgfältiger, zielorientierter Verständigungsprozesse, die als sachbezogene und wechselseitig anerkennende Dialoge zu führen sind, wenn sie nicht von vornherein zum Scheitern verurteilt sein sollen. Damit sie gelingen, braucht man Regeln, vor allem aber eine grundsätzliche Bereitschaft, sich auf entsprechende Prozesse eines unter Umständen scharfen Streits in der Sache einzulassen.

Suche nach Konvergenzen und Gegenstandsbestimmungen

Zu solchen dialogischen Prozessen gehört zunächst als Grundvoraussetzung ein doppelter Vertrauensvorschuss zwischen den Beteiligten: Das Vertrauen in die Sache, die man durch das Gespräch einer Klärung und einem Ziel zuführen möchte sowie das Vertrauen zwischen den Personen, dass sie bei aller Unterschiedlichkeit der Perspektiven und Positionen die Tugenden eines Gesprächs, das auf gegenseitiger Anerkennung basiert, beachten werden. Sachlichkeit bedeutet in der heutigen gesellschaftlichen Situation mit ihren oft gegeneinander abgeschotteten Meinungen, die nicht mehr auf eine gemeinsame Wirklichkeitswahrnehmung zurückgeführt werden können, dass man sich dem offenen Widerstreit von Argumenten aussetzt. Der Begriff des »Widerstreits« soll dabei mit Carsten Colpe so gefasst werden, dass er die Fähigkeit zur Unterscheidung von Sache und Person einschließt und nicht (allein) dem Erhalt oder Ausbau von (Diskurs-)Macht dient.[14] Die diskursethische Grundlage dafür ist die grundsätzliche Anerkennung der anderen Teilnehmenden als Individuen in ihrer zuletzt nicht einholbaren Andersheit. Hier kann sich die oben genannte Fähigkeit einer Sensibilität für Grenzen erproben und entfalten: Sobald das wechselseitig praktiziert wird, sind auf der Grundlage anerkannter Differenzen in der Sache Klärungsprozesse und die Suche nach Konvergenzen möglich.[15] Zu einem gelingenden Dialog gehören mindestens die Bereitschaft zur vorläufigen Einigung auf Ziele, zu einer konstruktiven Haltung zum Gespräch und zu analytischer Aufmerksamkeit für die gewählten sozialen Formen der Verständigung und ihrer Machtverhältnisse – kurz es geht um eine von allen übernommene »epistemische Verantwortung«.[16]

---

14 Vgl. Carsten Colpe, *Weltdeutungen im Widerstreit*, Berlin/New York: De Gruyter 1999, 21–27.
15 In einem literarischen »Geistergespräch« hat vor längerer Zeit Manfred Frank vorgeführt, dass es stets der bewussten Zustimmung zu Grundlagen wie Wahrheitsfindung und Ergebnisorientierung bedarf, wenn man im Gespräch nicht in letzte performative Widersprüche geraten will, indem z. B. ausschließlich auf Differenz beharrt wird: Manfred Frank, *Die Grenzen der Verständigung. Ein Geistergespräch zwischen Lyotard und Habermas*, Frankfurt am Main: Suhrkamp 1988.
16 Vgl. dazu Andreas Koritensky, Margit Wasmaier-Sailer & Veronika Weidner (Hg.), *Wie Dialoge gelingen. Gesprächsfähigkeit und epistemische Verantwortung*, Freiburg/Basel/Wien: Herder 2023, 7–17.

Es stellt sich heute wieder die Frage, welche Ausgangspunkte bzw. Bezugsgrößen am ehesten versprechen, als externe, nicht durch die Theologie selbst hergestellte Grundlagen eines gemeinsamen Gegenstandsbewusstseins und entsprechender Arbeitsformen gelten zu können. Damit Einverständnis ermöglicht wird, müssen auch Grenzmarkierungen der jeweiligen disziplinären Perspektiven akzeptiert werden.

In der Vergangenheit haben sich Orientierungen an den primären Äußerungen und Symbolen der christlichen Religion, auf die sich Theologie in jedem Fall bezieht, bewährt. Jedoch wird man heute angesichts einer im rapiden Wandel befindlichen Sozialgestalt von Kirche und ihrem gesellschaftlichen Relevanzverlust kaum mehr Konsens etwa über die Grundoperation »Vom (biblischen) Text zur Predigt« oder allgemeiner über »das Handeln/die Praxis der Kirchen« erzielen.[17] Beides müsste deutlich modifiziert und an den sich erst abzeichnenden immer stärker pluralistischen Verhältnissen orientiert werden, etwa im Sinne eines medientheoretischen Zugangs zu den Praktiken und symbolischen Formen des aktuellen Christentums (individuell wie gemeinschaftlich). Dalferth hatte auf einer abstrakteren Ebene zutreffend Theologie als eine metasprachliche Kommunikation auf der Grundlage primärsprachlicher Äußerungen/Sprachhandlungen (v.a. Anrede in Doxologie und Klage) definiert. In diesem Licht identifizierte er Grundfragen theologischer Rationalität: 1. Die Reflexion des Glaubens, 2. die (nicht beliebige) Multiperspektivität seiner Aussagen und 3. den damit verbundenen Wirklichkeitsanspruch bzw. das Wahrheitsverständnis (Realitätsproblem).[18] Das wesentliche Paradigma war für ihn die vielstimmige, aber mit einem bestimmten Richtungssinn versehene Christologie. Bei ihr lässt sich von Anfang an eine Widersprüchlichkeit und Pluralität der Aussagen feststellen (inhaltlich und der Form nach), die sogleich ein Bewusstsein für die spezifische, aber unbeliebige Entzogenheit der Sache bezeugt. Sieht man die Perspektivenvielfalt der wissenschaftlichen Theologie in ihren disziplinären Zugängen jedenfalls auch als ein mögliches Echo dieser von Anfang an im Christentum angelegten nicht beliebigen Mehrdeutigkeit seiner Kernzeugnisse, so ließen sich daran vermutlich auch Konvergenzen ablesen. Sie hätten ihren Bezugspunkt in der als Ereignis wie als Erwartungshorizont zu fassenden Offenbarung, die über unendliche Vermittlungen läuft, ohne je – in dieser Zeit und Welt – zu einem Ende (etwa zur Eindeutigkeit) zu gelangen. Der Gegenstand bleibt in qualifizierter Weise offen für etwas, das weder in der Erfahrung von Glaubenden noch durch theologisches Bemühen jemals vollständig hergestellt werden kann.

---

17 Auf beides hat seinerzeit Sauter, *Evangelische Theologie*, 112–118, zusammen mit der »Lesepraxis« theologischer Texte der Tradition hingewiesen.
18 Vgl. Ingolf U. Dalferth, *Kombinatorische Theologie. Probleme theologischer Rationalität*, Freiburg/Basel/Wien: Herder 1991, 84–98.

Gott als Grenze – gemeinsamer Horizont der Theologie?

Vorschlag: Die Horizont-Metapher

Das Fremdwort »Horizont« enthält etymologisch den Begriff der Grenze (es kommt vom griechischen Wort *horizein* »abgrenzen/scheiden«). Sein alltagsweltlicher Bezug liegt auf der Hand. Der Horizont ist zugleich das weitest Entfernte und nach innen eine einschließende Krümmung, die den Erfahrungsraum begrenzt und so als solchen definiert. Hans Blumenberg hat der neuzeitlichen Transformation der Horizontmetapher besondere Aufmerksamkeit gewidmet:

> Je mehr wir uns von der kurzen Distanz der erfüllbaren Intentionalität entfernen und auf Totalhorizonte beziehen, die für unsere Erfahrung nicht mehr zu durchschreiten und abzugrenzen sind, um so impressiver wird die Verwendung von Metaphern; die ›absolute Metapher‹ ist insofern ein Grenzwert.[19]

Der Horizont wandert mit dem Subjekt mit, dessen Gesichtskreis er umreißt (anschaulich konkret wie erkenntnistheoretisch abstrakt). Die neuzeitliche Erfahrung besteht in der Möglichkeit unendlicher Horizontverschiebungen, bei gleichbleibendem Abstand zum je Unbekannten. Die Formen der Horizonte mögen sich wandeln, die Erfahrung einer letzten Grenze der Erfahrung wie der Erkenntnis bleibt. Das gilt für den Raum wie für die Zeit (wir sprechen heute unter anderem von erdgeschichtlichen Zeithorizonten, die jede Erfahrung weit transzendieren oder astrophysikalisch vom Ereignishorizont der schwarzen Löcher). Man kann den Horizont mit Kant als Grenzbegriff bzw. als regulative Idee bezeichnen, als einen jener notwendigen Begriffe wie »Seele«, »Welt« (als Ganzes) oder »Gott«, die per definitionem und ihres semantischen Gehalts nach unauslotbar, unanschaulich und »zu groß« bleiben, um jemals vollständig erfasst zu werden.[20] In dieser Hinsicht kann mit vielen theologischen Denktraditionen »Gott« sehr wohl als Gegenstand der wissenschaftlichen Theologie und ihre (erste und letzte) Bezugsgröße beschrieben werden. Wolfhart Pannenberg hat einst in einem unnachahmlich kompakten Abschnitt von »Wissenschaftstheorie und Theologie« auf »Gott« als dem Gegenstand der Theologie bestanden, allerdings nur dann, wenn man »Gott« nicht als Erkenntnisobjekt, sondern als entzogene, offene und unabgegoltene Größe versteht, die dem Denken dauerhaft als Aufgabe gestellt ist. Er hat dafür auch – zu Recht – auf die antike Wissensform der altisraelitischen kosmologisch-ethischen Weisheit als ein Vorbild hingewiesen:

---

19 Hans Blumenberg, *Schiffbruch mit Zuschauer. Paradigma einer Daseinsmetapher*, Frankfurt am Main: Suhrkamp 1979, 80; Vgl. Hans Blumenberg, *Theorie der Unbegrifflichkeit*, Frankfurt am Main: Suhrkamp 2007; zum »Horizont« bei Blumenberg vgl. Marcel Lepper & Kira Luisa Künstler, Horizont, in: *Blumenberg lesen. Ein Glossar*, hg. von Robert Buch & Daniel Weidner, Berlin: Suhrkamp 2014, 131–145.

20 Otfried Höffe, *Kants Kritik der reinen Vernunft. Die Grundlegung der modernen Philosophie*, 2. Auflage, München: C. H. Beck 2004, 268, spricht hierzu von »notwendigen heuristischen Fiktionen«; vgl. Immanuel Kants *Anhang zur transzendentalen Dialektik* in Immanuel Kant, *Kritik der reinen Vernunft*, hg. von Jens Timmermann, Hamburg: Felix Meiner 1998, 708–756.

Und in diesem Sinne, also zunächst als Problembegriff, aber so zugleich auch als thematischer Bezugspunkt aller ihrer Untersuchungen, läßt sich Gott im Kontext gegenwärtigen Problembewußtseins als Gegenstand der Theologie verstehen. Dabei steht die Selbstbescheidung der Theologie auf ein problematisches anstelle eines dogmatischen Redens von Gott in einer tiefen Entsprechung zu dem Wissen altisraelitischer Weisheit um das Geheimnis der göttlichen Wirklichkeit, an der alle menschliche Weisheit ihre Grenze findet.[21]

Tatsächlich sind es biblisch besonders die Gottesreden des Hiobbuches, in denen dem Gott anklagenden sinnlos Leidenden das Bewusstsein von »Gott als Grenze« vermittelt wird.[22] Man muss gar nicht Pannenbergs Wahrheitstheorem mit Blick auf die christliche Rede von Gott als hypothetische Aussage, deren Bewahrheitung am Ende auch »empirisch« sein wird, übernehmen, um die Eleganz des Arguments mit Gott als Problem bzw. Grenzbegriff zu sehen, wenn man nach einer innertheologisch interdisziplinären (auch ökumenisch) zustimmungsfähigen Gegenstandsbestimmung sucht: Gott als offene Frage, als Versprechen und als Erwartung wäre dann der gemeinsame Horizont der Theologie.

Vermittlung letzter Grenzen

Ist »Gott als Grenze« auch auf der primärsprachlichen Ebene christlicher Glaubensäußerungen und Symbole wiederzufinden und nicht nur ein intellektuelles Problem der Theologie? Die Probe aufs Exempel ist die Rückkehr des Denkens zu den christlichen Quellen und Traditionen und den Praktiken ihrer Vergegenwärtigung in sich wandelnden historischen Kontexten. Dort finden sich, beginnend mit dem auch ästhetisch unerschöpflichen Reservoir der biblischen Texte von Anbeginn an die Redeformen von Metapher und Doxologie, eine religiöse Bildsprache, die für die Rezipienten mehr an Bedeutung mit sich führt als gesagt und auf den Begriff gebracht werden kann. Gott erscheint nicht nur als gemeinsamer Horizont der Theologie, sondern in doppelter Anrede (von/zu Gott) und in gründenden Erzählungen als der Horizont auch des Glaubens und der existenziellen Anfechtung sowie der nachdenklichen Skepsis. In den Symbolisierungsleistungen gelebter Religion geschieht immer noch neu die Vermittlung von Grenzen und eben auch jener letzten, die wir »Gott« nennen. Diese spezifische Vermittlung von Grenzen führt präzise die Einsicht in die bleibende Vorläufigkeit jeder (auch im Hegelschen Sinne absolut aufhebenden) Vermittlung mit sich. Sie kann immer nur weiter erwartet werden. Wenn Religion in diesem Sinn eine uralte bewährte Praxis der »Bewirtschaftung« letzter Grenzen kultureller Sym-

---

21 Wolfhart Pannenberg, *Wissenschaftstheorie und Theologie*, Frankfurt am Main: Suhrkamp 1987, 301, (mit Verweis auf Gerhard von Rad, *Weisheit in Israel*, Neukirchen-Vluyn: Neukirchener Verlag 1970, 131–148).

22 Vgl. die gleichnamige Monographie zu Hi 38–41 von Jürgen van Oorschot, *Gott als Grenze. Eine literar- und redaktionsgeschichtliche Untersuchung der Gottesreden des Hiobbuches*, Berlin/New York: De Gruyter 1987; vgl. auch Friedhelm Hartenstein, *Kosmisierung des Chaos. Neue Erkenntnisse zu einer zentralen Denkfigur alttestamentlicher und frühjüdischer Weisheitstraditionen* (erscheint 2025 im *Congress Volume* des IOSOT-Kongresses 2022 in Zürich).

bolisierung ist, so kann wissenschaftliche Theologie in der Vielfalt ihrer Perspektiven und Disziplinen als regelgeleitete Reflexionspraxis das kritische Gegenüber zur unbeliebigen Vielfalt religiöser Praktiken bilden. Im Bewusstsein der Entzogenheit ihres ersten und letzten Gegenstands bliebe theologisches wie existenzielles Verstehen eine denkerische Grenzerfahrung eigenen Rechts.

Kleiner Grenzverkehr
Fragile Diskurse und die (In)Kompetenz der Theologie

Hartmut von Sass

Als *kleinen Grenzverkehr* bezeichnet man die grenznahe Transaktion von Personen oder Gütern zwischen zwei separaten Arealen. Dabei unterliegen diese Territorien gesonderten Verkehrsregeln. Solche Regelungen betreffen die Einwohner:innen jener Bereiche, denen der Übertritt auf die andere Seite dadurch erleichtert wird. Für das viel diskutierte Phänomen der Grenze[1] stellt dieser Nahverkehr einen wirklichen Sonderfall dar. Und diesen gibt und gab es zwischen einigen wenigen Ländern in Europa, vor allem aber (seit 1972) zwischen der BRD und dem von ihr später übernommenen Ostteil. Bilaterale Abkommen ermöglichten das sonst streng Untersagte, wodurch andere Konditionen zur Geltung kamen als im »großen Grenzverkehr«, der herkömmlichen Regelungen unterliegt und für weitere Entfernungen ausgelegt ist.

Genau dieser traditionelle Fernverkehr dominiert auch die etwas abgenutzte Debatte zum Verhältnis zwischen »Religion und Öffentlichkeit«, die jenseits der deutschsprachigen Provinz unter dem Titel »religion in the public sphere« im Umlauf ist. Auch hier also bestimmt der Gütertransport auf Distanz die Szenerie; oder etwas weniger blumig und in Frageform ausgedrückt: Wie können religiöse Wahrheitsansprüche denn überhaupt noch über die Grenze gebracht und dort in den ›Diskurs der Spätmoderne‹ eingespeist werden? Wenn man das noch für möglich hält – und nicht sofort für die privatisierende Einhegung der Religion plädiert[2] –, bleibt meist ein semi-akzeptables Friedensangebot übrig: Jene Gehalte müssten in allgemein verständliche Sprachspiele übersetzt werden. Das ähnelt also jenem großen Verkehr zwischen Diskursgrenzen, wo Inhalte von *A* nach *B* gemäß gängigen Einfuhrregeln zu transportieren seien.

Im kleinen Grenzverkehr hingegen sind bei genügend Nähe Übertragungen ganz anderer Art möglich, sodass es nicht sogleich um bestimmte Inhalte des Glaubens gehen muss, sondern zunächst um Merkmale, die die Kommunikationsweise dieses Glaubens näherbestimmen. Dann aber geht es nicht um inhaltliche Beiträge, die in eine zunehmend indifferente Öffentlichkeit eingeführt werden, sondern um Eigenschaften glaubender Kommunikation, die dieser Öffentlichkeit zugutekommen könnten – so die thetische Vermutung.

---

1   Vgl. Thomas Nail, *Theory of the Border*, Oxford: Oxford University Press 2016, 45–161; Steffen Mau, *Sortiermaschinen. Die Neuerfindung der Grenze im 21. Jahrhundert*, München: C. H. Beck 2021, 135–151.

2   Vgl. Richard Rorty, *Kontingenz, Ironie und Solidarität*, übersetzt von Christa Krüger, Frankfurt am Main: Suhrkamp 1992, 127–161.

Nun ist es ein fester Bestandteil neuerer Theologie, Gottes Eigenschaften als kommunikative Eigenschaften zu verstehen. Gottes Liebe etwa wandle demnach alle, an die sie sich richte, selbst zu Liebenden. Die Eigenschaften Gottes teilten folglich mit, was sie selbst seien.[3] In den folgenden Überlegungen wird der umgekehrten Blickrichtung nachgegangen: Wie steht es um die kommunikativen Eigenschaften derer, die es noch mit jenem großen Kommunikator halten? Die nicht über jeden Zweifel erhabene Metapher vom ›kleinen Grenzverkehr‹ mag vielleicht dadurch etwas Vorschussplausibilität genießen, dass Metaphern selbst ja nichts anderes sind als Übertragungen: *metaphorein*. Sie können alte Regeln stören, um leicht veränderten oder gar neuen Regeln Raum zu geben. Wie kann genau das im Blick auf Religion und Öffentlichkeit gelingen? Meine Antwortskizze wird auf eine ganz kleine Theologie kommunikativen Handelns führen. Mit ihr lässt sich genauer betrachten, was der so verstandene, also: kommunizierende Glaube der fragiler werdenden, also: kommunikationsarmen Öffentlichkeit eigentlich noch zu bieten hat.

once again: Religion und Öffentlichkeit

»Grenzen der Vermittlung« – unter diesem Thema steht das, was uns heute hier zusammenbringt. Für die Theologie und Religionsdiagnostik war meist schon ausgemacht, um welche Herausforderung es dabei geht und wie das damit verbundene Problem zu therapieren wäre. Es sei – so Vertreter:innen kritischer Theorie genauso wie Repräsentant:innen liberaler Theoreme samt ihrer theologischen Rezeption – davon auszugehen, dass sich zwei inkompatible Diskurse (oder ›Reiche‹) gegenüberstünden: hier ›die‹ Religion mit ihren eigentümlichen Wahrheitsansprüchen und dort ›die‹ analoge oder digitalisierte Öffentlichkeit, die zunächst ihre eigene Polyphonie zu verarbeiten hat (oder: gar nichts anderes *ist* als exakt diese Verarbeitung).[4]

Der eingeschliffene Dualismus von Religion und Öffentlichkeit liegt in unterschiedlichen Varianten vor. Und auch wenn für beide Begriffe sehr divergente Lesarten präsentiert werden, ist doch insgesamt Folgendes zu summieren: In einer demokratischen Grundordnung können sich alle am öffentlichen Diskurs beteiligen, müssen sich aber gefallen lassen, ggf. der Forderung, Begründungslasten zu übernehmen, nachzukommen. Dieser Diskurs wird weithin prozedural verstanden, d. h. als ein Verfahren, in welchem unterschiedliche Stimmen zusammenkommen und nach halbwegs expliziten Standards des Rationalen zu begründbaren Resultaten gelangen – so besagt es jedenfalls das streitbare »Ideal«.[5] Die Sprachspiele der Religio-

---

3   Vgl. klassisch Eberhard Jüngel, *Gott als Geheimnis der Welt. Zur Begründung der Theologie des Gekreuzigten im Streit zwischen Theismus und Atheismus*, 3. Auflage, Tübingen: Mohr Siebeck 1978, 451.
4   Vgl. Frederike van Oorschot, *Digitale Theologie und digitale Kirche. Eine Orientierung*, Heidelberg: heiBOOKS 2023, 43–49.
5   Zu den Dynamiken der In- und Exklusion von potenziell am Diskurs Teilnehmenden vgl. die Beiträge von Claudia Jahnel und Kristin Merle in diesem Band; vgl. auch Veith Selk, *Demo-*

nen hingegen würden – nicht immer, aber doch problematisch häufig – hinter diesen Standards zurückbleiben.[6] Denn sie richteten sich auf prinzipiell nicht Ausweisbares (das Heilige, die Transzendenz, den supranaturalen Gott), mitunter auf gänzlich Unaussprechliches (das Mystische, das gänzliche Fremde, den völlig Anderen) oder aber auf Idiosynkrasien, die die Grenze zum Sinnlosen streifen oder gleich souverän übertreten.

Es ist dann ganz konsequent, die zwei herkömmlichen Auswege nahezulegen: entweder Religion in den Bereich des Nicht-Öffentlichen zu verbannen – eine Position, die nicht nur den Eigensinn von Religionen missversteht, sondern *alles* Unliebsame aus dem Diskurs zu verbannen hätte. Daraus jedoch entsteht eine zirkuläre Situation, weil schon festgelegt ist, was öffentlich gilt, bevor diese Öffentlichkeit ihr Werk hat verrichten können. Oder aber man erwartet, dass religiöse Gehalte übersetzt werden, womit einerseits die besagte Asymmetrie zwischen Religion und Öffentlichkeit beibehalten wird, andererseits aber jenes Friedensangebot unterbreitet wird, jedenfalls so lange, wie man sich die Figur der Übersetzenden nicht genauer ansieht.

Beide Modelle – das der privatisierten Religion und das der Übersetzung ihrer Gehalte – sind oft genug kritisch kommentiert worden.[7] Doch beide Ansätze teilen noch die Vorstellung, dass der Glaube ein Konglomerat von Tatsachenbehauptungen sei, die sich in Propositionen ausdrücken ließen und dann nur auf ihre sorgfältige Übertragung in eine öffentlich akzeptable Form warteten. Dieses beliebte Bild lebt hingegen von einigen »Irrungen und Wirrungen«.

Warum? Der Glaube behauptet nichts Neues jenseits des auch sonst Akzeptierten, sondern in und mit ihm wird das Alte ganz neu gesehen, verstanden, empfunden. *Der in der Tat fundamentale Unterschied zwischen dem Glauben und den Weisen seiner Bestreitung liegt eben nicht in den Gegenständen selbst, sondern allein in dem unterschiedlichen Bezug zu ihnen.*[8] Es gibt überhaupt gar keinen gesonderten Religionsbereich, um den sich dann Dogmatiker:innen kümmern müssten und der von allen anderen bestenfalls belächelt werden würde. Vielmehr geht der Glaube gerade nicht im Teil oder Detail auf, sondern geht auf's Ganze! Die theistische Konfusion – in allerlei subkutanen Varianten weiterhin lustlos im Umlauf –, orientiert sich an epistemischen Praktiken, die der Bereichslogik folgen. Die nachtheistische Alternative nimmt demgegenüber alle Bereiche ins Visier.

---

kratiedämmerung. Eine Kritik der Demokratietheorie, Berlin: Suhrkamp 2023, 175–248.

6   Für den deutschsprachigen Bereich ist die Debatte durch Jürgen Habermas nachhaltig konfiguriert worden: Vgl. Jürgen Habermas, Religion in der Öffentlichkeit. Kognitive Voraussetzungen für den »öffentlichen Vernunftgebrauch« religiöser und säkularer Bürger, in: ders., *Zwischen Naturalismus und Religion. Philosophische Aufsätze*, Frankfurt am Main: Suhrkamp 2005, 119–154.

7   Vgl. Kristin Merle, Was bringt Religion Öffentlichkeit? Gesellschaftliche Pluralität als Motiv praktisch-theologischen Nachdenkens, *Zeitschrift für Theologie und Kirche* 118 (2), 2021, 216–240, doi: 10.1628/zthk-2021-0011, 228.233.236.

8   Zu den Details dieser Position vgl. Hartmut von Sass, *Atheistisch glauben. Ein theologischer Essay*, 4. Auflage, Berlin: Matthes & Seitz 2024, 13–22.

Also: Wie steht es nun um die Grenzen der Vermittlung und den Stand der Ermittlungen? Wenn der christliche Glaube einen Modus bezeichnet, das gesamte Leben auf bestimmte Weise und also ›neu‹ zu führen, erhält auch die Figur der Vermittlung und das Problem ihrer Limits ein anderes Kolorit. Es kann dann nicht länger darum gehen, unliebsame Aussagen *privatim* einzuhegen oder Aufrufe zu starten, gemeinsame Übersetzungsseminare zu besuchen. Denn eine Weise, das Leben vor Gott, für andere und mit sich selbst zu führen, ist keine Kondition möglicher Übersetzung, sondern ein Kandidat wirklicher Bezeugung.

Plurale Öffentlichkeit und die Kommunikation des Glaubens

Eine Analyse der Öffentlichkeit als Problem sowie der »Probleme der Öffentlichkeit« (John Dewey)[9] müsste nun eigentlich folgen: die Pluralisierung, die sich zur Zersplitterung der Diskurse ausweitet; der Grabenkampf zwischen Identitätspolitiken und dem Abstraktum des Universalismus; die Sprachlosigkeit zwischen neuen Klassen ohne geteilte Muster grundlegender Orientierung; Post-Demokratie und Hyperpolitik.[10] Die Liste der schon konkurrierenden Anamnesen ist lang; und der gegenwärtige Soziologie-Hype ist auch darauf zurückzuführen, dass das Fach immer dann am öffentlichkeitswirksamsten war, wenn es um Krisen- und Risikodiagnostiken ging.

Nun aber zurück zur Theologie – mit der Frage, wie sie mit diesen nur sehr knapp aufgerufenen Befunden umgehen könnte. Sind hier überhaupt weiterführende Beiträge zu erwarten? Das ist nicht ausgemacht. Entweder mag man einwenden, Glaube und Theologie seien nun wahrlich keine Lösungslieferanten, sondern im Gegenteil fatale Verstärker der bestehenden Probleme, im besten Falle »conversation stopper«, wie Richard Rorty einmal summierte.[11] Oder aber man weist die darin mitschwingende Prämisse ab, nach der Religion etwas Eigentümliches sei, das jene kommunikativen Schwierigkeiten erst stiften würde, in der Hoffnung, sich so zu einem *slippery slope*-Argument hinüberzuhangeln: Wenn man die Religion aus dem Verkehr zieht, dann müssten noch ganz andere die Lizenz zum Mitmachen abgeben. Oder aber man zuckt aus einem anderen Grund die zu schmalen Schultern, indem die gesamte Fragestellung abgewiesen wird: Was könnte die Religion in den Diskurs heute noch einbringen? Antwort: Gar nichts! Nun endlich sei sie in die Nutzlosigkeit als ihr eigentliches Freisein entlassen.[12]

---

9   Vgl. John Dewey, *Die Öffentlichkeit und ihre Probleme*, übersetzt von Wolf-Dietrich Junghans, Berlin: Suhrkamp 2024, 64.123.
10 Vgl. etwa Anton Jäger, *Hyperpolitik. Extreme Politisierung ohne politische Folgen*, 2. Auflage, Berlin: Suhrkamp 2024, 66.90 (zum Problem) sowie 109.111.116 (zur Therapie).
11 Richard Rorty, Religion As Conversation-stopper, in: ders., *Philosophy and Social Hope*, London: Penguin 1999, 168–174, 171.
12 Vgl. Peter Sloterdijk, *Den Himmel zum Sprechen bringen. Über Theopoesie*, Berlin: Suhrkamp 2020, 331–334.

Meine nicht ganz ungeteilten Sympathien liegen am ehesten bei dieser letzten Replik. Das aber bedeutet nicht, es würde nichts mehr folgen, das systematisch brisant wäre. Im Gegenteil. Wir sollten nur die Frage etwas neu justieren. Statt sich direkt der Gefahr auszusetzen, die Religion ein weiteres Mal zu instrumentalisieren, könnten wir vielleicht etwas indirekter, auch sachter vorgehen: Wie ist die christliche Religion in gänzlicher Absehung von dem Problem ihres potenziellen Beitrags zu irgendetwas bereits beschaffen – und was bringt dann dieser »religiöse Impuls« (Tim Crane)[13] *de facto* für unsere Frage nach der auf eine Öffentlichkeit hin vermittelten Religion mit sich?

Glaube, so sagte ich eingangs, solle aus seiner kognitivistischen Verzerrung befreit werden, sodass der qualifizierte Vollzug den Primat vor konkreten Inhalten genießt. Glaube ließe sich dann als umfassende Denk-, Fühl-, Verstehens- und Empfindungsweise seinerseits verstehen, mit der alles auf neue Weise gesehen wird, ohne die Welt zugunsten einer ›Hinterwelt‹ verdoppeln zu müssen. Das Transzendente ist demnach genau dort zu finden, wo Menschen an dieser Weise, alles neu zu verstehen, partizipieren können: Immersion statt bloßer Kognition, Teilhabe statt Vergegenständlichung oder für alle, die auf elektronische Musik stehen: viel eher ein *rave* als fantastische Unterbrechung durch sehr tanzbare Musik statt der religiösen Routine per Harmonium.

Wer nun weiterfragt, wie dieses musikalische Verständnis des Glaubens konkretisiert werden kann, kommt recht schnell und überaus traditionell auf drei grundlegende Haltungen:

Dankbarkeit: Wer dankt, gesteht ein, dass etwas – und in diesem Fall: alles – auf eine andere Macht zurückgeht, um dieses den Dankenden vorausliegende Andere als dieses Andere explizit – oft in einem Sprechakt – anzuerkennen. Es ist die Lehre von Gottes guter Schöpfung, die diese Haltung, Tugend und Emotion – ja, alles drei zusammen – verarbeitet. Und indem sie dies tut, geht die Schöpfungslehre zugleich den Ambivalenzen des Dankes als erster Näherbestimmung des Glaubens nach: Die Schöpfung ist nicht immer als gut zu bezeichnen, was auf den Dank zurückwirken wird. Was also ist von dem, der so lebt, zu erwarten, wenn sich er, sie oder *they* öffentlich einbringt? Rücksicht angesichts des Anderen und Behutsamkeit mit dem Fremden, das fremd bleiben mag. Das sind nicht einfach Handlungsmuster, sondern fundamentale Bestimmungen des kommunikativen Miteinanders, zumal im *rave* zusammen getanzt wird. Oder seriöser: Dank ist nicht nur eine ethische, sondern dianoetische und also intellektuelle Tugend.

Liebe als caritas: Dies mag bedeuten, sich selbst nicht ohne einen anderen zu denken. In die Frage, wer man sei, ist dieser andere unbedingt einzubeziehen im Vertrauen darauf, dass es für die geliebte Person genau so sein wird. Liebe ist ein radikal ent-individualisierender Vollzug, weil die Freiheit, die im anderen liegt, nichts nimmt, sondern gibt. So interessant die Liebe als Konkretion des Glaubens an sich ist, so fundamental bleibt, was mit der Liebe, wenn nicht unmöglich, dann doch un-

---

13 Tim Crane, *Die Bedeutung des Glaubens. Religion aus der Sicht eines Atheisten*, übersetzt von Eva Gilmer, Berlin: Suhrkamp 2021, 53.103.

möglicher gemacht wird; die negativen Affekte: Groll, Ressentiment, Bitterkeit, Neid (obgleich gerade die Liebe der Grund für sie sein mag; man denke an die Eifersucht).[14] Damit werden auch hier die unvermeidlichen Ambivalenzen sichtbar, weil die Verletzbarkeit nun gerade im Modus der Liebe am stärksten ist. Und auch hier stellt sich nun die Frage, was von dem, der so lebt und liebt, zu erwarten sei, wenn man sich öffentlich einbringt? Soviel kann gesagt werden, dass das alte hermeneutische ›Prinzip der Nachsicht‹ – oder hier nun viel treffender: *the principle of charity* – weitaus bessere diskursive Chancen haben dürfte: einer Aussage die zunächst wohlwollendste Lesart zukommen zu lassen; intellektuelle Empathie der anderen Sicht der Dinge und zuweilen wohl auch Undinge entgegenzubringen; gemeinsam weiter im Gespräch zu bleiben, gerade dort, wo es heikel wird.

Hoffnung: Darunter ist ›der Sinn für die Möglichkeit des Guten‹ zu verstehen, so einst Kierkegaard.[15] Gegen Resignation, gegen Verzweiflung, vor allem gegen das Sich-selbst-nicht-mehr-ernst-nehmen, weil man auf nichts mehr aus ist. Ganz anders verhält es sich mit der Hoffnung des Glaubens auf Leben, ewiglich, auf ein Reich, das Gottes sein könnte, auf eine Auferstehung nicht von den Toten, sondern ins Leben. Nicht im Wirklichen zu verbleiben, meint Hoffnung, sondern Möglichkeiten sinnlich zu erkennen, vielleicht sogar welche zu schaffen. Nicht von Optimismus ist hier die Rede, sondern von einer Sicht auf alles, die auch hier das Andere ihrer selbst, die Furcht, dass das so sehr Begehrte nicht eintreten werde, nur allzu gut kennt. Das hält die Hoffnung nicht davon ab, das, was jetzt ist, an dem zu messen, was für möglich gehalten wird. Der Modus der öffentlich werdenden Hoffnung ist folglich der der Störung dessen, was angeblich gilt, weil die Hoffnung von der Einsicht lebt, dass das Wirklich-Werden gegenüber dem Möglich-Sein stets zurückbleibt. An diesem »garstig breiten Graben« zwischen Sein und Möglich-Sein – gar Möglich-Sein-Sollen – arbeitet sich eine realistische Hoffnung ab – und treibt an.[16]

Soweit die kleine – zugegeben: viel zu kleine – Theologie kommunikativ-karitativen Handelns, für die Glaube der Inbegriff von Dank, Liebe, Hoffnung ist: Dank als ein Von-sich-selbst-Absehen; Liebe als Effekt und Affekt angesichts des Anderen, auch Fremden; Hoffnung als *trouble maker* in einem neuen Horizont, um gerade so dieser Erde treu zu bleiben.[17] Und in all dem ist der so qualifizierte Glaube bestens vertraut mit seiner eigenen Infragestellung, weil alle aus dem Unglauben kommen und der Glaube als stets angefochtener von seinen Negationen umfangen bleibt. Ein besonderer Sinn für das Differente, die Zwischentöne, ja das Karsamstägliche zwischen Kreuz

---

14 Vgl. dazu Cynthia Fleury, *Hier liegt Bitterkeit begraben. Über Ressentiments und ihre Heilung*, übersetzt von Andrea Hemminger, Berlin: Suhrkamp 2023, 11–114.
15 Vgl. Roe Fremstedal, Kierkegaard on the Metaphysics of Hope, *The Heythrop Journal* 53 (1), 2012, 51–60, doi: 10.1111/j.1468-2265.2011.00714.x.
16 Vgl. Peter Dabrock, Hoffnung trotz Schlamassel! Warum wir auch in den großen Krisen unserer Zeit nicht resignieren müssen, *Zeitzeichen*, 31. Mai 2022, online einsehbar unter: https://zeitzeichen.net/node/9799 (zuletzt aufgerufen am 20. Dezember 2024).
17 Und weitere Bestimmungen müssten hinzugenommen werden, um den Konkretionen christlicher Lebensweise samt ihren Ambivalenzen nachzugehen; man denke nur an Ehrfurcht, Demut, Barmherzigkeit.

und dem größten aller christlichen Feste zeichnet sich hier folglich ab.[18] Wird nicht, wer so lebt und sich in diesem Interim versteht, anders und mit anderen neu sprechen, leben, erleben, tanzen, ›religiös musikalisch‹ sein?

Schlusspunkt: Die sich veröffentlichende Theologie

Um mehr als Andeutungen handelt es sich hier nicht; aber eines mag klarer geworden sein: dass der faktische Input für den immer aggressiver werdenden Diskurs der Spätmoderne in einer *kommunikativen Sorgsamkeit* liegt, die die christlichen Tugenden nicht sogleich inhaltlich, sondern am Vollzug orientiert; also: als »vollzügliche« liest. Dank – einhergehend mit Selbstrücknahme und also Verrückung des Selbst; Liebe – als der fundamentalen Berücksichtigung des Anderen, der mich trifft, ohne dass diese Anerkennung reziprok sein müsste; Hoffnung – in der Ausrichtung auf begehrtes Gutes im Raum des Möglichen, das das Wirkliche aufsprengt.[19]

Die Einwände werden sich spätestens jetzt türmen. Ist das denn nicht alles idealistisch verzerrt, was hier zu den »kommunikativen Eigenschaften« des Glaubens gesagt ist? Gibt's denn gar nichts Inhaltliches mitzuteilen, das uns dann in der Tat an die Grenzen des überhaupt Vermittelbaren bringen würde: sexualethische Kataloge, umwelt- und klimabewusste Imperative, spezifische Vorstellungen des Miteinanderlebens jenseits des nur Privaten? Sicher, all das gibt es – und so sehr es an der Sache vorbeiginge, hier ›die‹ Religion generalisiert vom Verhandlungstisch zu verbannen, so sehr wird es dann jeweils nötig sein, das, was der Glaube in seiner Pluralität zu sagen hat, konkreter zu betrachten. Das konnte hier nicht mein Thema sein. Es bleibt also bei der sensiblen – und also indirekt bleibenden – Auslotung der Regeln im kleinen Grenzverkehr, wo an den zerfasernden Rändern zwischen Religion und Säkularität – ein nicht ungefährlicher Dualismus – Übergänge nach eigenen, vom besonderen Areal abhängigen Regeln sichtbar werden. Diese Erwartung an unser Fach scheint mir – bei allen Inkompetenzen – realistisch zu sein, kennt sich die Theologie doch bestens aus mit kleinen Transzendenzen.[20]

Diesen Überschritt kann die Theologie auch auf sich selbst anwenden. Denn um von Vermittlungsgrenzen sprechen zu können, müsste es erst einmal jemanden geben, der denn auch bereit ist, sich auf diese grenzverkehrlichen Transaktionen im

---

18 Vgl. Peter Dabrock, Differenzkompetenz und Ambiguitätssensibilität zum Wohle der Öffentlichkeitskultivierung. Ein Essay über modernitätssensible Repristinationen der Zwei-Reiche-und-Regimenten-Lehre, in: *Kontext und Dialog. Sozialethik regional - global - interdisziplinär. Festschrift für Traugott Jähnichen*, hg. von Clemens Wustmans, Nathalie Eleyth, Norbert Friedrich, Maximilian Schell & André Witte-Karp, Stuttgart: Kohlhammer 2024, 52–68.

19 Vgl. Hartmut von Sass, *Außer sich sein. Hoffnung und ein neues Format der Theologie*, Tübingen: Mohr Siebeck 2023, 425–448.

20 Vgl. Peter Dabrock, ›Stell Dir vor, die Kirche spricht, und keiner will's hören!‹. Zur Neujustierung öffentlichen Redens der Kirche angesichts ihres Bedeutungsverlustes, Vortrag im Mai 2023, Braunschweig, online einsehbar unter: https://www.landeskirche-braunschweig.de/index.php?id=2394&file=2353 (zuletzt aufgerufen am 20. Dezember 2024).

Großen, Kleinen und auch den zahlreichen Mittelbestimmungen einzulassen. Dafür ist hermeneutisches Geschick nötig, um auch auf der anderen Seite gehört werden zu können. Wie also wäre zu sprechen; wen möchte man adressieren; welcher Ton – nochmals die Musik – ist dafür angemessen; und welche Infrastrukturen – also: welche Medien – bieten sich dafür an? Kurz: Welcher *beat* ist nötig? Weniger abstrakt (und auch selbstkritisch) gefragt: Ist es die nächste Monographie im Fachverlag oder doch eine offenere Publikationsweise mit Genrewechsel, die dann wenigstens einmal jemanden jenseits der disziplinären *community* interessiert? Pflegen wir also die Beziehungen zu Magazinen, Zeitschriften, ja überhaupt zu den wissenschaftsjournalistischen Praktiken, um irgendwo vermittelt und vermittelnd vorzukommen, ohne damit die oben genannte Soziologie beerben zu müssen?

Warum sind die *public intellectuals* unseres Faches so leicht abzählbar? Nun, es gibt sie ja, jene wenigen, die sich an dieser Öffentlichkeitsarbeit nicht nur versuchen, sondern denen sie oft auch glückt. Und so darf ich Peter Dabrock nicht nur zu seinem kaum zu glaubenden Jubiläum gratulieren – er sieht doch so viel jünger aus! –, sondern auch dazu, dass er es vermag, Öffentlichkeit als Teil des Politischen zu bespielen und sie gar, auch theologisch-ethisch, zu schaffen. Oder im Duktus des ihm so lieben *capability approach*: Eine in diesem Sinn politische Theologie ist eine Theorie darüber, wie die Fähigkeit, den Ton zu treffen, verwirklicht wird. Dabrock ist also ein hervorragender Tonmeister unseres Faches; oder nochmals im Sprachspiel des *rave*: ein ziemlich guter DJ der Theologie.

Konkrete Ethik als Vermittlung von Grenzen unter Beachtung der Grenzen von Vermittlung

Michael Hahn

Einleitung: Konkrete Ethik in Krisenzeiten

In Zeiten multipler Krisensituationen und lokaler sowie globaler Konfliktherde suchen Menschen wie Gesellschaften nach Halt und Orientierung. Durch Prozesse wie Individualisierung, Pluralisierung und Globalisierung kann man – wenn es so etwas überhaupt jemals gab – nicht mehr von einer geteilten Lebenswelt sprechen und eine gemeinsame Grundlage zur Formulierung von Antworten auf die hyperkomplexen Fragen unserer Zeit ist schwer auszumachen. Und dennoch, oder gerade deshalb: Um das gute Zusammenleben verschiedener Individuen in einer sozialen Formation wie einer Gesellschaft zu organisieren und zu garantieren, bedarf es kontext- und pluralitätssensibler ethischer Reflexion.

Im Folgenden soll gezeigt werden, weshalb gerade die *konkrete Ethik*, wie sie unter anderem von Peter Dabrock betrieben wird, die Spannung zwischen Vermittlung und Grenze auf besondere Art und Weise offenhält und somit einen kontext- und pluralitätssensiblen, ambiguitätstoleranten Ansatz zur Beschäftigung mit ethischen Fragestellungen bietet. Denn, so die These: Genuine Aufgabe *konkreter Ethik* ist es, unter Beachtung der Grenzen von Vermittlung Grenzen zu vermitteln. Im Unterschied zu ethischen Großtheorien, die *Top-Down* auf eine Situation appliziert werden, sowie im Unterschied zu kontextuellen Theorien, die *Bottom-Up* beim Einzelfall ansetzen und an allgemeingültigen normativen Kriterien kaum bis gar nicht interessiert sind, schafft es die *konkrete Ethik* in einem evaluativen Verfahren beides zu kombinieren und ist somit in besonderer Weise fähig, Grenzen zu vermitteln, während sie gleichzeitig auch Vermittlung zu begrenzen weiß.

Klassische ethische Theorien und ihre Aporien

In Peter Dabrocks Konzeption einer konkreten Ethik in fundamentaltheologischer Perspektive arbeitet er sich sowohl an deduktiven als auch an induktiven Theorien ab, bevor er die konkrete Ethik als »Vermittlungsansatz« vorstellt.[1] Da hier erörtert werden soll, inwiefern der konkreten Ethik eine besondere Relevanz für aktuelle ethi-

---

1   Vgl. Peter Dabrock, *Befähigungsgerechtigkeit. Ein Grundkonzept konkreter Ethik in fundamentaltheologischer Perspektive*, Gütersloh: Gütersloher Verlagshaus 2012, 18–28.

sche Fragestellungen innewohnt, werden im Folgenden die jeweiligen Theorien in aller Kürze mit einem Fokus auf ihre blinden Flecken dargestellt.

Deduktive, also *Top-Down*-Theorien lassen sich seit Schleiermacher klassisch in Pflichten-, Tugend- und Güterethik einteilen.[2]

Im ersten Typus, der *Pflichtenethik* bzw. Deontologie, steht die Pflicht und damit das Sollen im Zentrum. Die Universalisierungsformel in Kants kategorischem Imperativ etwa fordert die Verallgemeinerbarkeit der eigenen Handlung und stellt dabei ein valables Prüfkriterium dar, indem durch die Verallgemeinerung eine Gleichbehandlung angestrebt und auf den ersten Blick auch erreicht wird. Auf den zweiten Blick offenbaren sich allerdings auch die Schwächen der Deontologie. Indem sie eine allgemeine Regel aufstellt, bleibt der Einzelfall – bewusst – außen vor, was fehlende Kontextsensibilität zur Folge hat.[3] Um erneut das Stichwort der *Gleichbehandlung* und im Anschluss daran auch Fragen nach *Gerechtigkeit* aufzunehmen, kommt eine bekannte Karikatur Traxlers[4] in den Sinn. In ihr haben verschiedene Tiere die Aufgabe, denselben Baum zu erklimmen – doch aufgrund ihrer unterschiedlichen Voraussetzungen bzw. *capabilities* ist diese scheinbar *gleiche* Aufgabe eben nicht mit denselben Chancen verknüpft. So zeigt sich, dass die *gleiche* Regel *Top-Down* für alle und in allen Situationen anzuwenden – und hier kann man anmerken: gerade auch in theologischer Perspektive unter Beachtung der Befähigungsgerechtigkeit[5] – aus ethischer Sicht nicht immer geboten ist.

Im zweiten Typus, der *Tugendethik*, liegt der Fokus auf der handelnden Person und fragt nach den Voraussetzungen dafür, gut handeln und leben zu können. Über die Frage nach dem *Wie* des guten Handelns besteht hier ein positiver Anknüpfungspunkt an die *Befähigungsgerechtigkeit*: Was brauchen die Menschen zu einem guten Leben und wie können sie dazu *befähigt* werden? Allerdings gilt auch für die Tugendethik: Ihre Perspektive ist zwar notwendig und wichtig, jedoch durch ihren Fokus auf das Individuum und das Ausblenden einer gesellschaftlichen oder gar globalen Dimension nicht hinreichend. Und selbst wenn hierbei eine gesellschaftliche Dimension einbezogen werden sollte, liegt das Interesse auf den Voraussetzungen des Handelns und des guten Lebens, wobei die *Ziele* und (intendierten wie nicht-intendierten) *Folgen* des Handelns unterbestimmt bleiben. Gerade angesichts der gegenwärtigen ›Polykrise‹, wo viele Entwicklungen und damit deren Chancen aber auch Risiken sich eher exponentiell als linear vollziehen, ist eine rein auf Tugenden im Hier und Jetzt fokussierte Ethik nicht hinreichend. Kurzfristig mag ein gewisses Ziel (bspw.: das Ankurbeln der Wirtschaft durch Absenkung von bereits beschlossenen Klimaschutzregelungen, wie es vor allem liberale, aber auch rechtskonservative Kräfte fordern) ethisch geboten

---

2 Vgl. Friedrich Schleiermacher, Ethik 1816 (Allgemeine Einleitung), in: *Schleiermachers Werke. Zweiter Band nach den Handschriften Schleiermachers neu hg. und eingel. von Otto Braun*, 2. Neudruck der 2. Auflage Leipzig 1927, Aalen: Scientia 1981, 485–512.
3 Nota bene: Auch in der deontologischen Tradition gibt es Versuche, der Kontextsensibilität gerecht zu werden. So etwa William David Ross und die *prima facie* Pflichten.
4 Vgl. Hans Traxler, Karikatur: ›Zum Ziele einer gerechten Auslese lautet die Prüfungsaufgabe für Sie alle gleich: Klettern Sie auf den Baum!‹, *betrifft:erziehung* 7, 1975, 59.
5 Vgl. Dabrock, *Befähigungsgerechtigkeit*.

erscheinen (bspw.: zum Sichern des Wohlstands), langfristig sich aber aufgrund der Folgen als nicht verantwortungsbewusst herausstellen (ergo: durch die kurzfristige Abschaffung von Klimaschutzmaßnahmen wird das Problem nur weiter in die Zukunft verschoben, wobei es sich dann noch dringlicher stellt oder der *point of no return* bereits überschritten sein könnte).

Im dritten Typus, der *Güterethik*, wird genau diese Frage der Zielsetzung und der Folgen des Handelns gestellt. Doch auch die Güterethik ist für sich genommen durch ihre alleinige Konzentration auf die Ziele einer Handlung insuffizient. Nimmt man als Beispiel den Utilitarismus nach Jeremy Bentham, so sind Handlungen danach zu beurteilen, ob sie das größtmögliche Glück der größtmöglichen Zahl bewirken – ein quantitatives Vorgehen. Dabei ist die Konzentration auf die Folgen des Handelns – gerade in verantwortungsethischer Perspektive – wichtig; doch der Utilitarismus allein kann dort in Aporien enden, wo eine reine Kosten-Nutzen-Analyse die Folgen betreffend ad absurdum führt oder die Folgen nicht bemessen werden können.

Bottom-Up, also induktiv verfahrende Theorien, konzentrieren sich – im Unterschied zu den soeben präsentierten, deduktiv verfahrenden Theorien – auf den konkreten Einzelfall und sind dabei nicht oder kaum daran interessiert, allgemein gültige Normen zu entwickeln. Während sie dadurch zwar das höchste Maß an Kontextsensibilität aufweisen, haben sie ihren blinden Fleck im Allgemeinen, das Individuelle Übersteigenden. Dadurch ist eine Kasuistik letztlich dem Vorwurf der Willkür ausgesetzt, die wiederum Machtasymmetrien begünstigt. Während also der Deontologie der Blick für das Individuelle fehlt, mangelt es einem Kontextualismus am Blick für kontextübergreifende Normen.

Insgesamt bringen für sich genommen alle genannten Ansätze – wie knapp dargestellt – eine wichtige Perspektive in den Diskurs ein. Doch: Angesichts der Hyperkomplexität der Gegenwart und ihrer ethischen Fragestellungen bleiben sie allein ergänzungsbedürftig.

Die Bedeutung von Vermittlung

Nun könnte man ja auf die Idee kommen – und hier geht man praktisch *ad fontes*, da Schleiermacher selbst bemerkt, dass alle drei Formen historisch meist gleichzeitig vorkamen, aber jeweils unterschiedliche eine hervorgehobene Stellung hatten[6] –, die drei exemplarisch gewählten deduktiven sowie induktive Herangehensweisen (und weitere Aspekte, die relevant für ein ethisches Urteil scheinen) zusammenzubringen, also: eine *Vermittlung* durchzuführen.

Dabei hat *Vermittlung* viele Bedeutungen. Denkt man an das Bildungssystem, so wird dort Wissen vermittelt. Denkt man an den Bereich der Werbung, dann soll diese potentiellen Kund:innen ein bestimmtes Gefühl vermitteln, also etwas in ihnen auslösen, das ultimativ in eine Kaufhandlung übergeht. Denkt man an die Immobilien-

---

6 Schleiermacher, *Ethik 1816*, 510–511.

branche, dann vermittelt die Maklerin der Interessentin die Wohnung, d. h. sie bringt die Wünsche der Käuferin mit den passenden Angeboten der Eigentümer:innen zusammen. Denkt man an Konflikte, wird zwischen zwei Parteien vermittelt, um Einigung zu erzielen und eine gute Lösung für beide Seiten zu finden.

Die Beispiele aus den verschiedenen Bereichen und Systemen weisen eine Gemeinsamkeit auf, die schon der Begriff »Vermittlung« aufzeigt, steckt in ihm doch die »Mitte«. Vermittlung ist also im Idealfall ein dynamischer Prozess, in dem verschiedene Entitäten oder Güter aufeinander zubewegt werden, bis ein Ausgleich der verschiedenen, in manchen Punkten konfligierenden Interessen erreicht ist. Nehmen wir noch einmal das Beispiel des Immobilienmarkts und der Maklerin oder des Maklers auf. Die Angebotsseite (sprich: die Verkäuferin oder der Verkäufer) hat einen Wert ihrer Immobilie *ermittelt*, der sich unter anderem anhand des gewünschten Preises abbildet. Die Nachfrageseite (sprich: die Käuferin oder der Käufer) hat ihre eigenen Wünsche und Vorstellungen, die sich am Preis, den sie bereit ist zu zahlen, aber auch am Zustand der Immobilie oder an der Seriosität der Verkäuferin oder des Verkäufers festmachen. Nun kann es in diesem Prozess des Immobilienkaufs zu konfligierenden Interessen kommen, wenn bspw. bezogen auf den Preis unterschiedliche Vorstellungen herrschen. Hier ist es nun Aufgabe der Maklerin oder des Maklers, zwischen den beiden Seiten so zu vermitteln, dass am Ende beide Seiten zufrieden sind (sprich: die Verkäuferin oder der Verkäufer einen angemessenen Gegenwert für ihre Immobilie bekommt und die Käuferin oder der Käufer einen angemessenen Gegenwert für ihr Geld bekommt). Es findet also ein Ausgleich von Interessen statt bzw. beide Seiten werden aufeinander zubewegt, ergo: vermittelt.

Vermittlung in konkreter Ethik und ihre Grenzen

Wie die Beispiele zeigen, gehört Vermittlung zum alltäglichen Leben. Und auch mit Blick auf die ethische Reflexion scheint sie attraktiv: eine Tendenz zur Mitte, jenseits von Polarisierung und Extremen. Eine evaluative, geradezu versöhnliche *Ausmittlung* durch *Vermittlung* könnte eine gute Basis für ethische Reflexion bieten. Das ist es, was die *konkrete Ethik*[7] in Form des *wide reflective equilibrium* (weites Überlegungsgleichgewicht) – wie sie etwa Peter Dabrock konzipiert – als vermittelnde Form tut. Evaluativ werden hier verschiedene Positionen aufgenommen und miteinander ins Gespräch gebracht, mit anderen Worten: vermittelt. Indem dieser »Vermittlungsansatz«[8] gerade einen Ausgleich zwischen *Top-Down* (die Anwendung einer allgemeinen Theorie auf einen Einzelfall) und *Bottom-Up* (Fokussierung auf den Einzelfall und nicht auf allgemeine Normen) sucht und evaluativ vorgeht, werden vielfältige Theorien und Perspektiven aufgenommen und miteinander ins Gespräch gebracht. So vermittelt

---

7 Die *konkrete* Ethik heißt ja gerade bewusst nicht *angewandte* Ethik, um dem Missverständnis zu wehren, dass hier einfach ethische Großtheorien auf eine Praxissituation angewandt werden.
8 Vgl. Dabrock, *Befähigungsgerechtigkeit*, 18–28.

das weite Überlegungsgleichgewicht zwischen konfligierenden Interessen, Werten und Moralvorstellungen und kommt im Diskurs der verschiedenen beteiligten Aktanten zu einem bestmöglichen Ergebnis. Die konkrete Ethik umfasst dabei »1. wohlüberlegte moralische Urteile und Intuitionen, 2. ethische Prinzipien und Kriterien, 3. rechtliche Normvorgaben [...], 4. [...] Identitätsbilder von Person und Gesellschaft und 5. [...] Sachinformiertheit in einem jeweils strittigen Feld«[9]. Ethische Theorien – wie etwa die drei deduktiven Grundtypen, die eingangs erwähnt wurden – sind also nur *ein* Teil des gesamten ethischen Evaluations- und Vermittlungsprozesses.

Und trotz der aufgezeigten Komplexität – bliebe man hier stehen, könnte man sich dem Vorwurf der Unterkomplexität ausgesetzt sehen. Denn vielleicht kam Ihnen beim Lesen auch bereits der Gedanke: Ethik kann nicht immer die Mitte suchen. Die Aufgabe einer *normativen* Ethik, die auch auf der Governance-Ebene fähig ist sich einzubringen, ist nicht nur Vermittlung. Vielmehr bezieht sie Position, die nicht gleich des arithmetischen Mittels statisch alle Positionen addiert und durch ihre Anzahl teilt, sondern mit Aristoteles Nikomachischer Ethik gesprochen die *Mesotes* ist, also das rechte Maß zwischen Übermaß und Mangel und damit eine dynamische Herangehensweise.[10] Um diese Art von »Mitte« in der Vermittlung zu finden, bedarf es auch der Beachtung von Grenzen.

Der Umgang mit den Grenzen von Vermittlung kann dann – wie Tabea Ott in ihrem Beitrag in diesem Band verdeutlicht – ganz unterschiedlich ausfallen. Möchte man Grenzen nun in die ethische Reflexion im Sinne konkreter Ethik aufnehmen, muss zunächst unterschieden werden, um welche Art von Grenzen es sich handelt. Denn: Es gibt Grenzen, die überschritten werden dürfen, können und sollten. Auch das ist Aufgabe einer Ethik, die sich in der Tradition Bonhoeffers als Verantwortungsethik begreift: das Aufzeigen derjenigen Grenzen, deren Überschreitung längst überfällig ist, geradezu die Abolition von veralteten Denkmustern und Strukturen, die etwa zu Exklusion und Unterdrückung führen. In diesem Fall wird die Grenze überwunden, was zu ihrer Abschaffung führt; man könnte also von einer Vermittlung von Grenzen sprechen, die – im Wortsinn des *Mittelns* – sich aufeinander zubewegen, dadurch überschritten werden und final aufhören zu existieren. Das wäre eine *Vermittlung von Grenzen*, die eine *Aufhebung* von Grenzen zur Folge hat.

Neben dem Aufzeigen der Grenzen, die überschritten werden dürfen, können und sollten, gibt es auch diejenigen Grenzen, die nicht überschritten werden können, dürfen oder sollten. Diese können etwa Menschenwürde und Menschenrechte sein. Mit Hannah Arendt gesprochen: Die rote Linie, die nicht überschritten werden sollte,

---

9 Peter Dabrock, Konkrete Ethik in fundamentaltheologischer Perspektive, in: *Was ist theologische Ethik? Grundbestimmungen und Grundvorstellungen*, hg. von Michael Roth und Marcus Held, Berlin/Boston: De Gruyter 2018, 19–40, 25.

10 Vgl. Aristoteles, *Nikomachische Ethik*, übersetzt, eingeleitet und kommentiert von Dorothea Frede, Berlin/Boston: De Gruyter 2020, 1106b–1107. An dieser Stelle sei angemerkt, dass es Aristoteles in seiner Konzeption um die Tugend geht, die die Mitte zwischen Übermaß und Mangel darstellt. Hier soll diese Beschränkung auf die Tugend aufgegeben und im Sinne einer Strukturanalogie die *Mesotes*-Lehre mit den Ideen der konkreten Ethik mit ihrer Methode des *wide reflective equilibrium* ins Gespräch gebracht werden.

ist »ein Recht, Rechte zu haben«[11]. Dieses basale Menschenrecht, das davor bewahrt, Menschen als rechtlos zu erklären, markiert die Grenze von Vermittlung. Dass es hierbei zu Verletzungen kommt, zeigt nur einmal mehr, wie wichtig es ist, um diese rote Linie als Grenze zu wissen und in ethischer Reflexion Position zu beziehen, indem die Grenze *nicht* überschritten, sondern explizit reflektiert und dadurch begründet fixiert wird. Und gerade heutzutage, angesichts von Digitalisierung und modernen Technologien, ergeben sich einmal mehr Herausforderungen und die Notwendigkeit von Grenzreflexionen. So mahnt Peter Dabrock etwa im Kontext der Digitalisierung und zunehmenden Verflechtung von Online- und Offline-Welt unter Floridi's Stichwort der Onlife-Welt[12] eindringlich zur Reflexion auf diejenigen Grenzen, die einen *point of no return* darstellen und gerade deshalb nicht überschritten werden sollten, da hier die Menschenwürde bedroht wird: »Nur mit der dazu nötigen Differenzsensibilität wie selbstkritischen Ambiguitätstoleranz werden wir datensouverän bleiben und wird die Menschenwürde nicht granularisierbar«[13].

Woher weiß man nun aber, welche Grenzen überschritten werden dürfen, können und sollten und welche nicht? In der Tradition der konkreten Ethik ist auch dies ein Aushandlungsprozess, in dem durchaus gestritten und gerungen wird. Grenzen von Vermittlung sind oftmals nicht so klar, wie sie auf den ersten Blick scheinen. Somit gehört zur Vermittlung von Grenzen im Rahmen einer konkreten Ethik auch, dass sie Vermittlung *unter Wahrung, Überschreitung und Reflexion* von Grenzen ist.

Resümee

Nachdem nun die konkrete Ethik in der Perspektive der Vermittlung bzw. Vermittlung in der Perspektive konkreter Ethik untersucht wurde, hat sich gezeigt: Die Aufgabe einer konkreten Ethik anhand des weiten Überlegungsgleichgewichts kann als eine Vermittlung von Grenzen unter Beachtung der Grenzen von Vermittlung beschrieben werden. Das heißt: Konkrete Ethik hat sich zur Aufgabe gemacht, nach *Mesotes* zu streben, nach dem richtigen Maß zwischen Überfluss und Mangel. Sie tut dies auf der einen Seite als *Vermittlung von Grenzen*, indem sie in einem komplexen, evaluativen Verfahren unter Hinzunahme vielfältiger Theorien, dem Einbezug von Intuitionen und Identitätsbildern, der Analyse rechtlicher Vorgaben und der Betonung der Sachinformiertheit Grenzen im Sinne von Spaltungen zu überwinden sucht. So *mittelt* sie diese aus, um eine konkrete, normative ethische Evaluation durchführen zu können. Auf der anderen Seite weiß diese Vermittlung ihrerseits um ihre *Grenzen*, die nicht überschritten werden dürfen – und denen sich doch auch in den Modi der *Wahrung*, der *Überschreitung* und der *Reflexion* angenähert werden kann.

---

11 Hannah Arendt, *Elemente und Ursprünge totaler Herrschaft. Antisemitismus, Imperialismus, totale Herrschaft*, München/Zürich: Piper 1986, 462.
12 Vgl. Luciano Floridi (Hg.), *The Onlife Manifesto*, Cham: Springer 2015.
13 Peter Dabrock, Die Würde des Menschen ist granularisierbar. Muss die Grundlage unseres Gemeinwesens neu gedacht werden?, *epd Dokumentation* 22, 2018, 8–16, 15.

Insgesamt zeigt sich also die Dialektik von Vermittlung und Grenze in der Vermittlung sowie die Dialektik von Grenze und Vermittlung in der Grenze. Diese doppelte Dialektik könnte man auch – im Anschluss an Niklas Luhmann[14] – mit der folgenden Figur ausdrücken: Vermittlung ist die Einheit der Differenz von Vermittlung und Nicht-Vermittlung, sprich Grenze. Und umgekehrt ist die Grenze die Einheit der Differenz von Grenze und nicht-Grenze, da diese immer durch den Prozess der Reflexion, Vermittlung oder Wahrung gegangen ist, geht und gehen wird. Damit ist die *konkrete* Ethik eine besonders ambiguitätstolerante, kontextsensible Methode, um den hyperkomplexen ethischen Fragestellungen der Gegenwart zu begegnen.

---

14 Vgl. Niklas Luhmann, *Soziale Systeme. Grundriß einer allgemeinen Theorie*, 18. Auflage, Frankfurt am Main: Suhrkamp 2021.

»You will never be one of us«
Reflexionen zum Umgang mit Identität, Privilegien und Grenzerfahrungen

Max Tretter

Das Format Essay eröffnet bekanntlich die Möglichkeit, etwas persönlicher zu schreiben und eigene Erfahrungen ins Argumentieren miteinfließen zu lassen. Diese Chance möchte ich in meinem Beitrag ganz frech und frei ergreifen, um eine Grenzerfahrung, die ich selbst gemacht habe – präziser: eine Situation, in der ich in meine Grenzen verwiesen wurde – als Ausgangspunkt für einige ethische Reflexionen über den Umgang mit derlei Erfahrungen von Grenze bzw. von In-Grenzen-Gewiesen-Werden zu wählen.

Die Grenzerfahrung, von der ich berichten möchte, hat ihren Ursprung – und dies verheißt nichts Gutes – auf X. Dort hatte Peter Dabrock, nachdem ich meine Doktorarbeit mit dem Titel *Hip-Hop bei Black Lives Matter Protesten* im Juli 2024 ›höchst erfolgreich‹ verteidigt hatte, als – wie ich es lesen würde – stolzer Doktorvater, ein Bild von uns beiden geteilt. Aufgenommen im Anschluss an das Disputationsgespräch, als der ›offizielle‹ Part des Tages vorbei war und die Feierlichkeiten anliefen, war das geteilte Bild mit folgender Caption überschrieben:

> Gestern: Ein neuer Dr. theol. Max Tretter hat mit seiner Studie ›Hip-Hop bei Black Lives Matter Protesten. Eine theol.-eth. Auseinandersetzung mit ästhetischen Artikulationsformen in der #Öffentlichkeit‹ & einer fulminanten Disputation seine Promotion höchst erfolgreich abgeschlossen👋🎓#FAU[1]

Neben zahlreichen beglückwünschenden Reaktionen, die dieser ›Tweet‹ von Peter Dabrock erhielt, wurde der Post zu einem etwas späteren Zeitpunkt, als das ganze Verfahren schon etwa einen Monat in der Vergangenheit lag, mit einem weiteren Kommentar versehen. Gepostet wurde dieser von einem Account, der dem Aliasnamen, den öffentlich einsehbaren Posts und dem Profilbild nach von einer Schwarz- und weiblichgelesenen Person betrieben wurde:

> I just want to be very clear. You can study our protest movements and culture all you like, well done on defending your thesis...but you will NEVER BE ONE OF US and we do NOT care what you think. Hope that helps.[2]

Ich bin ehrlich: Als Peter Dabrock mir diesen Kommentar zum ersten Mal gezeigt hat, hat es mich ganz schön getroffen. Nachdem ich mich – meiner eigenen Einschätzung

---

1 Der Tweet ist online einsehbar unter: https://x.com/just_ethics/status/1814255847955931521 (zuletzt aufgerufen am 18. Dezember 2024).
2 Inzwischen sind der Kommentar, ebenso wie der zugehörige X-Account nicht mehr auffindbar.

entsprechend – lange Zeit intensiv und detailliert mit *Black Lives Matter* auseinandergesetzt habe und weitreichende Methodenreflexionen darüber angestellt habe, wie ich als weißer, männlicher Akademiker mich gleichermaßen qualifiziert und sensibel mit diesem Thema auseinandersetzen kann, kam mir dieses Pauschalurteil, dass ich eh niemals dazugehören und meine Überlegungen niemals auf offene Ohren stoßen würden, intuitiv recht unfair und weder meiner Arbeit noch meinen ernsthaften Bemühungen um Sensibilität gerecht werdend vor …

Nun stehe ich mit dieser Grenzerfahrung nicht allein. Wie sowohl die Flut an wissenschaftlichen resp. ›wissenschaftlichen‹ Publikationen zu Themen wie Privilegierung, ›race‹- und Gendersensibilität als auch die Vielfalt popkultureller Aufarbeitungen in Kinofilmen wie Simon Verhoevens *Alter weißer Mann*[3] und der *Monsieur Claude*-Comedy-Trilogie von Philippe de Chauveron[4] zeigen, ist diese Form des In-Grenzen-Gewiesen-Werdens und das Konfrontiert-Werden mit dem Claim, dass das, woran man gegebenenfalls lange gearbeitet hat, was man gern beitragen würde und was womöglich auch einen nicht unerheblichen Teil der eigenen Identität ausmache, nichts zähle, eine Erfahrung, die nicht wenige Personen angeht. Vor diesem Hintergrund sind meine anschließenden Reflexionen darüber, wie man mit derlei Grenzerfahrungen umgehen könnte, mehr als nur eine selbsttherapeutische Reflexion; darüber hinaus können sie auch als kleiner Beitrag zu einer andauernden Auseinandersetzung verstanden werden.

Reaktion 1: Gegenangriff

Ein erster Vorschlag, wie ich auf obigen Kommentar bzw. man auf ähnliche Statements reagieren könnte, kann dem tendenziell eher konservativen Lager entnommen werden. Getreu dem Motto ›Angriff ist die beste Verteidigung‹, stehen die Zeichen hier auf Gegenschlag. Dieser sollte natürlich, um nicht den vielfach beklagten ›Sittenverfall‹ auf Social Media und insbesondere X weiter zu befeuern, auf eine halbwegs ›sittliche‹ Art und Weise geschehen. Eine Möglichkeit, einen derart ›kultivierten‹ Gegenangriff einzuleiten, könnte darin bestehen, die Nichtzugehörigkeitsaussagen des Gegenübers und ihre Kundgabe, dass man – der vermuteten Intention der Kommentatorin folgend, füge ich hinzu: als weißer Mann – eh nichts zu sagen habe, was für Schwarze (Protest-)Communities von Bedeutung wäre, als Ausgeburten einer als illegitim deklarierten ›Identitätspolitik‹ zu identifizieren. Ein solch identitätspolitisches Vorgehen zeichne sich nämlich, wie unter anderem Bernd Stegemann in seinem gleichnamigen Werk postuliert,[5] just dadurch aus, dass klare Gruppenzu-

---

3 Simon Verhoeven, *Alter weißer Mann*, Deutschland: Wiedemann & Berg, 31. Oktober 2024.
4 Philippe de Chauveron, *Monsieur Claude und seine Töchter*, Frankreich: UGC Distribution, 16. April 2014; Philippe de Chauveron, Monsieur Claude 2, Frankreich: UGC Distribution, Belga Films, 30. Januar 2019; Philippe de Chauveron, *Monsieur Claude und sein großes Fest*, Frankreich: UGC Distribution, Orange Studio, 06. April 2021.
5 Vgl. Bernd Stegemann, *Identitätspolitik*, Berlin: Matthes & Seitz 2024.

gehörigkeits- und -nichtzugehörigkeitskriterien formuliert und die Gültigkeit von Aussagen von der Gruppenzugehörigkeit der sprechenden Person abhängig gemacht würden. Ein derartiges Vorgehen würde jedoch, so Kritiker:innen à la Susan Neiman,[6] Omri Boehm,[7] Jens Balzer,[8] Yascha Mounk[9] oder auch Bernd Stegemann,[10] einen Tribalismus, dem nicht selten das Adjektiv ›archaisch‹ beigefügt wird, wiederbeleben, sämtlichen Universalitätsnormen widersprechen, auf die man sich seit der Aufklärung geeinigt hätte, und sich dabei allzu oft auch in Selbstwidersprüche verwickeln. Gegenüber derlei identitäts- und gruppenbezogener Politik, die häufig auch mit anderen Schreckgespenstern wie ›Cancel Culture‹[11] oder ›Wokeismus‹[12] in Verbindung gebracht wird, sei, wie unter anderem von den eben genannten mehrfach nachdrücklich eingefordert, doch die Tradition eines aufklärerischen Universalismus stark zu machen und darauf zu pochen, dass allein Argumente in ihrer zwanglos-zwingenden Form, unabhängig von der Person, die sie vorträgt, und ihrer eventuellen Gruppenzugehörigkeit anzuhören seien. Alles andere – und damit vermeintlich auch der gepostete Kommentar – würde die Konventionen der modernen Kommunikations- und Streitkultur schamlos unterlaufen und sei damit als gänzlich unstatthaft einzustufen.

Diese im Anschluss an identitätspolitikkritische Positionen entwickelte, mögliche Reaktion erweist sich auf mehreren Ebenen als problematisch. Erstens ignoriert sie in ihrem unerbittlichen Beharren auf Universalismus – wobei einige der genannten Kritiker:innen diesen Einwand womöglich sogar als Lob sehen würden – viele der

---

6   Vgl. Susan Neiman, *Links ≠ woke*, übersetzt von Christiana Goldmann, 2. Auflage, Berlin: Hanser 2023.
7   Vgl. Omri Boehm, *Radikaler Universalismus. Jenseits von Identität*, Berlin: Ullstein 2022.
8   Vgl. Jens Balzer, *After Woke*, Berlin: Matthes & Seitz 2024.
9   Vgl. Yascha Mounk, *Im Zeitalter der Identität. Der Aufstieg einer gefährlichen Idee*, übersetzt von Sabine Reinhardus & Helmut Dierlamm, Stuttgart: Klett-Cotta 2024.
10 Vgl. Stegemann, *Identitätspolitik*.
11 Dass es sich bei der sogenannten ›Cancel Culture‹ tatsächlich um ein Schreckgespenst handelt, das mehr von ihren Gegner:innen ›panisch‹ heraufbeschworen wird, denn um eine Strategie, die tatsächlich von ihren Anhänger:innen praktiziert wird, arbeitet Adrian Daub in seiner Untersuchung zum Phänomen heraus. Vgl. Adrian Daub, *Cancel Culture Transfer. Wie eine moralische Panik die Welt erfasst*, Berlin: Suhrkamp 2022.
12 Ähnlich wie beim Phänomen der ›Cancel Culture‹ ist auch beim ›Wokeismus‹ zu vermuten, dass dieser mehr durch die überzeichnenden Zerrbilder seiner Gegner:innen polemisch fabriziert wird, denn dass es sich bei ihm um ein klar feststellbares Phänomen handelt. Zwar gibt es bislang noch keine Untersuchung, die diese These in ähnlich überzeugender Weise belegt, wie es Adrian Daub für die ›Cancel Culture‹ getan hat. Doch kritische Rezensionen wie etwa die von Till Schmidt zu Susan Neimans *Links ≠ woke* in der *Tageszeitung*, in der der Rezensent die Frage aufwirft, wer diese ›woken‹ Positionen denn überhaupt vertreten würde, die Neimann so vehement angreife, was ihn letztlich zu der Schlussfolgerung veranlasst, dass es sich bei ihrer Kampfschrift eher um ein »Selbstgespräch« denn um eine wirkliche Auseinandersetzung und folglich um ein »Buch ohne Gegenstand« handle, lassen sich als Indiz für die These heranziehen, dass auch der ›Wokeismus‹ ein Schreckgespenst seiner Gegner:innen ist. Vgl. Till Schmidt, Buch über linke Identitätspolitik. Ein Selbstgespräch, *taz*, 27. August 2023, online einsehbar unter: https://taz.de/Buch-ueber-linke-Identitaetspolitik/!5955525/ (zuletzt aufgerufen am 18. Dezember 2024).

durch poststrukturalistische wie postkoloniale Vorgehensweisen mühsam errungenen legitimen Einsichten in globale Macht- und Ausbeutungsstrukturen sowie epistemische Ungerechtigkeiten und weitere Formen gesellschaftlicher Diskriminierung. Mit der Wahl einer solchen Strategie des Gegenschlags und dem Ausblenden sozialer Machteffekte würden demnach wesentliche Komplexitätsgrade wissentlich unterschritten – und darüber hinaus auch noch ein erheblicher Mangel an Empathie und sozialem Feingefühl offenbart. Damit würde man dem sprichwörtlichen Elefanten im Porzellanladen gleichen, der sich, zu allem Überfluss, seines Tuns auch noch bewusst ist und sich dabei im vollen Recht wägt. Nicht zuletzt deswegen würde sich ein solch gegenangreifendes Vorgehen für die gesamte Gesprächssituation als äußerst nachteilig erweisen. Denn – und um dies einzusehen braucht es keiner vertieften poimenischen oder kommunikationstheoretischen Kenntnisse – ein solcher Gegenangriff erzeugt, und dies wird durch den Vorschlag, den kritischen Kommentar mit einem Gegenangriff zu beantworten, performativ belegt, wiederum Gegenreaktionen. Unabhängig davon, ob auf den Gegenangriff ein weiterer Gegen-Gegenangriff folgt oder der Gesprächsabbruch: Für das Im-Gespräch-Bleiben erweist sich diese Strategie als denkbar ungeeignet – und provoziert damit in höchst selbstwidersprüchlicher Weise eben das, was sie ihren Gegner:innen aus dem ›identitätspolitischen‹ Lager vorwirft: den Abbruch des Gesprächs.[13]

Reaktion 2: Dekonstruktion

Eine zweite Reaktion, die zwar nicht ganz ohne Gegenangriff auskommt, diesen jedoch immerhin etwas ›smarter‹ verpackt und weniger frontal durchführt, könnte in der Dekonstruktion der im Kommentar angerufenen Positionen bestehen. So ließe sich darauf hinweisen, dass der Kommentar mit seiner klaren Gegenüberstellung von ›you‹ und ›us‹ – wobei ersteres mich als weißen, männlichen Akademiker bezeichnet, letzteres eine nicht weiter bestimmte Schwarze Community – und seinem Postulat einer anhaltenden und nicht-zu-überwindenden Nichtzugehörigkeit von essentialistischen Kategorien auszugehen scheine. Einer solchen Darstellung könnte – und hier ließen sich sogar Schwarze Denker:innen wie W.E.B. DuBois[14] und bell hooks,[15] Stuart Hall[16] und Cornel West[17] als Gewährspersonen aufführen – entgegengehalten werden, dass es so etwas wie *die* Schwarze Kultur gar nicht gebe. Stattdessen sei das, was häu-

---

13 Vgl. Boehm, *Radikaler Universalismus*; Mounk, *Zeitalter der Identität*; Neiman, *Links ≠ woke*; Stegemann, *Identitätspolitik*.
14 Vgl. W. E. B. DuBois, *The Souls of Black Folk*, Oxford/New York: Oxford University Press 2007.
15 Vgl. bell hooks, *Black Looks. Race and Representation*, Boston: South End Press 2000.
16 Vgl. Stuart Hall, *Das verhängnisvolle Dreieck. Rasse, Ethnie, Nation*, übersetzt von Frank Lachmann, Berlin: Suhrkamp 2018; Stuart Hall, *On Race and Difference*, Durham/London: Duke University Press 2021.
17 Vgl. Cornel West, *Race Matters*, Boston: Beacon 2001.

fig als Schwarze Kultur angerufen werde, ebenso wie sämtliche anderen Kulturen,[18] ein hochdiverses Gemenge, das sich im Aufeinandertreffen verschiedener lokaler Traditionen und Praktiken herausgebildet habe, sich in ›trans-*Schwarz-atlantischen* Prozessen‹[19] kontinuierlich dynamisch weiterentwickle und damit von Anfang an Hybridität in sich trage. Angesichts dieser Komplexität sei das Wiederaufrufen essentialistischer Vorstellung von ›ihr‹ und besonders ›wir‹ nicht nur unterkomplex und drohe, in essentialistische und gegebenenfalls gar biologistische Denkweisen zurückzufallen. Mehr noch: Eigentlich müsste, wie man im Duktus von Jens Balzers *Ethik der Appropriation* festhalten könnte, das wertschätzende Aneignen von Kulturen und der Versuch, diese durch Fremdeinschreibung fortzuschreiben, sogar gewürdigt und aktiv verfolgt werden.[20]

So richtig dieser Einwand auf einer sachlichen Ebene ist, so fehl geht er auf einer gesprächspragmatischen Ebene. Denn eine Bemerkung, die die Kommentatorin auf einer persönlichen Ebene betrifft und sie gegebenenfalls sogar ›existenziell‹ angeht, mit einer intellektualistischen Belehrung zu kontern, zeigt, wie wenig die gestellte Anfrage verstanden wurde, und sendet darüber hinaus auch noch das Signal, als wie unwichtig die dahinterstehenden persönlichen Anliegen erachtet werden. Damit provoziert eine solche Antwort nicht nur bleibendes ›Unvernehmen‹,[21] sondern auch ein erhebliches Maß an ›Verkennung.‹[22] Doch nicht nur das! In der Geste, als weißer Mann einer Schwarzen Person etwas über ihre Kultur und gegebenenfalls gar über Rassismus zu erklären, schwingt auch eine gehörige Portion ›whitesplaining‹[23] mit, das in einer mikroaggressiven Art die Kompetenz des Gegenübers in, wie der gepostete Kommentar und der sich in ihm zeigende Pathos bezeugt, für sie relevanten Fragen grundlegend infrage stellt.[24]

---

18 Vgl. Fançois Jullien, *Es gibt keine kulturelle Identität. Wir verteidigen die Ressourcen einer Kultur*, übersetzt von Erwin Landrichter, Berlin: Suhrkamp 2017.
19 Vgl. Paul Gilroy, *The Black Atlantic. Modernity and Double Consciousness*, London/New York: Verso 1993.
20 Vgl. Jens Balzer, *Ethik der Appropriation*, Berlin: Matthes & Seitz 2022.
21 Vgl. Jacques Rancière, *Das Unvernehmen. Politik und Philosophie*, übersetzt von Richard Streurer, Frankfurt am Main: Suhrkamp 2002; Axel Honneth & Jacques Rancière, *Anerkennung oder Unvernehmen. Eine Debatte*, Berlin: Suhrkamp 2021.
22 Vgl. Thomas Bedorf, *Verkennende Anerkennung. Über Identität und Politik*, Berlin: Suhrkamp 2010.
23 Vgl. John Blake, Stop ›whitesplaining‹ racism to me, CNN, 17. Februar 2019, https://edition.cnn.com/2019/02/17/us/whitesplaining-racism-blake-analysis/index.html (zuletzt aufgerufen am 18. Dezember 2024).
24 Vgl. Veronica E. Johnson, Kevin L. Nadal, D. R. Gina Sissoko & Rukiya King, »It's Not in Your Head«: Gaslighting, 'Splaining, Victim Blaming, and Other Harmful Reactions to Microaggressions, *Perspectives on Psychological Science* 16 (5), 2021, doi: 10.1177/17456916211011963.

Reaktion 3: Selbstthematisierung

Eine weitere Möglichkeit, auf derlei Kritik zu reagieren, bestünde in der Selbstthematisierung der eigenen Sprecher:innenposition. In meinem Fall: indem ich in transparenter Weise meine weitestgehende ›Unmarkiertheit‹[25] als weißer, männlicher Akademiker darlege und offen über diese relative Privilegiertheit und darüber reflektiere, wie sich diese auf meine Wahrnehmungen und Überlegungen auswirkt. Diese Strategie der Thematisierung der eigenen Position erweist sich jedoch, wie Luca Di Blasi in seinem *Anti-Manifest*, in dem er sich mit der Rolle des titelgebenden ›Weißen Manns‹ auseinandersetzt, als ein schmaler Grat – denn sie kann auch schnell problematische Züge annehmen.[26] Problematisch wird diese Selbstthematisierung etwa dort, wo sie in eine selbstviktimisierende Richtung abgleitet, d. h. wo die Beobachtung, dass die eigenen Privilegien infrage gestellt werden und Stück für Stück darauf hingearbeitet wird, diese abzubauen, selbst wiederum als eine Form von ›Diskriminierung‹ verstanden wird und ressentimentgeladene Reaktionen, angefangen von Selbstmitleid bis hin zu aktiver Gegenwehr, hervorruft.[27] Als produktiv bezeichnet Di Blasi diese Strategie hingegen dort, wo Selbstthematisierung darauf zielt, die gegen die Position – in meinem Fall – weißer, männlicher Sprecher »gerichtete Kritik in Form einer Selbstkritik zu reproduzieren und das zu wiederholen, was von feministischer, queerer oder postkolonialer Perspektive vorgebracht wird.«[28] Zwar ist auch diese Form kritischer Selbstthematisierung, wie Di Blasi direkt im Anschluss feststellt, nicht gänzlich unverdächtig, insofern sie immer auch eine »Appropriation der Stimme der Kritiker«[29] darstellt. Mit ihrer Gleichzeitigkeit von »*Beachtung und Durchstreichung* der eigenen Partikularität«[30] erweist sich diese Vorgehensweise, die Di Blasi mit dem Neologismus ›Transpartikularismus‹ bezeichnet, als eine äußerst vielversprechende Option, proaktiv mit der eigenen privilegierten Position sowie der Kritik an dieser umzugehen.

So vielversprechend dieser Vorschlag zum transpartikularistischen Umgang mit Kritik auf der einen Seite anmutet, gerade im Kontrast zu den zuvor skizzierten Reaktionsmöglichkeiten, lassen sich dennoch einige kritische Rückfragen an ihn stellen.[31]

---

25 Als ›unmarkiert‹ können im Anschluss an Luca Di Blasi Positionen verstanden werden, die nicht eigens mit Attributen wie ›Schwarz‹, ›weiblich‹, ›sozioökonomisch schlechtergestellt‹ oder ähnliches gekennzeichnet werden und entsprechend häufig mit Marginalisierung verbunden sind.
26 Vgl. Di Blasi, *Der weiße Mann. Ein Anti-Manifest*, Bielefeld: Transcript 2013.
27 Vgl. Cynthia Fleury, *Hier liegt Bitterkeit begraben. Über Ressentiments und ihre Heilung*, übersetzt von Andrea Hemminger, Berlin: Suhrkamp 2023.
28 Di Blasi, *Der weiße Mann*, 74.
29 Ebd.
30 Ebd., 78 (Hervorhebung im Original).
31 Mit meiner positiven Einstellung gegenüber Di Blasis Darstellungen bin ich, wie einige wertschätzende Rezension auf *socialnet* und beim *Deutschlandfunk* belegen, nicht allein. Vgl. Gerd Schmitt, Rezension: Luca Di Blasi: Der weiße Mann, *socialnet*, 23. Januar 2014, online einsehbar unter: https://www.socialnet.de/rezensionen/15695.php (zuletzt aufgerufen am 18.

Neben der vom Autor bereits vorweggenommenen Kritik der aneignenden Vorgehensweise kann ganz konsequentialistisch erstens danach gefragt werden, wem diese Form der Selbstthematisierung denn überhaupt etwas nützt. Kann, um auf mein Eingangsbeispiel zurückzukommen, mein kommentierendes Gegenüber tatsächlich einen konkreten Nutzen daraus ziehen, dass ich ihm bzw. ihr meine soziale Positionierung offenlege – oder hilft dies am Ende lediglich meinem eigenen Gewissen und ist damit primär als eine Form der Selbstvergewisserung anzusehen?[32] Di Blasi und seinem Konzept des Transpartikularismus kann hier zugutegehalten werden, dass der Selbstthematisierung, wie er im weiteren Verlauf seiner Argumentation wiederholt betont, stets eine ›Distanznahme vom eigenen Ich‹[33] erwachsen müsse, aus der wiederum eine Selbstverpflichtung zum ›(universalistischen) Eintreten für Gerechtigkeit‹[34] hervorgehen müsse – und dass dann spätestens diese resultierenden Selbstverhältnisse und Handlungen (hoffentlich) positive Effekte auf das jeweilige Gegenüber haben. Doch selbst wenn man dem Di Blasi'schen Ansatz dies zugutehält, kann zweitens, nun auf einer stärker konzeptionellen Ebene, die Abfolge, in der Selbstverpflichtung auf Selbstkritik auf Selbstthematisierung folge, kritisiert werden. Denn indem die Selbstthematisierung der -kritik und der -verpflichtung vorangestellt wird, wird dem Anspruch, der von mir und meiner Person ausgeht, stillschweigend ein nicht nur genealogischer, sondern auch geltungstheoretischer Vorrang eingeräumt – und mein Gegenüber implizit dazu aufgefordert, sich zunächst vorrangig mit *mir* auseinanderzusetzen. Erst in zweiter Instanz trifft dann auch mich die Verpflichtung,

---

Dezember 2024); Katharina Hamberger, Das Dilemma der weißen heterosexuellen Männer, *Deutschlandfunk*, 23. Dezember 2013, online einsehbar unter: https://www.deutschlandfunk.de/philosophie-das-dilemma-der-weissen-heterosexuellen-maenner-100.html (zuletzt aufgerufen am 18. Dezember 2024).

32 Im Anschluss an die Luther'sche Unterscheidung von *certitudo* und *securitas*, wie sie prominent unter anderem von Wilfried Härle herausgearbeitet wurde, lässt sich der Versuch einer Selbstvergewisserung dem menschlichen Streben nach *securitas* zuordnen. Dieses Bestreben zeichnet sich dadurch aus, dass der Mensch versucht, aus eigener Kraft Sicherheit über seinen Status zu erlangen, anstatt auf die Zusage Gottes zu vertrauen. In dieser Haltung lässt sich aber eine sündhafte *incurvatio in seipsum* erkennen, weshalb jeglicher Versuch von Selbstvergewisserung – zumindest theologisch – mit Skepsis zu betrachten ist. Vgl. Wilfried Härle, *Dogmatik*, 5. Auflage, Berlin/New York: De Gruyter 2019.

33 Unter Verweis auf Überlegungen von Jacques Lacan spricht Di Blasi an dieser Stelle von einer »Nicht-Identität mit sich selbst« (91). Da diese Nicht-Identität jedoch ebenso wenig zu erreichen ist wie eine vollständige Identität mit sich selbst – um den Gedanken von Jacques Lacan zu vervollständigen – und sich eher als ein anhaltender Prozess vollzieht, trifft das von Oliver Marchart vorgeschlagene Begriffsverständnis einer sich kontinuierlich vollziehenden Dynamik der Distanznahme bzw. Desidentifizierung den Kern des Di Blasi'schen Gedankens besser als seine eigene Begrifflichkeit. Vgl. Jacques Lacan, *Encore. Das Seminar Buch XX*, hg. von Norbert Haas & Hans-Joachim Metzger, übersetzt von Norbert Haas, Vreni Haas & Hans-Joachim Metzger, Wien: Turia + Kant 2017; Oliver Marchart, *Die politische Differenz. Zum Denken des Politischen bei Nancy, Lefort, Badiou, Laclau und Agamben*, Berlin: Suhrkamp, 2010; Oliver Marchart, *Das unmögliche Objekt. Eine postfundamentalistische Theorie der Gesellschaft*, Berlin: Suhrkamp 2013.

34 Vgl. Di Blasi, *Der weiße Mann*, 87.

mich mit dem Anspruch, der von meinem Gegenüber ausgeht und sich in Form von Kritik an mich als weißen, männlichen Akademiker richtet, auseinanderzusetzen und entsprechende Konsequenzen für mein Selbstverhältnis und mein Handeln zu ziehen. Ob es jedoch – bei aller Sympathie, die ich für diesen Transpartikularitätsgedanken hege – eine angemessene Reaktion auf den eingangs vorgestellten Kommentar ist, im ersten Schritt meine Person noch stärker in den Vordergrund zu stellen und von der Kommentatorin zu erwarten, sich zunächst mit mir auseinanderzusetzen, bevor ich mich dann auch ihr und ihren Kritikpunkten öffne, erscheint mir höchst fraglich.

Reaktion 4: Transpartikularisierung

Eine Möglichkeit, die vielversprechende Spur, die Di Blasi mit seinen Darstellungen gelegt hat, weiterzuverfolgen, dabei die problematisierte Priorisierung der eigenen Ansprüche gegenüber denen von anderen umzukehren und einen Reaktionsvorschlag zu entwerfen, dem zuzutrauen ist, dass er in der eingangs geschilderten Situation wirklich weiterträgt, scheint mir darin zu bestehen, das Transpartikularitätskonzept im Anschluss an Peter Dabrocks Überlegungen zu einem Konzept der Transpartikularisierung weiterzudenken.[35] Denn, dem Konzept der Transpartikularität nicht nur namentlich nahestehend, geht es auch bei der Transpartikularisierung darum, das Verhältnis von Eigenem und Fremdem sowie der mit beiden verbundenen Ansprüche auszuloten. Dabei ist dem Transpartikularisierungskonzept, dessen Wurzeln in die Reflexionen des Fremdheitsphänomenologen Bernhard Waldenfels zurückreichen,[36] ein grundlegend anderer Vektor eingeschrieben. Statt, wie Di Blasi, vom Selbst auszugehen, dieses zu explizieren und damit dessen Ansprüche geltend zu machen, würde Dabrock betonen, dass der Primat immer beim Gegenüber und dessen Ansprüchen mir gegenüber liegen müsse. Jeder Thematisierung meiner selbst müsse demnach eine Bereitschaft zur Transpartikularisierung vorausgehen, sprich: die Bereitschaft, mich selbst angesichts der Ansprüche, die das Gegenüber stellt, kritisch zu hinterfragen und gegebenenfalls neu zu konstituieren. Erst auf der Grundlage einer solchen Transpartikularisierungsbereitschaft werde es dann redlich, dass auch ich meinem Gegenüber ein überzeugendes Transpartikularisierungsangebot mache, sprich: ihm bzw. ihr, indem ich mich ihr entsprechend transparent mache, die Möglichkeit zu geben, meine Sprecherposition kennenzulernen und sich selbst angesichts dieser ebenfalls kritisch selbst zu befragen.[37]

---

35 Vgl. Peter Dabrock, *Befähigungsgerechtigkeit. Ein Grundkonzept konkreter Ethik in fundamentaltheologischer Perspektive*, Gütersloh: Gütersloher Verlagshaus 2012.
36 Vgl. Peter Dabrock, *Antwortender Glaube und Vernunft. Zum Ansatz evangelischer Fundamentaltheologie*, Stuttgart: Kohlhammer 2000.
37 Für eine detaillierte Rekonstruktion von Dabrocks Transpartikularisierungskonzept, inklusive einer ausführlichen Diskussion des Verhältnisses von eigener Bereitschaft zur Transpartikularisierung und Transpartikularisierungsangeboten, vgl. Max Tretter, *Hip-Hop bei Black Lives Matter-Protesten. Eine theologisch-ethische Auseinandersetzung mit ästhetischen Artikulationsformen in der Öffentlichkeit*, Tübingen: Mohr Siebeck 2025.

Anders als in Di Blasis Transpartikularismuskonzept, in dem aus einer Selbstthematisierung eine Selbstkritik und eine Selbstverpflichtung erwachsen, steht in Dabrocks Konzept der Transpartikularisierung die Selbstkritik zu Anfang, aus der dann, aber immer erst im Anschluss (!), auch ein Angebot – keine Verpflichtung – an das Gegenüber erwachsen kann, sich auch auf mich und die von mir thematisierte Selbstpositionierung einzulassen. Zwar mögen diese Unterschiede auf den ersten Blick marginal wirken und eventuell auch durch die kontrastierende Darstellung stärker erscheinen als sie ursprünglich intendiert waren – gegebenenfalls wäre es sogar möglich, Di Blasis Konzept des Transpartikularismus xenologisch zu rekonstruieren und auf diese Weise zu einer Interpretation zu gelangen, die Dabrocks Transpartikularisierungskonzept sehr nahe kommt. Doch am Ende machen selbst diese vermeintlich recht kleinen Differenzen in der Praxis einen nicht zu unterschätzenden Unterschied. Denn würde ich auf den eingangs angeführten X-Kommentar in transpartikulierender Weise reagieren, bestünde meine erste Handlung darin, der Kommentatorin – in diesem Fall: nachträglich – meine eigene Sprecherposition offenzulegen, um ihr die Möglichkeit zu geben, mich und mein Anliegen besser zu verstehen und – überspitzt formuliert – ihren Kommentar vor dem Hintergrund dieser zusätzlichen Informationen erneut kritisch zu überdenken. Würde ich hingegen transpartikularisierend reagieren, würde ich zuallererst, mich, meine Sprecherposition und meine Anliegen und Äußerungen angesichts der von der Kommentatorin geäußerten Kritik hinterfragen, um so selbst zu einer reflektierteren und sensibleren Position zu gelangen. Dieser Unterschied zwischen den Konzepten Transpartikularismus und Transpartikularisierung, der theoretisch möglicherweise wie eine allenfalls minimale Nuancierung erscheinen mag, kann in der Praxis jedoch zu erheblich unterschiedlichen Vorgehensweisen und Erwartungshaltungen führen. Dies wiederum kann völlig verschiedene Gesprächsverläufe und -ausgänge nach sich ziehen, wodurch deutlich wird, dass gerade in hochaufgeladenen Grenz- und Diskurskontexten selbst minimale Nuancierungen die Welt bedeuten können.

Das grenzenlose Böse nach dem 7. Oktober 2023

Florian Schroeder

Das Thema des Bandes ist *Grenzen der Vermittlung – Vermittlung der Grenzen*. Ich bin selbst Grenzgänger in verschiedenen Dimensionen. Ich bin auf der einen Seite Komiker, Satiriker, also auf der in Deutschland gerne als U-Kultur verschrienen Seite zu Hause. In diesem Gastbeitrag hier bin ich Teil eines universitären Projekts, das der Definition nach eher dem E-Bereich zugewiesen werden würde. Ich habe Philosophie studiert und schreibe Bücher, die sich mit dem Bösen beschäftigen, während ich zugleich auf Bühnen und im Fernsehen Menschen unterhalte. Dieses Zuhause-Sein in zwei unterschiedlichen Sphären gilt, mutmaßlich schon immer, aber heute mehr denn je, als Zumutung. Das liegt in der Natur des Humors, der ja per se schon eine Grenzüberschreitung ist. »Witz kommt von wissen«, heißt es bei Robert Musil. »Der Witzige ist immer vorwitzig, er setzt sich über die gegebenen Grenzen hinweg, an denen der voll Fühlende haltmacht.«[1] Darum ist Humor fast notwendig verletzend, respektlos und ungerecht. Das stellt ihn in dauerverletzten Zeiten vor Herausforderungen.

Grenzgänger sind per se suspekt, sie entziehen sich der allzu einfachen Einordnung; sie gehen über die Grenze der einfachen Zuschreibungen. Das macht sie verdächtig, aber im besten Fall auch wahrnehmungsschärfer. Als Beobachterposten ist die Sphäre des Verdachts vielleicht fruchtbarer als sie scheint.

Das Böse steht immer unter Verdacht – entweder unter dem, uns zu faszinieren oder uns zu erschüttern oder gar zu schädigen. Zeitweise kommen auch beide Facetten zusammen. Zu diesem Thema habe ich darum ein ganzes Buch geschrieben,[2] weil ich das Böse aus seiner einseitigen Fixierung auf reine Theorie lösen wollte. Es gibt veritable Texte, philosophische Essays und natürlich auch theologische Betrachtungen zum Thema, die für sich stehen. Mein Ziel war es, das, was sich unsere Zeit als Böses ausgesucht hat, zu messen an dem, was die Archive zu bieten haben: das philosophische Wissen, das psychologische und das soziologische Wissen.

Was erfahren und erleben wir, wenn wir uns denen aussetzen, die wir sonst ausschließen? Verbrecher, Rechtsextremisten, psychisch Kranke. Mein Ansatz macht sich nicht zum Anwalt der Ausgestoßenen, versucht aber dennoch, ihre Perspektive einzunehmen und sie einzuordnen in ein Panoptikum der Wirklichkeiten heute. Ausgehend von einer persönlichen Wahrnehmung der vergangenen Jahre, wonach

---

1 Robert Musil, *Der Mann ohne Eigenschaften*, Reinbek: Rowohlt 1998, 541.
2 Vgl. Florian Schroeder, *Unter Wahnsinnigen – Warum wir das Böse brauchen*, München: dtv 2025.

das Böse wieder stark in Anschlag gebracht wird, eine Art Renaissance erlebt, insbesondere im Unterschied zu den Jahren um die Jahrtausendwende. Sie scheinen im Nachhinein in die ebenso trügerische wie traumtänzerische Leichtigkeit gehüllt, in der die westliche Hemisphäre den planetarischen demokratischen Endsieg errungen zu haben glaubte. Dieser schlafwandlerische Zustand ließ das Böse seine besten Jahre hinter sich haben. Heute wissen wir, es war nur eine Art Blaupause, ein kurzer, aber wirkungsvoller Regenerationsschlaf, um das eigene Comeback umso wirkungsvoller wirken zu lassen. Die Jahre nach 1989 mögen, aus dem Jetzt betrachtet, dafür gesorgt haben, dass eine Art Euphorie des Nicht-Binären entstand. Heute dagegen bringen wir diese Begriffe wieder in Anschlag: ›Freund‹ und ›Feind‹, ›gut‹ und ›böse‹, ›ja‹ oder ›nein‹. Die algorithmische Logik, die die Netzwerke beherrscht, scheint derzeit auf den Menschen überzugreifen. Sie scheint Besitz von seinem Denken und Fühlen zu übernehmen. Mein Ansatz dagegen ist ein radikal anderer: Ich versuche, das Böse dort zu lassen, wo es hingehört: in der Religion. Sämtliche monotheistische Religionen führen das Böse mit sich, insbesondere die abendländisch-christliche Tradition tut dies. Das Böse seit der Schöpfung hat die Menschheit, wie ich zugespitzt sagen möchte, nicht vorangebracht. Im Gegenteil: Bis heute lebt die Schuld als entscheidende Kategorie fort. Die Schuld zerstört Menschen, Biografien, sie hindert an Entfaltung und Erfahrung. Sie macht Menschen klein, statt ihnen Möglichkeiten aufzuzeigen. Das macht den menschenfeindlichen Kern des Christentums und seiner angeschlossenen Traditionen aus, aller gegenteiliger Bekenntnisse zum Trotz. Bis in die Gegenwart hinein durchseucht und zersetzt die Schuld selbst politische Debatten, in denen willkürlich von der ›Schuld an Wahlergebnissen‹ die Rede ist – was auch immer das sein soll. Wo Menschen die Wahl haben, gibt es zunächst eine Verantwortung. Und diese liegt augenscheinlich bei den Wählenden. All das ist rückwärtsgewandt, gefährlich und häufig zerstörerisch. Der Ansatz meines Buches und der meiner Arbeit ist es, das Böse ›aus den Angeln zu heben‹, das Böse in den Blick zu nehmen, als eine Art Rückspiegel, zurück zu uns selbst. Ein Spiegel, der uns mehr über uns erzählt, mehr über den erzählt, der vom Bösen spricht, als über den, der als ›böse‹ gilt. Das Böse hat den Vorteil, dass wir es uns aussuchen. Wir qualifizieren es. Wir geben ihm Macht – Macht über uns, selbst dann, wenn es bedrohlich wirken mag. Es ist also zunächst einmal wichtig, wahrzunehmen, dass wir seine Schöpfer sind. Warum tun wir das? Weil es uns – und das wäre meine zweite paradoxe Intervention – entlastet. Weil es uns hilft, zur anderen Seite, zur Seite der ›Guten‹, zu gehören. Wenn wir ›das Böse‹ gefunden haben, wenn wir mit dem Finger auf es zeigen können, sind wir rein gewaschen, es ist eine Art moralisches Greenwashing. Und die Gegenwart kennt nichts Größeres als Reinheit. Reinheit verheißt Unschuld, auch hier sind wir wieder im religiösen Feld.

Im Anschluss an meine Überlegungen zum Bösen möchte ich hier eine Art Weiterführung meiner Gedanken scharfstellen, die das Nachdenken über das Böse aktualisieren und zugleich eine Art säkularisierte Fortsetzung im Politischen finden. Es geht um den Begriff der Reinheit. Meine These ist, dass das Reine eine Form der überstrapazierten Fortführung des Guten ist, das sich als Vorstufe seines Gegenteils präsentiert – des Bösen.

Wir erleben derzeit zwei Ausformungen des Reinen: eine rechtsidentitäre und eine linksidentitäre. Auf die Reinheit von rechts möchte ich hier nur kurz eingehen, da ich an anderer Stelle das Wesentliche dazu gesagt zu haben meine.[3] Die rechtspopulistische Reinheit läuft wenig überraschend auf eine ethnische Reinheit hinaus, die das Fremde als das Böse apostrophiert und – einem bösartigen Tumor vergleichbar – eliminieren möchte. Die konkreten Erscheinungsformen dieses bösen Fremden mögen variieren – derzeit ist es vor allem der Mensch des muslimischen Kulturraums, der in der Logik der Extremisten nur darauf wartet, seine barbarischen Züge immer wieder neu unter Beweis zu stellen. Der Feind dahinter ist stets der Liberalismus, der die Erscheinung des konkreten Feindes erst ermöglicht. Darum können sich Rechtsidentitäre auch problemlos als Demokraten markieren. Ist das liberale Weltbild, das die Welt ins Fließen bringt – marktwirtschaftlich genau wie ethisch – erst einmal beseitigt, darf es für die Geduldeten und Übriggebliebenen gern demokratische Elemente geben, so heißt es. Da rechtsidentitäres Denken stark von verschwörungsmythischen Motiven lebt, ist evident, dass diese Haltung am Schluss auch immer auf ein fundamental antisemitisches Weltbild hinausläuft – egal, wie sehr sich ihre Vorkämpferinnen und Protagonisten als geläutert oder gar israelfreundlich tarnen.

An dieser Stelle spannender erscheint mir die Reinheit einer selbsternannten progressiven Linken, die ich linksidentitär nennen möchte und die verstärkt nach dem 7. Oktober 2023 auf den Plan trat und eine verblüffend-erschreckende Nähe zum rechtsautoritären Spin aufweist.

In einer Bewegung, deren selbsterklärtes Ziel es ist, in einer Welt jenseits von Gut und Böse anzukommen, alle Beschränkungen des Binären aus den Angeln zu heben, zeigten sich schlagartig nur noch binäre Schemata. Gaza gut, Israel böse. Oder erweitert: Globaler Süden Opfer, Globaler Norden Täter. Es geht dabei in Wahrheit nicht um den Nahostkonflikt. Sondern um das scheinbare Paradox einer lautstarken Gruppe, die sich mit bedingungsloser Selbstgewissheit zu Opfer- und Minderheitsanwälten stilisiert und dabei genau in jenes Denken verfällt, das es sonst überwinden möchte. Kurz: Es geht um die ethische Bankrotterklärung einer vor Moralüberschuss triefenden Gruppe, denen kulturelle Aneignung – konkrete Mikroaggressionen wie die »Schwarzen« Zöpfe an weißen Künstlerinnen wie Kim Kardashian oder Katy Perry – mehr Grund zum Aufstand geben als die – um in ihrer Terminologie zu bleiben – Makroaggression der Hamas. Der 7. Oktober 2023 wird von vielen mutmaßlich nicht einmal als Aggression wahrgenommen, schließlich sei die Hamas ja eine Befreiungsorganisation. Woher also kommt die unbarmherzige Kälte einer sich als fortschrittlich verstehenden linken Bewegung, deren oft die Sentimentalitätsschwelle überschreitenden Empathie- und Betroffenheitsbereitschaft hier schlagartig stummgeschaltet waren?

Bis 1967 war Israel so etwas wie der Inbegriff dessen, was Linke ideologisch jauchzen ließ. Das Kibbuzsystem galt lange als eine Art verlängerter Arm des Kommunengedankens. Dann aber brachte der Sechstagekrieg die Wende, bei dem Israel Ägypten, Jordanien und Syrien angriff und so große Gebiete unter seine Kontrolle bringen

---

3 Vgl. Florian Schroeder, *Unter Wahnsinnigen*, 171–208.

konnte: die Sinai-Halbinsel, den Gazastreifen und das Westjordanland. Bis heute ist dieser Krieg der politische Referenzpunkt in der Region.

In jenem Moment haben große Teile der deutschen Nachkriegsgesellschaft – weit über die Linke hinaus – die Gunst der Stunde erkannt: »Wenn wir im Zuge dieser Auseinandersetzung die Israelis zu Tätern und ihre arabischen Gegner zu Opfern erklären, haben wir zwei Fliegen mit einer Klappe geschlagen. Wir sind unsere eigene historische Schuld los und wir haben ein neues Opfer gefunden, an das wir uns binden können: die Palästinenser. Wenn wir uns fortan mit ihnen identifizieren, sind wir auf der richtigen Seite – auf der Seite des Opfers. Und wenn diejenigen, die uns jahrelang gezwungen haben, uns schuldig zu fühlen, endlich Täter sein können, entlasten sie uns von der moralischen Last, die bislang so qualvoll auf unseren Schultern lag.« Viele Deutsche hatten damals ein attraktives moralisches Tauschgeschäft vorgenommen: Sie tauschten Täterschaft und Schuld gegen brachialen Opferkitsch. Dieses Ticket lockte mit dem Versprechen des größten Erfolgs: Mitleid und Unschuld im Kombipack. Hinzu kam die geradezu DDR-hafte Selbstwahrnehmung: Wir sind antifaschistisch, wir sind links, wir können gar nicht antisemitisch sein. Eine Art Express-Entnazifizierung mit angeschlossenem Comfort-Check zur ersten Klasse in Richtung Unschuldsvermutung.

Wie weit der Antisemitismus schleichend und zugleich kaum versteckt im Kleid des propalästinensischen Opferneids die progressive Szene durchdringen konnte, zeigt der Blick auf zunächst unverdächtige Bereiche, wie etwa die *Black Lives Matter*- und die Klimabewegung. Beide koppelten ihr Engagement plötzlich an ein dezidiert antiisraelisches Programm: Der Kampf für die Rechte Schwarzer ging einher mit dem Kampf gegen das weiße Israel. Zügig rief eine der Mitinitiatorinnen von BLM, die Aktivistin Patrisse Cullors, eine Untergruppe namens *Black for Palestine* ins Leben.[4]

Noch einseitiger sieht es bei *Fridays for Future International* aus. Genau wie BLM beten sie hier die üblichen Schlagworte vom Siedlerkolonialismus und Imperialismus verlässlich herunter. Auf Instagram halluziniert *FFF International* in schönster Blut- und-Boden-Metaphorik von einer Verbindung »zwischen Volk und Land« und den »spirituellen und kulturellen Wohlstand, mit der Verantwortung, es zu pflegen und von Generation zu Generation weiterzureichen«. Schließlich heißt es: »Unsere Herzen sind bei allen Märtyrer*innen und verlorenen Leben.«[5] Die Gleichung lautet also: Volk = Siedler = Juden = böse. Land = Palästinenser = Opfer = gut.

Seit Jahren schon versucht die Boykottkampagne *BDS*, die Israel wirtschaftlich, kulturell und politisch isolieren will, in unterschiedlichen sozialen Bewegungen Fuß zu fassen, auch bei *FFF*. So schrieb *BDS*, Israel vergifte Leben, indem es das Trinkwasser bewusst verunreinige.[6] Das ist die Fortführung des mittelalterlichen Verschwörungsmythos vom brunnenvergiftenden Juden. Das verweist zunächst auf eine der zahlreichen ironischen blinden Flecke dieser Bewegung: Die Mehrheit der europäi-

---

4   Vgl. Jens Balzer, *After Woke*, Berlin: Matthes & Seitz 2024, 35–36.
5   Nicholas Potter, Klimabewegung, in: *Judenhass Underground*, hg. von Nicholas Potter & Stefan Lauer, Berlin: Hentrich & Hentrich 2023, 111–122, 116.
6   Ebd., 118

schen klimabewegten Generation ist selbst weiß und vor allem privilegiert. Die Zahl der Schwarzen Menschen geht hier gegen null. Sie kommen in aller Regel aus gut betuchten Elternhäusern, sind gebildet und sehen sich als kosmopolitisch. Dummerweise gehören sie damit selbst zu dem Teil der Erde, den sie ›Globalen Norden‹ nennen und der aufgrund seiner Kolonialgeschichte ›böse‹ ist bis ins Mark. Die Vorstellung, ein Leben lang qua Herkunft zu den Bösen zu gehören, ist ein Kreuz. Entsprechend erleichternd muss es sein, wenn das eigene Böse kurzerhand ausgelagert werden kann auf die ultimativen Kolonialherren in Israel. Westliche Kolonialschuld wird so weitergereicht. Stattdessen tut ihnen die dortige Regierung den billigen Gefallen, in Teilen rechtsextrem zu sein und von einem Hardliner wie Bibi Netanjahu angeführt zu werden. Die Solidarität mit den Opfern befreit von Schuld und erleichtert das Gewissen. Meine These ist: Es geht diesen Leuten fast ausschließlich um Selbsterleichterung. Das Schicksal der Palästinenserinnen und Palästinenser interessiert sie nur so lange, wie sie ihnen tränengeschwängerte Anteilnahme und damit moralische Kreditpunkte ermöglichen.

Besonders weit verbreitet ist das antisemitische Motiv unter dem Deckmantel der Unterstützung der Palästinenser ausgerechnet in der Musik- und Clubkultur. Das entbehrt nicht einer bitteren Ironie, schließlich war die Hamas mit ihrem Terrorakt am 7. Oktober in dieser Hinsicht mit Präzision und höchstem Wirkungsbewusstsein vorgegangen. Das Ziel ihres Attentats war ein Trance Techno Festival in der Negev Wüste. Damit folgte sie einer terroristischen Tradition: der Konzertsaal *Bataclan* in Paris am 13. November 2015, der queere Club *Pulse* in Orlando, Florida am 12. Juni 2016, das Konzert von Ariana Grande in Manchester am 22. Mai 2017 und der queere Club *London Pub* in Oslo am 25. Juni 2022. Es sind Orte, an denen sich Identitäten auflösen, das Feste sich verflüssigt, andere Lebensmöglichkeiten ausprobiert werden. Insbesondere für queere Menschen sind sie *safe spaces* im besten Sinne des Wortes. Orte des Vergessens, Räume der Endlosigkeit, des Schwebens und Aufgehens in der Einmaligkeit der Nacht und der darauffolgenden Tage. Dieser angstfreie Experimentierraum des rauschhaften Lebens, der sich allen Zuschreibungen des Alltäglichen entzieht, hat als Anschlagsort eine einmalige symbolische Sprengkraft. Umso befremdlicher mutet es an, als sich Anfang 2024 mehrere Tausend internationale DJs der Kampagne *DJs against Apartheid* anschlossen, die in einem Statement das Massaker vom 7. Oktober als »bewaffneten Widerstand« und als »direkte und natürliche Antwort«, die angesichts der »Apartheid« als »unausweichlich« gesehen werden müsse, bezeichnet.[7]

Die engstirnige Gut-Böse-Dichotomie dieser Subkulturen führt zu einem Bekenntnis- und Geständniszwang unter Künstlerinnen und Künstlern – und damit in den Vorhof des künstlerischen Tods. Kunst hat nur eine Verpflichtung, die zur Freiheit. Sie sollte sich mit keiner Sache und keiner Person gemein machen, noch nicht einmal mit der eigenen. Sie muss sich vertraut und fremd zugleich bleiben, im Ambivalenten und Unfertigen zu Hause sein. Der allgemeine Bekenntniszwang zerstört die Kunst, weil er sie zur Repräsentationskunst degradiert. Zu einer Kunst, die nur noch ein Ziel

---

[7] DJs Against Apartheid Statement, online einsehbar unter: https://djsagainstapartheid.com/statement, (zuletzt abgerufen am 07. Dezember 2024).

kennt: die absolute Reinheit. Eine Kunst, die notorisch Zeichen setzt und zwanghaft auf der richtigen Seite stehen möchte. Uninspiriert, geistlos, vorhersehbar. Sie hat dann keine Fragen, sondern nur noch Antworten. Sie wird Zeigefingerkunst.

Noch schlimmer ist, dass der Bekenntniszwang metastasiert. Mittlerweile geht es um eine Art geistige ethnische Säuberung der gesamten Gesellschaft mit dem Ziel der Reinheit. Weiße Menschen »müssen vor allem einsehen, dass sie auch dann rassistisch sind, wenn sie es selber gar nicht bemerken, weil schon die Tatsache, dass sie weiß sind, sie gegenüber Schwarzen Menschen privilegiert. Diese fundamentale Schuld, so die Conclusio, ist nicht wiedergutzumachen, sie kommt einer Erbsünde gleich.«[8] Diese Linke hat sich selbst von jedem progressiven Gedanken verabschiedet, sie ist eine säkularisierte fundamentalistische Sekte geworden, die bedingungslose Unterwerfung fordert. Damit sind die Anwälte der Unterdrückten zu fanatischen Unterdrückern geworden. Wenn also die Palästinenser reine Opfer sind, dann ist der Nahostkrieg der Krieg der Kriege. Und so wird er auch behandelt. Viele identitäre Linke verbinden mit ihm eine geradezu heilsgeschichtliche Funktion. Wenn erst Israel erledigt und dem Erdboden gleichgemacht ist, werden sich alle Konflikte dieser Erde erledigt haben. In dieser Logik sind Jüdinnen und Juden wieder das, was sie immer waren: das ultimativ Böse, dem man nur dunkle, schlechte Absichten unterstellen kann. Egal, was Israel tut, alles wird gegen Israel ausgelegt, insbesondere dort, wo es seiner Bestimmung, das einzige demokratische Land des Nahen Ostens zu sein, alle Ehre macht. Das führt dazu, dass jüdische Menschen es eigentlich nur falsch machen können: Sie sind zu sichtbar, weil mit ihnen das monströse Thema Shoah im Raum steht. Sie sind als weiße Menschen unsichtbar, weswegen sie privilegiert sind, ja, sogar übermächtig, wenn hinter jedem Weltereignis eine weltumspannende jüdische Verschwörung stecken muss. Zu diesem zwangsneurotischen Reinheitsfieber passt auch die romantische Vergaffung der Indigenen. Sie stellen in dieser Welt eine Art natürlichen, authentischen Urzustand dar, »von der Geschichte unbefleckte Völker«, wie es der Anthropologe Manvir Singh darstellt.[9] In dieses Unschuldsgeheul wird dann auch der Konflikt zwischen Israel und Palästina ohne jede Rücksicht auf Logik und Geschichte zurechtgebogen. Die Menschen in Gaza sind in diesem Mythos das authentische, nicht-entfremdete Volk, das von Israel, der von der Natur entfremdeten Kolonialmacht ausgebeutet wird. Die Phantasie, in einen Zustand ursprünglicher Unschuld zurückzukehren, ist nicht nur illusorisch, sondern auch bigott: Sie widerspricht eklatant den fluiden und hybriden Identitätsvorstellungen, mit denen sich das Milieu sonst gerne zur Speerspitze des Fortschritts erklärt – zugleich ist die Vision eines unbefleckten, moralisch reinen Urzustands nur die Vorstufe zu ethnischer Reinheit – dem Sieg Heil der Neurechten.

---

8   Balzer, *After Woke*, 50
9   Manvir Singh, It's Time to Rethink the Idea of the ›Indigenous‹, *The New Yorker*, 20. Februar 2023, online einsehbar unter: https://www.newyorker.com/magazine/2023/02/27/its-time-to-rethink-the-idea-of-the-indigenous (zuletzt aufgerufen am 10. Januar 2025), zitiert nach Balzer, *After Woke*, 68.

Der israelische Philosoph Omri Boehm fand schon wenige Tage nach dem 7. Oktober die entscheidenden Worte: »Wir müssen verstehen, wie abscheulich die Hamas ist *und* dass sie menschlich ist. Es ist wichtig zu erkennen, dass Menschen zu so etwas fähig sind. Wir sind diesem Wissen verpflichtet, wir schulden es uns selbst, nicht ihnen. Ich bin mir selbst gegenüber verpflichtet, meine eigene Menschlichkeit zu bewahren.«[10] Dieser Gedanke erscheint mir deshalb so wichtig, weil er helfen kann, aus manichäischen Strukturen auszubrechen und das Non-Binäre als Qualität schätzen zu lernen und ein Denken wiederzubeleben, das zuletzt in die Verdachtszone der Beliebigkeit verstoßen schien: Es ist das *Sowohl als auch*, das immunisierende Gegenstück zum grassierenden Gut-Böse-Virus. Von Boehm stammt eine weitere wesentliche Einsicht, nämlich, dass Kontextualisierung nicht Rechtfertigung bedeutet. Gerade dieser Krieg zeigt, dass es *sowohl* möglich ist, den 7. Oktober als Massaker an der israelischen Zivilbevölkerung anzuerkennen, der es Israel erlaubt, sich hart zur Wehr zu setzen – *als auch* Israels Vorgehen gegen die palästinensische Zivilbevölkerung als barbarisch zu verurteilen.

Der Philosoph Walter Benjamin, der auf der Flucht vor den Nazis einen viel zu frühen Tod durch Suizid starb, hat einen latent mystischen Gedanken formuliert, der mich lange begleitet hat und der für unsere Situation heute vielleicht fruchtbar werden könnte und uns aus der Gut-Böse-Frontstellung bringen könnte. Gemeinhin gehen wir davon aus, dass es im Verhältnis zwischen gestern und heute, zwischen Vergangenheit und Gegenwart, scheinbar unendliche Anschluss- und Interpretationsmöglichkeiten gibt. Das hat dazu geführt, alles mit allem vergleichen zu wollen und damit gleichzumachen. Wir nehmen den Geschehnissen damit ihre Einmaligkeit. Weder dem, was war, noch dem, was ist, widerfährt Gerechtigkeit. Die perfideste Variation dessen ist der Whataboutismus, zielsicher erkennbar an den Worten »Ja aber«. »Ja, aber was ist denn dann mit …« – an diesen Satzanfang lässt sich beliebig jeder Humbug anschließen, solange er mit dem ursprünglichen Gedanken verlässlich nichts zu tun hat. Walter Benjamin verunmöglicht diese Ausflucht. Er geht davon aus, dass es zwischen Vergangenem und Heutigem mehr gibt als eine rein zeitliche Verbindung. Jede Gegenwart, jedes Jetzt ist »das Jetzt einer bestimmten Erkennbarkeit«.[11] Die Geschichte bietet, wenn wir sie jenseits von Gut und Böse zu lesen in der Lage sind, das Moment einer besonderen Erkenntnis, die eher einem Diamanten vergleichbar wäre, der im Gestrüpp liegt, schillernd, aber versteckt – dort, wo man ihn garantiert nicht vermutet. Heben wir ihn auf, kann er helfen, über das Jetzt und seine scheinbare Auswegslosigkeit hinauszuwachsen.

---

10 Omri Boehm, lässt sich ohne Hass über Nahost sprechen?, *Sternstunde Philosophie*, 28. Oktober 2023, online einsehbar unter: https://www.srf.ch/play/tv/sternstunde-philosophie/video/omri-boehm-laesst-sich-ohne-hass-ueber-nahost-sprechen?urn=urn:srf:video:23277705-7c3e-46c9-92e9-89c21b315714 (zuletzt aufgerufen am 10. Januar 2025).
11 Walter Benjamin, *Das Passagen Werk*, Frankfurt am Main: Suhrkamp 1978, 578.

II Recht – Ethik – Politikberatung

Normative Grenzen der Räterepublik

Steffen Augsberg

Problemannäherung: Grundthese und empirische Beobachtungen

Offensichtlich schließt politische Macht kognitive Beschränkungen nicht aus – und umgekehrt. Deshalb kann auch nicht in Abrede gestellt werden, dass es demokratisch nicht nur grundsätzlich zulässig, sondern vernünftig und unter Umständen geboten ist, wenn politisch Verantwortliche qualifizierten externen Rat suchen und den eigenen Entscheidungen zugrunde legen. Demokratie wird hierdurch nicht zur Expertokratie. Allerdings ist ebenso evident, dass diese Annäherungsprozesse beide Seiten verändern. Den insoweit zu beobachtenden Entwicklungen und den zu beachtenden Grenzen widmet sich die folgende Skizze. Dabei ist der Frage nach der normativen Relevanz und Brisanz der »Räterepublik« zwangsläufig die Frage voranzustellen, was das denn überhaupt sein soll und ob sich hierfür valide Belege finden lassen. In aller Kürze: »Räterepublik« meint nachfolgend selbstredend nicht den – hier wie auch sonst – absurden, nur aufmerksamkeitsökonomisch zu erklärenden historischen Vergleich im engeren Sinne. Der Begriff soll vielmehr polemisch zugespitzt auf die paradoxe Situation einer Etatisierung durch (angebliche) Entstaatlichung bzw. die prinzipiell gegenläufige, aber verzahnte Bewegung von Politisierung und Entpolitisierung verweisen, die durch den staatsinduzierten Einsatz unterschiedlichster, aber im Grundansatz doch vergleichbarer (Bei-)Räte entsteht. Denn die aktuellen »Räte« sind eben keine Alternativen oder Antipoden zu staatlichen (Verfassungs-)Organen, sondern Fleisch von deren Fleische. Dennoch bzw. gerade deshalb sind sie geeignet, die Funktionalität der bereits in sich komplexen demokratischen Institutionen und Institutionengefüge zu beeinträchtigen und zumal das ohnehin begrenzte, diesen entgegengebrachte Vertrauen der Bürger weiter zu reduzieren. Diese »Räterepublik« ist rechtsstaatlich wie demokratisch ein Problem.

Wie viele Beiräte, Räte, Kommissionen oder ähnliche politikberatende Gremien existieren, lässt sich dabei wohl nicht mit Sicherheit sagen. Immerhin kann mit Blick auf den von der »Wissenschaftsplattform Nachhaltigkeit 2030« vor einigen Jahren ins Leben gerufenen sog. Beirätedialog von mehreren Dutzend ausgegangen werden, die vor allem im Umfeld der Bundesregierung und hochgestufter Sonderbehörden existieren. Kennzeichnend für diesen großen und ersichtlich weiterhin zunehmenden »Wildwuchs« ist dabei eine erhebliche Pluralität und Diversität der (Beratungs-)Gremien. Sie reichen von traditionellen, auch der weiteren Öffentlichkeit bekannten und vergleichsweise einflussreichen Gremien wie dem »Sachverständigenrat für die gesamtwirtschaftliche Entwicklung« bis hin zu weithin unbekannten, auch intern eher irrelevanten Gremien. Sie haben unterschiedliche rechtliche Grundlagen, sind unterschiedlich eng mit den jeweiligen staatlichen Gremien verbunden, und natürlich besteht eine breite Varianz hinsichtlich nicht nur des jeweiligen Aufgabenspektrums, sondern auch der Äußerungsformen, des adressierten Publikums und der Besetzung der Gremien. Dabei treten diese hier vorrangig in den Blick genommenen, explizit durch staatliche Stellen ins Leben gerufenen und von diesen mit konkreten Aufgaben versehenen Beiräte/Kommissionen neben eine Myriade staatsnaher, zumindest partiell aus öffentlichen Mitteln finanzierter Akteure, die von den Public-Policy-Einheiten kommerzieller Beratungsfirmen bis zu den wissenschaftlichen Akademien reichen.

Insgesamt meine ich, auch aufgrund eigener Erfahrungen im Deutschen Ethikrat (und eingeschränkt im Wissenschaftlichen Beirat der Bundeszentrale für gesundheitliche Aufklärung), einen übergreifenden und gerade in den letzten Jahren verstärkten Trend attestieren zu können: nicht nur die Zahl, sondern zumal die Relevanz und Prominenz der Beratungsgremien nimmt zu. Auch wenn ihre Rolle formal auf die des – mal mehr, mal weniger im Hintergrund verbleibenden – Zuflüsterers begrenzt ist und ihre Unabhängigkeit betont wird, ist doch eine zunehmende Inbezugnahme durch die Politik zu beobachten. Das bedeutet einerseits eine Politisierung der Räte, andererseits aber auch eine gewisse Entpolitisierung der Politik: nicht nur dort, wo auf angeblich unabhängige wissenschaftliche Expertise verwiesen wird, sondern auch und gerade dort, wo Meinungsbildung vorweggenommen wird, folgt aus dem Verweis auf die Räte eine Begrenzung der (insbesondere parlamentarischen) Debatte. Verstärkend wirken sich Medialisierungseffekte aus, die teilweise von den Räten selbst ausgehen, oft aber auch einer Binnenlogik des Medienbetriebs entsprechen und zugleich (unterstellte) Publikumsinteressen bedienen: den Standardgästen aus dem politischen Betrieb, deren Dauerpräsenz selbst langmütige Fernsehzuschauer ermüdet, werden neue, als telegen eingeordnete Personen an die Seite gestellt, deren besonderer Charme aus Mediensicht darin liegt, dass sie – angeblich – gerade nicht die Perspektive der professionellen Politik verdoppeln. Allerdings erweist sich in der Praxis diese »Parallelwertung aus der Expertensphäre« oft weniger als Kontra- oder Ergänzungsposition denn als Verstärkungseffekt. Das soll Vertrauen in die etablierte Politik stärken. Es kann aber auch die gegenteilige Wirkung auslösen, indem eine erkannte oder vermeintliche Politikhörigkeit letztlich beide Seiten unglaubwürdiger macht.

Neben die dauerhaft installierten Beratungsgremien treten – ebenfalls zuletzt verstärkt – anlassbezogen zusammengestellte ad-hoc-Gremien mit mehr oder weniger klar explizit ausgesprochenem politischem Auftrag (Bsp.: Schwangerschaftsabbruch, Krankenhausreform, Datenethikkommission, Kommission zu NIPT u.a.). Sie sind (bewusst) außerhalb der ministeriellen oder parlamentarischen Geschäftsgänge angesiedelt, sollen aber erkennbar diese Vorgänge nicht unbeeinflusst lassen. Das verdeutlicht zugleich, warum die vordergründige Entpolitisierung durch eine solche Verlagerung an »Expertinnen« und »Experten« letztlich das Politische nicht verdrängt, sondern nur camoufliert: denn die Auswahl erfolgt natürlich hier wie sonst auch anhand von politischen Interessen und Grundannahmen. Erst recht ist die mediale wie politische Rezeption stark davon beeinflusst, ob und inwieweit Erwartungshaltungen bedient werden.

Die jüngste Eskalationsstufe bilden die teilweise eingerichteten, teilweise eingeforderten sog. Bürgerräte. Sie werden als originelles Experimentierfeld deliberativer Demokratie vorgestellt, entfernen sich damit von dem sonst gängigen Legitimationsargument des besonderen Sachverstands und weisen gerade deshalb ein spezifisches Potential auf, die herkömmlichen Strukturen als defizitär, problematisch und tendenziell überholt zu kennzeichnen. Charakteristisch ist dabei zugleich ein Outsourcingmodus, der paradoxerweise auf eine Etatisierung der gesellschaftlichen Sphäre hinausläuft – etwa dann, wenn solche Gremien nicht unmittelbar staatlich initiiert, sondern durch formell separate, materiell staatsnahe Akteure wie die *Bertelsmann Stiftung* organisiert werden.

Nur am Rande, im Sinne eines einerseits vergewissernden, andererseits vielleicht abschreckenden Beispiels, lohnt ein Seitenblick zur Europäischen Union: hier erscheinen die sog. Komitologie-Verfahren schon länger als Ausprägung eines genuin unionalen Verwaltungsrechts, das die traditionell binäre Organisation in direkten (unionalen) und indirekten (mitgliedstaatlichen) Vollzug unterläuft. In eine ähnliche Richtung geht die »dezentrale Zentralisierung«, die mit der sog. Agenturisierung, also der Etablierung zahlreicher selbständiger Verwaltungseinheiten, teils bei der Kommission selbst verortet, teils aber auch auf die Mitgliedstaaten verteilt, verbunden ist. Auf überschaubarer kompetentieller Grundlage schafft sich die Union hier administrative Anker in den Mitgliedstaaten, die zwar von diesen beeinflusst werden können, langfristig aber ihre Autonomie hinsichtlich der Verwaltungsstrukturen (und eingeschränkt auch politischer Entscheidungen) schwächen. Beides verdeutlicht jedenfalls, wie durch eine Auslagerung (semi-)politischer Entscheidungen supranationale Hoheitsbereiche tendenziell erweitert werden – eine normative Herausforderung nicht nur hinsichtlich eigentlich bewusst eng begrenzter Zuständigkeiten, sondern etwa auch mit Blick auf rechtsstaatliche Forderungen der Verantwortungsklarheit und Rechtsschutzgewährleistung.

Normativität der Demokratie

Demokratie ist nicht nur Folge, Ausdruck und Grundlage von Normativität (insbesondere des Rechts). Sie weist auch selbst inhärente normative Elemente auf. Demokratie stellt den Versuch dar, Herrschaft, die stets auch individuell abgelehnte, willkürliche und »ungerechte« Aspekte umfasst, aushaltbar und unvermeidbare epistemische Defizite handhabbar zu gestalten. Sie basiert auf vergleichsweise bescheidenen Zielsetzungen, geht von der Fehlbarkeit und Ersetzbarkeit politischer Entscheidungen selbst in vergleichbaren kurzen Zeiträumen aus und erweist ihre Funktionalität gerade in der – nicht an externen objektiven Richtigkeitsmaßstäben zu messenden – Selbstkorrektur. Zudem lebt sie von Zurechnungs- und Verantwortungselementen. Sie widerstreitet damit Versuchen, politische Entscheidungsbestandteile aus dem Zusammenhang zu reißen, Einzelaspekte vom Gesamtkontext zu separieren und unterschiedlichen, angeblich besser fachlich qualifizierten Einheiten zu überlassen. Das geht schon deshalb fehl, weil es eine umfassende Einbeziehung sämtlicher entscheidungsrelevanter Fachdisziplinen verlangt. Es verkennt zudem grundlegend die Logik demokratischer Verfahren, wenn sie nicht systemkonform an ihrer internen Konsistenz – die durchaus mit inhaltlichen Widersprüchen einhergehen kann und nur die formale Anschlussfähigkeit umfasst – gemessen werden, sondern statt dessen externe, angeblich überpolitische und »objektive« Maßstäbe herangezogen werden. Die legitime Bedeutung multi- und transdiziplinärer Information und Beratung der Entscheidungsgremien wird überdehnt und pervertiert, wenn letztere ihre eigene Verantwortung zurücknehmen und sich hinter angeblich alternativlosen Expertenmeinungen verstecken. Damit wird nicht nur die Funktionsweise des notwendig diversen und kontroversen Funktionssystems Wissenschaft verkannt. Es wird auch der normative Anspruch der Demokratie verfehlt. Gerade ihr iterativer, auf Versuch- und-Irrtum-Schritte angelegter Charakter macht es erforderlich, unterschiedliche politische Konzepte im Streit der Meinungen aufeinandertreffen zu lassen. Wie der wirtschaftliche ist der politische Wettbewerb ein Entdeckungsverfahren.

Staat und Gesellschaft fallen ferner auch bei demokratischen Strukturen nicht in eins, sondern bleiben prinzipiell getrennte Bereiche – einerseits rechtsstaatlich eingehegt und damit tendenziell statisch, andererseits freiheitsbasiert, tendenziell offen, flexibel und innovativ. Diese grundsätzliche Entdifferenzierungssperre dient zumal der Begrenzung und Kontrolle von Herrschaft, die eben nicht entfällt, wenn sie über die demokratische Willensbildung mitbeeinflusst wird. Die Trennung dient aber auch der demokratischen Willensbildung, die aus der Gesellschaft heraus erfolgen soll und so – nicht nur, aber insbesondere vermittelt über die politischen Parteien – in die staatlichen Institutionen hineinwirkt. Dieses komplexe Gefüge gerät in Unwucht und droht, aus der Bahn geworfen zu werden, wenn sich der Staat seine eigenen gesellschaftlichen Diskurspartner schafft und unterhält – sei es, weil er politisch genehme sog. Akteure der Zivilgesellschaft (Stiftungen, Vereine etc.) über finanzielle Zuwendungen steuert und gefügig hält, sei es, weil er sich durch das Etablieren nur vordergründig staatsferner Diskussionsräume in Räten zusätzliche Einflussoptionen sichert.

Normativität des Rechts

Dass das Recht normative Wirkungen entfaltet, ist vorauszusetzen und nicht weiter erörterungswert. Es prägt damit unter anderem die konkrete Ausgestaltung der demokratischen Willensbildung, und es widerstreitet Versuchen, diese Bestimmungen zu unterlaufen. Diesseits der grundsätzlichen, demokratieimmanenten Maßgaben werden durch das Recht eine Fülle von detaillierten Regelungen, insbesondere verfahrensrechtliche Sicherungen und organisatorisch-institutionelle Arrangements, etabliert, deren Beachtung für die demokratische Praxis von kaum zu überschätzender Bedeutung ist. »Forms liberate« (*Fuller*) gilt eben nicht nur in rechtsstaatlicher, sondern zumal in demokratischer Perspektive. Umgekehrt stellt es eine bedenkliche

Verformung des Willensbildungsprozesses dar, wenn die einschlägigen Regularien – einschließlich der vorgegebenen Reihenfolge der Beteiligungen – zur Seite geschoben und rechtlich nicht vorgesehene Akteure an relevanter Position (mit-)berücksichtigt werden. Beispielhaft verdeutlicht wird dies durch das erstaunliche, in die Frühzeit der Pandemiepolitik zurückweisende Vorgehen des damaligen Bundesgesundheitsministers, der ein laufendes Gesetzgebungsverfahren zu Immunitäts- und Impfzertifikaten unterbrechen ließ, um eine Stellungnahme des Deutschem Ethikrates einzuholen. Das Gremium war mit dieser Aufgabe aus unterschiedlichen Gründen, u.a. aufgrund seiner fachlichen Beschränkung, überfordert. Doch ändert dies nichts an dem hochbedenklichen Befund, dass die mindestens *praeter legem* erfolgende Einbeziehung als solche einen gefährlichen Präzedenzfall setzt. Denn auch wenn sie selbstredend nichts an der prinzipiellen Entscheidungshoheit des Parlaments ändert, erfolgt sie doch in der Erwartung, sich eine zusätzliche Legitimationsquelle zu erschließen, ist also keineswegs politisch bedeutungslos. Entsprechendes gilt – auch wenn die entsprechenden Vorschläge im Nachgang durch das Bundesgesundheitsministerium deutlich modifiziert wurden – für die gemeinsame Stellungnahme von Leopoldina, Ständiger Impfkommission und Deutschem Ethikrat zur Reihenfolge der Covid-19-Impfungen – im Übrigen ein interessantes Beispiel für eine effektverstärkende Kombination jeweils allenfalls mittelbar und rudimentär demokratisch legitimierter Gremien.

Darüber hinaus ist zu beachten, dass die normalen verwaltungsrechtlichen Bestimmungen, die der rechtsstaatlichen Begrenzung staatlicher, vor allem exekutiver Macht dienen, auf die Räte allenfalls eingeschränkt und modifiziert Anwendung finden. Das betrifft etwa die Frage der Transparenz und wird besonders deutlich an der – differenziert zu beantwortenden – Frage, ob die Bestimmungen der Informationsfreiheitsgesetzgebung Anwendung finden. Allgemein gilt, dass für die interne Willensbildung und Entscheidungsfindung in den (Bei-)Räten keine fixen und übergreifenden Verfahrensvorschriften existieren; vielmehr ist auch insoweit eine Vielzahl unterschiedlicher und allenfalls partiell aufeinander abgestimmter Vorschriften zu erkennen. Das ist nur teilweise mit dem Grundsatz der Geschäftsordnungsautonomie zu erklären, zumal es gerade nicht um Vorgänge der klassischen hierarchisch gegliederten Verwaltung oder der (funktionalen) Selbstverwaltung geht. Die formalisierte Informalität, die mit der Übergabe relevanter entscheidungsvorbereitender Diskussions- und Reflexionsprozesse in den Arkanbereich der Räterepublik verstärkt wird, beeinträchtigt damit die rechtlich geordnete Formalität der demokratischen Institutionen.

Normativität der Normalität

Normative Grenzen lassen sich schließlich auch aus dem ableiten, was vereinfacht als »normal« bezeichnet wird. Denn Normalität ist gerade keine empirische, statistisch zu begründende und berechenbare Kategorie. Sie nimmt vielmehr normative Implikationen auf und begründet sie zugleich. Ungeachtet der mit dem notorisch unterbestimmten Begriff einhergehenden grundsätzlichen Assoziations- und Bedeutungsvielfalt ist deshalb im vorliegenden Kontext vor allem auf problematische Verstärkungs- und Gewöhnungseffekte im demokratischen Gemeinwesen hinzuweisen: Es ist eine alte und leider immer wieder bestätigte Binsenweisheit, dass demokratischer Pluralismus nicht allein, aber gerade in Deutschland einen schweren Stand hat. Die mit ihm verbundenen Unsicherheiten und Konflikthaftigkeiten gelten als prinzipiell problematisch; besonderer Beliebtheit erfreuen sich deshalb hierzulande traditionell Institutionen, von denen die Bürger eine »richtige« Entscheidung erwarten. Deutschland ist in diesem Sinne sehr viel mehr Rechtsstaat als Demokratie – gekennzeichnet von einem »rührenden Legalitätsbedürfnis« (Smend). Hierbei handelt es sich sicher um eine auch historisch gewachsene Prädisposition, die indes selbst verfassungsnormativ mit ersichtlich problematischen Entscheidungen wie der Ersatzkaiserlösung des – an sich überflüssigen – Bundespräsidenten Unterstützung erhält. Ihr wird durch die Entwicklung zur Räterepublik weitere Nahrung gegeben; umgekehrt begünstigt sie letztere auch. Denn dem als irrational und interessengesteuert verfemten »Parteiengezänk« wird auf diese Weise ganz bewusst die angeblich rationale und gesittete Debatte unter professionell erfahrenen Experten gegenübergestellt. Das läuft zwangsläufig auf eine Abwertung des üblichen parlamentarisch-politischen Prozederes hinaus, wie sie ähnlich auch bei der sog. Aufhebung der Fraktionsdisziplin zu erkennen und zu kritisieren ist. Ein solches Verschieben der *benchmark* bleibt nicht folgenlos. Politikintern müssen dabei jedenfalls einige Akteure durchaus erkennen, dass die zudem oft eher hemdsärmelig erfolgende Integration semi-externer Beratungsgremien Funktionslogiken unterschiedlicher Subsysteme kreuzt und beeinträchtigt. Wenn dies dennoch geschieht, dann offensichtlich in der Annahme, dass am Ende damit eine quasi-demokratische Prämie auf den demokratisch legitimierten Machtbesitz verbunden ist.

Ausblick

Das Gesagte ist nicht als ein Plädoyer für eine vollständige Abschaffung sämtlicher Beratungsgremien (im weiteren Sinne) misszuverstehen. Sie erfüllen in vielen Bereichen eine sinnvolle und sinnstiftende Aufgabe, wenn und soweit sie in verständigem, d. h. vor allem klar begrenztem Umfang eingesetzt werden. In jedem Fall ist der Tendenz entgegenzutreten, über das Outsourcing vorhandene Regularien zu verwässern und Legitimitäts- und Legitimationsansprüche des »normalen« politischen Betriebs zu schwächen. Zu erinnern ist an die (auf die Ethik bezogene, aber verallgemeinerungsfähige) treffende Kurzformel vom »Begleitwissen, nicht Bescheidwissen« (*Trutz Rendtorff*). Das sollte zum Kernselbstverständnis der Mitglieder entsprechender Gremien zählen, die insoweit eigenen Machtambitionen widerstehen müssen und sich den schmeichelnden Einflüsterungen des medialen Systems entziehen sollten. Es muss aber erst recht von den politisch Verantwortlichen verinnerlicht und nach Möglichkeit rechtsnormativ abgesichert werden.

Das gilt zumal, als die Doppelbewegung der Entpolitisierung prinzipiell politischer und Politisierung eigentlich tendenziell unpolitischer Bereiche auch in anderer Hinsicht zu beobachten ist: Das betrifft zum einen die Selbstverzwergung der Parlamente, die allzu oft, gerade in der Krise, die Gewaltenverschränkung im Sinne eines weitgehenden *self-restraint* fehlinterpretieren und zentrale Entscheidungen exekutiver Festlegung überlassen. Es betrifft zum anderen die Sondersituation der Gerichte und hier namentlich das Bundesverfassungsgericht. Es zählt zu den besonders bedenklichen aktuellen Entwicklungen des demokratischen Rechtsstaats, dass einerseits politische Entscheidungen weniger in Orientierung an bestehender Rechtsprechung als in Erwartung einer »problemlösenden« künftigen (verfassungs-)gerichtlichen Judikatur getroffen werden – oder eben inhaltlich defizitär bleiben – und dass andererseits sich insbesondere Angehörige der Exekutive immer wieder auf Kosten der Dritten Gewalt politisch zu profilieren versuchen. Gerade weil das Beziehungsgeflecht immer intrikat und komplex bleiben wird, ist darauf zu achten, dass die Bildung, Weiterentwicklung und Vermittlung des demokratischen Willens zentral dort erfolgt, wo sie mit größter Kontrolle und Transparenz gegenüber dem Souverän verbunden ist, nämlich in den Parlamenten.

Thesen

1. Der zunehmende »Wildwuchs« unterschiedlicher, mehr oder weniger staats- bzw. regierungsnaher Beratungsgremien (»Räterepublik«) stellt nicht nur eine Bereicherung, sondern auch eine Gefährdung des geordneten Institutionengefüges dar.
2. Die damit zentral verbundene Orientierung an Expertinnen- und Expertenwissen verfehlt die bewusst subjektiven, primär prozeduralen und ephemeren Zielvorstellungen demokratischer Willensbildung.
3. Rechtlich gesehen avanciert das Outsourcing zudem potentiell zur Ausweich- und Aufweichungsstrategie mit Blick auf verfahrens- und organisationsbezogene Anforderungen.
4. Die Inbezugnahme externer Expertinnen- und Expertengremien unterstützt schließlich in normalitätstheoretischer Perspektive eine traditionelle Objektivitäts- und Wahrheitssehnsucht, die in Extremform zur Demokratiefeindschaft werden kann.
5. Geboten ist deshalb eine Selbstbegrenzung in mehrfacher Hinsicht (gremienintern wie politisch), die aufgrund evidenter Interessenkonflikte rechtlich abgesichert werden sollte.

Wissenschaftlicher Rat und politische Entscheidung[1]

Frank Niggemeier

Zur Typologie wissenschaftlicher Politikberatung

Es gibt mit Wissenschaftlern besetzte Gremien, die eigens eingerichtet wurden, *um* ›Politik‹ zu *beraten, bevor* diese tätig wird, bevor also ›Politik‹ als Legislative Gesetze oder als Exekutive Maßnahmen beschließt. Diese Gremien sind zu unterscheiden von mit Wissenschaftlern besetzten Gremien, die politisch Beschlossenes ausführen, genauer: vom Gesetzgeber definierte und dem Gremium übertragene Aufgaben erfüllen (z. B. Spezifikationen, Anwendungsfragen, Aufstellen und Aktualisieren bestimmter fachlicher Kriterien). So richtet § 8 Stammzellgesetz (StZG) eine »Zentrale Ethik-Kommission für Stammzellenforschung« beim RKI ein. In ihr prüfen und bewerten neun »Sachverständige der Fachrichtungen Biologie, Ethik, Medizin und Theologie« anhand einzureichender Unterlagen, ob ein konkretes Forschungsvorhaben, das menschliche embryonale Stammzellen verwenden will, »die Voraussetzungen nach § 5 [StZG] erfüllt«. Man könnte diese Gremien ›administrative‹ nennen, die erstgenannten als tatsächlich Politik beratende ›konsultative‹.

In die Kategorie der administrativen Gremien gehören auch alle Gremien, die der EU-Gesetzgeber durch sogenannte delegierte oder Durchführungsrechtsakte gemäß Art. 290/291 AEUV (Vertrag über die Arbeitsweise der Europäischen Union) zur »Ergänzung oder Änderung bestimmter *nicht wesentlicher* Vorschriften des betreffenden Gesetzgebungsaktes« einrichtet. In diesen »Ausschüssen« unter Vorsitz der Kommission ist jeder Mitgliedstaat mit einem Experten vertreten. Die ihnen übertragenen Aufgaben betreffen *operative* Aspekte wie z. B. die Anpassung von Qualitäts- und Sicherheitsstandards an neue wissenschaftliche Erkenntnisse[2] – im Rahmen der jeweils

---

1 Dieser Beitrag wurde ursprünglich als Replik auf Steffen Ausgbergs Beitrag im vorliegenden Sammelband geschrieben und bei der Tagung *Grenzen der Vermittlung – Vermittlung von Grenzen* an der Friedrich-Alexander-Universität Erlangen-Nürnberg am 17. Oktober 2024 in gekürzter Fassung mündlich präsentiert. Er bringt ausschließlich die persönliche Ansicht des Verfassers zum Ausdruck.

2 So erlaubt Art. 24 der Richtlinie 2010/45/EU über Qualitäts- und Sicherheitsstandards für zur Transplantation bestimmte menschliche Organe der Kommission, durch delegierten Rechtsakt den Anhang zur Richtlinie zu ändern: Dieser spezifiziert die einzuholenden Informationen über Organe und Spender. Diese Angaben sollen a) »wegen einer aufgrund des wissenschaftlichen Fortschritts als schwerwiegend eingestuften Gefahr für die menschliche Gesundheit« oder b) zur »Anpassung an den wissenschaftlichen Fortschritt« ergänzt oder abgeändert werden können.

primär- und sekundärrechtlich festgelegten Kompetenzen.[3] Die Übertragung kann jederzeit vom Gesetzgeber widerrufen werden.

Die administrativen Gremien heißen oft ›Kommissionen‹, in der EU ›Ausschüsse‹ (frz. comités, daher die frühere Bezeichnung ›Komitologie‹), während die konsultativen Gremien oft ›Sachverständigenräte‹ oder ›Beiräte‹ genannt werden. Im Folgenden werden sie kurz als ›Räte‹ bezeichnet. Sie zerfallen in zwei Unterarten: dauerhafte, auf eigener gesetzlicher Grundlage eingerichtete ›Räte‹[4] wie der Sachverständigenrat zur Begutachtung der gesamtwirtschaftlichen Entwicklung oder ad hoc, zu einer bestimmten Fragestellung geschaffene, zeitlich befristete Gremien, die im deutschen Sprachgebrauch (die Terminologie ist leider unscharf) nicht selten wiederum ›Kommissionen‹ genannt werden (z. B. die Datenethikkommission 2018/19).

Als eigene Unterart sind parlamentarische Enquêtekommissionen anzusehen: Sie sind zwar sehr politiknah, weil etwa die Hälfte der Mitglieder Abgeordnete sind und die anderen Hälfte gemäß Fraktionsproporz berufene Experten, aber auch sie können nichts entscheiden; sie dienen »nur« dem vertieften Verstehen einer Problematik (z. B. von AIDS in der einschlägigen Enquêtekommission des Deutschen Bundestags 1987-1990) und dem Identifizieren von Handlungsoptionen, die dann von Legislative, Exekutive und ggf. weiteren Adressaten, wie auch immer modifiziert, aufgegriffen

---

3   Da das Europäische Parlament in diesen Ausschüssen nicht vertreten ist, achtet es im Gesetzgebungsverfahren sehr darauf, dass tatsächlich ausschließlich *operative* Aufgaben delegiert werden (so die Erfahrung des Verfassers aus über 10 Jahren Tätigkeit als Gesundheitsattaché an der Ständigen Vertretung Deutschlands bei der EU). Hier funktioniert ›checks and balances‹. Die von Steffen Augsberg artikulierte Besorgnis inkrementeller Kompetenzausdehnung trifft am ehesten auf Sekundärsetzungsrechtsakte zu, wenn Kommission, EP-Mehrheit und manche Mitgliedstaatenregierungen es nützlich fänden, etwas auf EU-Ebene zu regeln, statt, wie von den Verträgen vorgesehen, subsidiär zu verfahren. Die Frage, wie weit eine primärrechtliche Einzelermächtigung konkret reicht und welche Kompatibilitätserfordernisse es z. B. zwischen den weitreichenden Binnenmarktfreiheiten und eher restriktiven Bereichsartikeln gibt, muss im Streitfall vom EuGH entschieden werden – siehe dessen Urteile z. B. zur Tabakwerbung oder zur Patientenmobilität. Vgl. dazu Frank Niggemeier, Art. 168 AEUV, Rn 69.75, in: *Europäisches Unionsrecht*, hg. von Hans Von der Groeben, Jürgen Schwarze & Armin Hatje, 7. Auflage, Baden-Baden: Nomos 2015, 1740–1776.

4   Zum quantitativen Aspekt: Im informellen Austauschforum der Geschäftsführer gesetzlich verankerter dauerhafter Beratungsgremien auf Bundesebene sind derzeit (November 2024) zehn Räte vertreten. Je nach Definition und Teilnahmeinteresse schwankt die Zahl, aber sie ist überschaubar. Die Zahl sämtlicher ad-hoc-Beratungsgremien seit 1949 ist kaum schätzbar. Man mag darin eine grundsätzliche kluge Bereitschaft der ›Politik‹ erkennen, vor Entscheidungen über den Umgang mit zunehmend in ihrer Komplexität erkannten Wirklichkeitsbereichen von multidisziplinär besetzten Gremien die vorhandene Evidenz sichten und Handlungsoptionen aufzeigen zu lassen. Man mag aber auch kritisch eine gewisse Hypertrophie konstatieren (Steffen Augsberg spricht von »Wildwuchs«), die besonders dann problematisch wäre, wenn die wissenschafts- und demokratietheoretischen Rahmenbedingungen solchen Rats, wie sie vorliegender Beitrag zu skizzieren versucht, außer Acht gelassen würden.

werden *können*. Letzteres gilt auch für den Rat, den sogenannte wissenschaftlich begleitete Bürgerräte geben.⁵

Alle vorgenannten Beratungsgremien, so unterschiedlich ihre Arten sein mögen, sind als *Gattung* zu unterscheiden von kommerziellen Beratungsunternehmen, die als Dienstleister tätig sind und die eine oder andere Art von Unternehmensberatung anbieten. Als gemeinsames Band lässt sich allenfalls zeitdiagnostisch der gestiegene Bedarf an Beratung herausheben. Der Staat ist aber kein Wirtschaftsunternehmen mit eindeutiger Interessenhierarchie, sondern – diese unterkomplexe Bestimmung muss im vorgegebenen Rahmen genügen – ein politisches Gebilde sui generis, das dem Interessenausgleich dienen soll: intern zwischen den Staatsangehörigen (und deren Interesse an Sicherheit und Wohlergehen), extern im Verhältnis zu anderen Staaten. Dieser teleologische Unterschied schließt nicht aus, dass für die Weiterentwicklung geeigneter Teilbereiche staatlichen Handelns (wie etwa Beschaffungswesen oder Arbeitsorganisation) die Unternehmensberatung durch Beratungsunternehmen nützlich sein kann.

Zur Theorie wissenschaftlicher Politikberatung

Räte sind, anders als Steffen Augsberg in seinem Beitrag meint, *nicht* Fleisch vom Fleisch der Verfassungsorgane, sondern etwas kategorial Anderes. Im Unterschied zu Legislative, Exekutive und Jurisdiktion haben wissenschaftliche Räte keine Staatsgewalt, keine Entscheidungsbefugnis.⁶ Sie haben »nur« (wenn sie ihre Arbeit gut machen) die Autorität rational überprüfbarer Argumente. Aber Politiker hatten nie ein Problem, auch gut begründete Empfehlungen eines Gremiums wissenschaftlicher Politikberatung für »wirklichkeitsfern«, »zu akademisch«, »unpraktikabel« »unvereinbar mit X« zu erklären⁷ und »deshalb« abzulehnen.

---

5   Ein ähnliches Format hat der Soziologe Peter C. Dienel seit den 1970er Jahren unter dem etwas sperrigen Namen »Planungszelle« entwickelt. Etwa zur gleichen Zeit wurde in den USA »Citizens' Committees« als Bürger-Beteiligungsformat erprobt (in Anlehnung an Geschworenengerichte). In beiden Formaten scheint aber der hier als unabdingbar herausgehobene Unterschied zwischen (theoretischem) Rat und (politischer) Entscheidung – welche ihre Legitimation durch Einhaltung der rechtsstaatlich vorgesehenen Verfahren erhält – verwischt. So lautet der Volltitel von Dienels Buch *Die Planungszelle. Der Bürger plant seine Umwelt. Eine Alternative zur Establishment-Demokratie*, 4. Auflage, Wiesbaden: Westdeutscher Verlag 1997. Die Rede von einer »Establishment-Demokratie« wird im vorliegenden Beitrag ebenso kritisch gesehen wie die von einer »Räte-Republik«.

6   Im Unterschied dazu haben die in der typologischen Skizze als administrative bezeichneten Kommissionen eine delegierte Entscheidungsbefugnis (z. B. darüber, ob ein Forschungsvorhaben, das menschliche embryonale Stammzellen verwenden will, die Voraussetzungen nach § 5 StZG erfüllt und insofern die Stammzellnutzung zu genehmigen ist).

7   Die Unvereinbarkeit kann z. B. in Bezug auf den Haushalt (»zu teuer«), andere politische Ziele (»würde Arbeitsplätze gefährden«), grundgesetzliche oder andere rechtliche oder sonstige Vorgaben und Rahmenbedingungen konstatiert werden.

Die ablehnende Einschätzung eines Expertenrats – ob durch Politiker oder durch peers aus den einschlägigen scientific communities oder durch die Öffentlichkeit – kann aber auch ihrerseits begründet sein – ebenso wie seine Nutzung. Dabei ist Nutzung in weitem Sinne zu verstehen: Politiker können eigenständig gemachte Vorschläge eines Rates aufgreifen und in diesem Sinne nutzen. Eine weitere Weise der Nutzung ist es, wenn dazu befugte Politiker dem fachlich entsprechend versierten Gremium ein bestimmtes Thema zur Bearbeitung vorgeben. Die Möglichkeit, von Seiten der Politik das Thema zu bestimmen, wird durch die jeweils einschlägigen Gesetze in der Regel eröffnet. Die angemessene[8] Nutzung dieser Möglichkeit gefährdet weder den normativen Rahmen des demokratischen Rechtsstaates noch das Ansehen der Wissenschaften – solange nicht vorgegeben wird, wie die Antwort auszusehen habe, und solange Wissenschaftler nicht einer vermuteten Vorgabe willfährig entsprechen wollen. Die *inhaltliche* Unabhängigkeit eines Expertengremiums ist vielleicht das höchste Gut in diesem Kontext. Sie ist gesetzlich gewollt und geschützt; sie wird auch von den Experten gewollt, da diese – schon aus aufgeklärtem Selbstinteresse – sich nicht vorwerfen lassen wollen, sie hätten das Ideal wissenschaftlicher Objektivität, ihre akademische Reputation und persönliche Integrität anmaßenden Vorgaben aus der Politik untergeordnet.

Der Rat eines Beratungsgremiums sollte von Andersdenkenden mit Sachgründen kritisiert, nicht verschwörungssemantisch verdächtigt werden. Solche Unterstel-

---

8   Konkrete Kriterien für eine zumindest mehrheitsfähige Anwendung des allgemeinen Kriteriums »angemessen« herauszuarbeiten, würde hier zu weit führen. Steffen Augsberg hält es offensichtlich für nicht angemessen, dass der damalige Bundesgesundheitsminister Spahn in der Frühzeit der SARS-CoV-2-Pandemie »ein laufendes Gesetzgebungsverfahren zu Immunitäts- und Impfzertifikaten unterbrechen ließ, um eine Stellungnahme des Deutschen Ethikrats einzuholen«: In seinem Beitrag zu diesem Sammelband kritisiert er diese Unterbrechung als »mindestens praeter legem«. Zwar sieht auch Augsberg, dass die Einbeziehung als solche »nichts an der prinzipiellen Entscheidungshoheit des Parlaments ändert«, sie sei aber, so seine Lesart, »in der Erwartung [erfolgt], sich eine zusätzliche Legitimationsquelle zu erschließen«, insofern »also keineswegs politisch bedeutungslos«. Eine andere Lesart des Vorgangs wäre: Die Politik hat in einer – seit der sogenannten Spanischen Grippe 1918/19 nicht mehr erlebten – Ausnahmesituation innegehalten, da sie erkannte, nicht genug »Bescheidwissen« zu haben, und hat – angesichts der verschiedene »Werte« wie Würde, Selbstbestimmung, Solidarität betreffenden Frage nach Immunitäts- und Impfzertifikaten – ein von ihr für solche Zwecke per Gesetz geschaffenes Gremium nach dessen »Begleitwissen« gefragt (um die von Augsberg zitierte Unterscheidung Trutz Rendtorffs aufzugreifen). Entsprechendes gilt für »die gemeinsame Stellungnahme von Leopoldina, Ständiger Impfkommission und Deutschem Ethikrat zur Reihenfolge der Covid-19-Impfungen«. Auch hier belegt der von Augsberg selbst angeführte Umstand, dass »die entsprechenden Vorschläge im Nachgang durch das Bundesministerium für Gesundheit deutlich modifiziert wurden«: Der Unterschied zwischen theoretischem Rat und legislativer bzw. exekutiver Praxis wurde auch in der Corona-Krise beachtet – unabhängig von der Frage, ob sich einzelne Mitglieder solcher Beratungsgremien über den erkenntnis- und staatstheoretischen Status der Empfehlungen ihres Gremiums immer so im Klaren sind, wie er im Folgenden skizziert wird. Diese Klarheit sollte allerdings, wie Augsberg formuliert, »zum Kernselbstverständnis der Mitglieder entsprechender Gremien zählen«.

lungshermeneutik untergräbt – ob fahrlässig, ob intendiert – das Vertrauen in demokratisch geschaffene Institutionen und in die Wissenschaften. Dieses Vertrauen ist dann gerechtfertigt (kein »blindes«), wenn es einhergeht mit dem Wissen, dass beide Instanzen – Politik wie Wissenschaft – immer kritik- und verbesserungsbedürftig sind und sein müssen.

Wissenschaftliche Politikberatung sollte multidisziplinär, auf Basis der jeweils besten verfügbaren Evidenz und kritisch reflektierten Normenwissens erfolgen, nicht aus Reaktanz oder zur Profilierung oder aufgrund (wissenschaftlich bzw. normativ) unbegründeter Vorfestlegungen Gegenpositionen zu politisch beabsichtigten Maßnahmen beziehen. Nicht minder problematisch wäre es, wenn Politiker versuchen würden, auf die Analysen und Empfehlungen wissenschaftlicher Politikberatung Einfluss zu nehmen.

Dass Politiker, die durch einschlägige gesetzliche Regelung befugt sind, Experten in ein Gremium wissenschaftlicher Politikbereiche zu berufen, dazu neigen, solche Kandidaten zu nehmen, bei denen sie hohe fachliche Expertise[9] als verbunden annehmen mit einem politischen Denken, das dem eigenen ähnlich ist – diese anthropologisch nachvollziehbare Inklination wird kein Normengerüst ganz verhindern können. Es könnte aber ein Argument dafür sein, weniger Ad-hoc-Gremien zu bilden, und stärker die für bestimmte Bereiche dauerhaft eingerichteten Räte zu »nutzen«.[10]

Räte sind so oder so *theoretisch* tätig, auch wenn ihr (theoretischer) Rat auf die (politische) Praxis zielt. Im Unterschied hierzu ist die Staatsgewalt selbst *praktisch*: sie *entscheidet* – indem sie als Legislative Gesetze beschließt, als Exekutive administrativ handelt oder als Jurisdiktion Urteile fällt.

Aufgrund ihres kategorial anderen Charakters sind Räte weder, wie Augsberg formuliert, »Alternativen noch Antipoden zu staatlichen (Verfassungs-)Organen«. Sie *können* und *sollen* dies nicht sein, eben weil sie theoretisch »unterwegs« sind, nicht praktisch. Und selbst hinsichtlich ihres theoretischen Tuns wäre – sowohl bei vielen Mitgliedern solcher Räte als auch bei den Nutzenden – mehr erkenntnis- und wissenschaftstheoretische Klarheit über den Geltungsanspruch wünschenswert, den Räte für eben dieses Tun erheben können. Denn worin besteht dieses?

Räte geben Rat – wissenschaftlich hoffentlich gut begründeten, aber *Rat*. Erkenntnistheoretisch fällt dieser Rat in den Bereich des *Meinens*, der dóxa, nicht des Wissens, der *epistéme*. Der *Gattung* nach ist der Rat, den Räte geben, also *Meinung* wie etwa die Position eines Industrieverbandes, einer Gewerkschaft oder einer Kirche oder auch

---

9   Solche ausgewiesene Expertise wird wohl in allen einschlägigen Gesetzen und ausführenden Verordnungen bzw. Erlassen als Berufungskriterium genannt.

10 Ad-hoc-Kommissionen können bei komplexen Spezialfragen indiziert und gerechtfertigt sein, z. B. wenn die politische Mehrheit sich grundsätzlich schon geeinigt hat (etwa in einem Koalitionsvertrag), in welche Richtung sie gehen will (z. B. Reform des § 218 StGB), aber für die konkrete Ausgestaltung Rat sucht. Der Hintergrund solcher Beauftragung mit einer inhaltlich präjudizierten Fragestellung sollte allerdings transparent sein. Andernfalls greift das Korrektiv Platz, das mit dem Dictum »Man spürt die Absicht und ist verstimmt« (eine Formulierung nach Goethes Torquato Tasso, Vers 969) treffend skizziert ist – einschließlich des Reaktanzrisikos bei solchem Rat.

die eines einzelnen Bürgers, der etwa eine Petition einreicht, oder mehrerer Bürgerinnen und Bürger, die im Rahmen einer sog. Bürgerkonferenz[11] Positionen entwickeln.

Räte haben keine normative Kraft (und sollen sie auch nicht haben), auch nicht die, den Raum des Sagbaren einzuschränken – weder politische Diskussionen im Engeren noch gesellschaftliche Debatten im Weiteren. Keine ad-hoc-Kommission zum Schwangerschaftsabbruch wird einen christlichen, muslimischen oder jüdischen Theologen abhalten, eine andere Position zu vertreten. Keine noch so gute Analyse und wohl begründete Empfehlung des Sachverständigenrats Integration und Immigration wird einen AfD-Politiker oder AfD-Wähler hindern, seine diesbezügliche Meinung zu äußern.

Die differentia specifica der *Art* von Meinung, die Räte als Rat geben, ist dessen *Herleitung*, seine Begründung. Diese *soll* (so der normative Anspruch) im Falle der Räte, von denen hier die Rede ist, nicht auf Offenbarungswahrheiten beruhen (die geglaubt werden müssen, um normativ wirksam zu werden), noch auf parteipolitischen Vorfestlegungen, noch auf z. B. aus dem Internet zusammengeklaubten Informationen oder auf Partikularinteressen (wie etwa Verbandspositionen oder Petitionen), sondern auf wissenschaftlich-kritischen Analysen der einschlägigen Sachverhalte und reflektiertem Normenverständnis. Auf die Frage, *welche* Sachverhalte zum einen als einschlägig und *auf welche Weise* sie zu analysieren, zum anderen anhand *welcher* Werte in *welcher* Gewichtung sie zu bewerten sind, sei hier nur hingewiesen, der Versuch einer Beantwortung würde den Rahmen sprengen.

Mitglieder eines Rates mögen in ihrer jeweiligen scientific community hoch reputierte Wissenschaftler sein, durch seriöse Forschung epistemischen Ranges ausgewiesen, aber das, was sie als Gremium produzieren, ist selbst nicht epistéme, nicht Wissenschaft, zumindest nicht im praxisbezogenen, eigentlich beratenden, empfehlenden Teil. Der ist wissenschaftlich *informierte* doxa. Selbst wenn präzise empirische Daten vorliegen – z. B. über die Zahl der Fachkräfte in verschiedenen Gesundheitssystemen und über die Qualität der Versorgung, die diese Fachkräfte leisten –, die praktischen Schlüsse, in der Regel »Empfehlungen« genannt, die ein Rat »daraus« zieht – z. B. für das deutsche Gesundheitssystem[12] –, sind von diesen Daten *nicht* zwingend vorgeschrieben, sondern von – individuellen und gemeinschaftlichen[13] – normativen Setzungen geleitet und vermittelt.

---

11 So haben im Rahmen eines medizinethischen Projektes Potsdamer Bürgerinnen und Bürger 2024 eine Erklärung zum Einsatz von Robotik in der Altenpflege erarbeitet und dem Bundesgesundheitsministerium übergeben. Diese ist online einsehbar unter: https://www.robotik-altenpflege.de/ (zuletzt aufgerufen am 03. Dezember 2024).

12 Siehe z. B. das Gutachten *Fachkräfte im Gesundheitswesen. Nachhaltiger Einsatz einer knappen Ressource* des Sachverständigenrats zur Begutachtung der Entwicklung im Gesundheitswesen und in der Pflege, 2024, online einsehbar unter https://www.svr-gesundheit.de/fileadmin/Gutachten/Gutachten_2024_2._durchgesehene_Auflage_Gutachten_2024_Gesamt_bf_2.pdf (zuletzt aufgerufen am 27. November 2024).

13 Das Wort »gemeinschaftlich« lässt sich hier sowohl auf die »scientific communities« als auch auf die Normen der Rechts- und Solidargemeinschaft beziehen, in der Beratende und

Dieses differenzierte Selbst- und Fremdverständnis von Räten und dem, was sie leisten *können* und bei welchen Leisten sie als Schuster wissenschaftlich informierten Rats bleiben *sollen*, muss immer neu entwickelt und präsent gehalten werden – bei den Beratenden wie den Beratenen.

Zur Praxis wissenschaftlicher Politikberatung

Beratende können nicht erwarten, dass ihr Rat 1:1 umgesetzt wird. Denn ihre wissenschaftliche Expertise mag noch so beachtlich sein: sie ist *theoretisches* Wissen um nur einen Ausschnitt der Wirklichkeit (z. B. den von der Virologie, der Epidemiologie oder der Psychiatrie untersuchten Ausschnitt). Politik muss hingegen die Wirklichkeit in ihren komplexen Wechselwirkungen *praktisch* gestalten – eine Gleichung mit vielen Unbekannten, die immer nur tentativ und vorläufig gelöst werden kann. Auch ein Gremium aus exzellenten Wissenschaftlern kann diese Gleichung nicht definitiv lösen, weil es (selbst wenn seine Mitglieder sich einig würden) die Wirkzusammenhänge, Risiken und Nebenwirkungen der Realität nie ganz durchschaut.

Beratene – ob Politiker als primäre Adressaten solchen Räterats, ob als Bürgerinnen und Bürger, die aufgrund eigenen Verstehenwollens und als potenziell Betroffene die jeweiligen Analysen und Empfehlungen »mit-lesen« – sollten definitive Lösungen auch nicht erwarten und skeptisch werden, wenn sie angeboten würden.

Mit einem solchen klareren Verständnis der Möglichkeiten und Grenzen wissenschaftlicher Politikberatung wird zum einen dem – anthropologisch verständlichen – Bedürfnis entgegengewirkt, die Wirklichkeit in ihrer Komplexität und Unübersichtlichkeit auf *eine* Wahrheit zu reduzieren, die eine wahre, rettende Antwort zu bekommen.

Zum anderen wahrt ein solches Verständnis aber auch den – orientierungshalber zu machenden – Unterschied zwischen Wissen und Meinen und erlaubt innerhalb des Meinens Arten zu unterscheiden. Wer mit Goethe in Vernunft und Wissenschaft die »allerhöchste Kraft« des Menschen sieht[14], wird den wissenschaftlich informierten, kritisch reflektierten Rat eines multidisziplinär besetzten Expertengremiums z. B. zu einer Pandemie ernst nehmen – und zwar anders ernst nehmen als etwa den Rat eines Geistheilers oder die Meinung von wenig sachkundigen Privatpersonen, die sich z. B. im Internet gesucht und gefunden haben. Solche Meinungen kann man als soziologisches und politisches Phänomen wahrnehmen, um z. B. ihnen zugrundelie-

---

Beratene leben.

14 Diese Formulierung legt Goethe dem Mephisto in den Mund – dem Mephisto, der gerade Faust in dessen Überdruss am eigenen Erkenntnisstreben, am wissenschaftlichen Tun bestärkt hat. Nachdem Faust abgetreten ist, um sich für die Reise in »das wilde Leben«, für »Taumel« und »Genuss« bereit zu machen, spricht Mephisto – allein mit sich – aus, was er wirklich denkt: »Verachte nur Vernunft und Wissenschaft, / Des Menschen allerhöchste Kraft, / Lass nur in Blend- und Zauberwerken / Dich von dem Lügengeist bestärken / So hab' ich dich schon unbedingt« (Faust I, Vers 1851–1855).

gende Sorgen und Ängste zu verstehen und auf sie einzugehen versuchen, aber tut nicht schon ein Bürger, erst recht ein Politiker gut daran, vor allem wissenschaftlich informierten Rat ernst zu nehmen?

Das grundgesetzliche und politische Normengefüge sehe ich durch diese Art Meinungsbildung und Entscheidungsfindung und ggf. Adjustierung durch die dazu *gesetzlich Befugten* und dafür *Verantwortlichen* nicht gefährdet. Im Gegenteil: Ich halte es für *geboten*, dass politisch Verantwortliche wissenschaftlich informierten Rat – im Bewusstsein des eingeschränkten Geltungsanspruchs, den dieser als dóxa haben kann – einholen, prüfen und, abwägend, berücksichtigen. Ebenso wie die Positionen potenziell Betroffener (in der Regel durch Verbände repräsentiert) *anzuhören*, zu prüfen und, abwägend, zu berücksichtigen sind.

Gefährdender für unser Gemeinwesen scheint mir die Tendenz, jede Meinung als gleich gültig zu sehen. Mit dieser Einstellung kann begründetes, geprüftes und immer neu überprüfbares *Wissen* als Leitmaßstab rationaler Weltorientierung und Lebensbewältigung den Menschen gleichgültig werden. Hier ist zu differenzieren: In unserer Rechts- und Werteordnung ist jeder Mensch gleich (vor dem Gesetz) und kein Menschenleben wertvoller als das andere. Auch hat jeder Mensch das Recht, seine Meinung frei zu äußern (so sie nicht zu Gewalt aufruft oder volksverhetzend ist). Doch nicht jede Meinung ist gut begründet. Die Anerkennung eines Meinenden als *Person* gebietet *nicht* die *inhaltliche* Anerkennung des von ihm Gemeinten. Jeder Einzelne, jeder Bürger, jeder Politiker, hat das Recht, ja als animal rationale sogar die Pflicht, die vorgebrachten Meinungen im Rahmen seiner intellektuellen Möglichkeiten zu *prüfen* und sich der *Ansicht*, ggf. dem *Rat* anzuschließen (was Modifikationen in der Befolgung nicht ausschließt), der *ihm besser begründet erscheint*. Ganz im Sinne des neutestamentlichen Rates: »pánta de dokimázete, tò kalòn katéchete«[15].

---

15   1. Thessalonicher 5, 21. Es ist bemerkenswert, dass für das landläufig (seit Luther) übersetzte »Gute« im Original nicht »tò agathòn« steht, noch etwa »tò alethès«, sondern »tò kalòn«.

Grenzen der Vermittlung?
Grenzkonflikte angesichts der Entgrenzung von Medienpraktiken (wie des Konsiliarischen)

Philipp Stoellger

Vorab: ›Politikberatung‹ ist nicht mein Beritt. Daher kann meine Antwort auf Steffen Augsbergs Kritik an der ›Räterepublik‹ sein Erfahrungs- und Reflexionsniveau nur beherzt unterschreiten. Aber – man kann nicht nicht antworten. Daher sei das Unmögliche dennoch versucht.

Beratung als Lösung und Problem

a) Was war die Frage, auf die Politikberatung antworten sollte? Wenn Politikberatung die Lösung sein sollte, was ist dann das vorausliegende Problem? Ein Beratungs*bedarf* der Politik vermutlich. Wäre diese Vermutung treffend, wäre das so erfreulich wie plausibel. Wenn Politik Rat sucht von kompetenter Seite, ist das ja nur zu begrüßen. Denn – dass politische Entscheidungsprozesse *wohlberaten* und *kompetenzgestützt* laufen, ist weder notwendig noch zu erwarten.

So zumindest meine Erfahrung in einem großen Kirchenparlament namens Synode: Es wird entschieden; aber die Verfahren sind mitnichten immer kompetenzgestützt oder -orientiert. Sie müssen es auch nicht sein, um aus Verfahren legitimierte Entscheidungen zu produzieren. Das kennt man auch aus universitären Gremien.

Legitimität durch Verfahren impliziert ja nicht, dass die am Verfahren Beteiligten auch fachlich kompetent zu sein haben. Wie sollten sie das auch stets sein? Wäre *das* die notwendige Voraussetzung legitimierter Entscheidungen, wäre es nicht Demokratie, sondern Expertokratie. Daher gehört es zur ›leeren Mitte‹ der Demokratie, legitimierte Entscheidungen zu treffen unter den Bedingungen von *Kompetenzmangel und Entscheidungszwang*. Das scheint die Lage des homo politicus zu sein.[1]

Daher ist der unterstellte Beratungsbedarf, um die Kompetenz anderer in die Entscheidungsprozesse einzubeziehen, durchaus geeignet, Vertrauen in die Verfahren und Akzeptanz der Entscheidungen zu befördern.

Dagegen ist nun Steffen Augsbergs Einwand, die »Politisierung der Räte« bewirke auch eine »Entpolitisierung der Politik«. Beziehe man die »Medialisierungseffekte« (hier: Massenmedien) ein, könnte eine »Politikhörigkeit beide Seiten unglaubwür-

---

[1] Vgl. die anthropologische Situation des Menschen, die Hans Blumenberg durch »Evidenzmangel und Handlungszwang« bestimmt sah. Hans Blumenberg, Anthropologische Annäherung an die Aktualität der Rhetorik, in: *Ästhetische und metaphorologische Schriften*, hg. von Hans Blumenberg, Frankfurt am Main: Suhrkamp 2001, 406–431, 417.

diger« machen. Dafür wäre vermutlich die Genese und Deutungsmacht des ›Corona-Strategiepapiers des Innenministeriums‹ von 2020 ein prägnantes Beispiel[2]: ein hoch politisierter Beratungsprozess, der als Risiko und Nebenwirkung ein Delegieren des Politischen und damit eine ›Entpolitisierung der Politik‹ impliziert.

b) Wenn Beratung eine *Lösung* sein sollte, kann sie zum *Problem* werden, und zwar für beide Seiten (von den Dritten, die die Entscheidungen dann zu ertragen haben, ganz zu schweigen).

Denn Beratung als diskursive Medienpraxis kann (massenmedial verstärkt) eine Eigendynamik entwickeln, die für die »Normativität der Demokratie« wie die »des Rechts« zum Problem wird, wie Steffen Augsberg zeigt. Diesbezüglich warnt er davor, »über das Outsourcing vorhandene Regularien zu verwässern und Legitimitäts- und Legitimationsansprüche des ›normalen‹ politischen Betriebs zu schwächen«. Der nur scheinbar paradoxe Effekt ist dann, was Steffen Augsberg »Entpolitisierung prinzipiell politischer und Politisierung eigentlich tendenziell unpolitischer Bereiche« nennt.

Mir scheint das als Problembeschreibung *auch* passend für manche Phänomene an den Universitäten. Wenn sich Gremien wie ein Senat gleichsam postpolitisch auf Verwaltung beschränken – oder wenn im akademischen Diskurs vermeintlich marginale Stimmen zum Paradigma hegemonialer Theoriebildung werden, entsteht eine ähnliche Doppelbewegung von Entpolitisierung des Politischen und Politisierung des Vorpolitischen bis hin zur Hyperpolitisierung (und -moralisierung).

Hermeneutisch gesagt: Die Beratungspraxis und deren mediale Ökonomie *kann* zu einer Delegation politischer Verantwortung führen bis in deren Dissemination. Und zugleich kann die Beratungspraxis zum friendly takeover des Politischen werden, wenn sie zu erfolgreich agiert. *Strukturell* formuliert: Das Kopplungsinstrument der Beratungsgremien kann für die Systeme von Recht und Politik zum Problem werden, wenn das Kopplungs*medium* eine Eigendynamik entwickelt und (massenmedial verstärkt) mehr verspricht, als es halten kann – oder aber mehr hält, als man sich von ihm versprochen hat.

Beides wirft die Frage nach den *Grenzen* des Politischen gegenüber seiner Entgrenzung auf. Kann man Analoges auch für das Recht vermuten? In der ›Verrechtlichung‹ der Lebenswelt und der Politik, sofern Probleme der alten ›Sittlichkeit‹ immer öfter als Fragen des Rechts begriffen und entsprechend ›geregelt‹ werden?

c) Das von Steffen Augsberg an Beratungsgremien entfaltete Problem könnte sich mittelfristig noch erheblich verschärfen, sofern die Beratung nicht an ›Räte‹ in Form

---

2   Einer der Beteiligten, Heinz Bude, weiß darüber genauer Auskunft zu geben: »Es war aber auch klar, dass eine Politik des Zugriffs auf das Verhalten der Einzelnen starker Rechtfertigungen bedarf. Mit Gramsci gesprochen: Es ging darum, Zwänge zu verordnen und Zustimmung zu gewinnen und dabei die Deutungshoheit in der Hand zu behalten. Allerdings würde man die Zwänge mit Anreizen und die Zustimmung mit Zielen in Verbindung bringen müssen.« Vgl. Heinz Bude, Aus dem Maschinenraum der Beratung in Zeiten der Pandemie, *Soziologie* 51 (3), 2022, 245–255, 249. Vgl. o.A., Strategiepapier des Bundesinnenministeriums zur Corona-Pandemie, 01. April 2020, online einsehbar unter: https://de.wikipedia.org/wiki/Strategiepapier_des_Bundesinnenministeriums_zur_Corona-Pandemie (zuletzt aufgerufen am 10. Dezember 2024).

von (bisher wohl mehrheitlich) *human* besetzten Beratungsgremien ›outgesourct‹ wird, sondern die Beratung durch Künstliche Intelligenz (KI) Einzug hielte und mittelfristig vermutlich maßgebend würde: ›Digitale Demokratie‹ wäre das Update der Lösung – als Problemverschärfung.

Neu wäre das nicht. Die RAND Corporation entwickelte bereits in den 1950ern die computerbasierte Politikberatung im »Use of Experts for the Estimation of Bombing Requirements«, um die Logik atomarer Eskalation zu kalkulieren und zu optimieren.[3] In den 1960ern und 70ern beriet die »Heidelberger Studiengruppe für Systemforschung« die bundesdeutsche Regierung nach Maßgabe des Modells ›politischer Kybernetik‹. Krauchs Buch zur Sache titelte programmatisch ›Computer-Demokratie‹[4]: »Problemlösungen und Entscheidungen müßten vorbereitet werden, die sich am ›gesellschaftlichen Entwicklungsstand von morgen und übermorgen statt an dem von gestern ausrichten‹. Wenn man dies wirklich will, müßte man neue Verfahren der Futurologie, der Simulation und der experimentellen Entscheidungsforschung heranziehen.«[5]

Wenn mittlerweile die Identifikation von anzugreifenden Zielen durch KI ›optimiert‹ und damit ein Hochfrequenzbombardement mit unheimlicher Effizienz möglich wird, dann erscheint das Problem der Delegation politischer Verantwortung als eine demnächst veraltete Problembeschreibung. Die *Eigendynamik* der ›Beratungsmedien‹ lässt sie zu Entscheidungsmedien werden oder zumindest zur nicht ignorierbaren Disposition möglicher Entscheidungen. Zum ›Dispositiv‹ wird das, wenn die Standards von Entscheidungen damit neu formatiert und definiert werden (in Geschwindigkeit, Effizienz, Präzision und ›Erfolg‹).

›Selbstbegrenzung‹ als Lösung?

a) Wenn nun die Lösung zum Problem wird, lautet Steffen Augsbergs Lösungsvorschlag: »Geboten ist deshalb eine Selbstbegrenzung in mehrfacher Hinsicht (gremieninternen wie politisch)«. Auch wenn das mit guten Gründen ›geboten‹ ist und völlig plausibel begründet, bleibt es ein *Appell*, der beispielsweise System- oder auch Medientheoretiker:innen schwerlich als Lösung des Problems erscheinen wird. Wenn eine Strukturdynamik das Problem ist, werden Ethos oder Moral nicht weiterhelfen.

Theologisch ist das Plädoyer für ›Selbstbegrenzung‹ oder Selbstzurücknahme vertraut und trifft daher auf Zustimmung und das wohlige Gefühl, zu verstehen und

---

3 Vgl. Eva Schauerte, Von Delphi zum ORAKEL. Eine kleine Mediengeschichte der Computer-Demokratie, *Zeitschrift für Medien- und Kulturforschung* 10 (2), 2019, 39–53, doi: 10.25969/mediarep/18736, 46–49.
4 Vgl. Helmut Krauch, *Computer-Demokratie*, Düsseldorf: VDI Verlag 1972.
5 Ebd., 91, zitiert nach Schauerte, *Von Delphi zum ORAKEL*, 50. Vgl. Andrea Brinckmann, Die Heidelberger ›Studiengruppe für Systemforschung‹ (SfS). Zur Entwicklung von Systemforschung und Politikberatung in der Bundesrepublik Deutschland 1958-1975, in: *Systemforschung. Politikberatung und öffentliche Aufklärung*, hg. von Reinhard Coenen & Karl-Heinz Simon, Kassel: Kassel University Press 2011, 20–41, 24.

Einverständnis zu finden. Aber das übliche Dilemma ist, dass *eines* dem Menschen sicher nie gelingt: Selbstbegrenzung. Und wenn das *Menschen* schon nicht gelingt, um wieviel weniger dann Systemen, Medien oder Apparaten. Selbst eine humanistisch konzipierte Methode namens Hermeneutik hat es nicht lassen können, einen Universalanspruch zu entwickeln. Schlicht gesagt: effiziente, anerkannte und erfolgreiche Vermittlungsformen (oder Medien oder Subsysteme) werden als allerletztes ›Selbstbegrenzung‹ betreiben, im Gegenteil.

b) Im Kontext der Kulturtechnik- und Medienforschung des IKKM in Weimar hat 2019 Eva Schauerte ihre Monographie vorgelegt zu »Lebensführungen. Eine Medien- und Kulturgeschichte der Beratung«. Darin entfaltet sie eine Kulturgeschichte konsiliarischer Praktiken und Formen von der Antike bis heute. Ihre für das von Steffen Augsberg fokussierte Problem erhellende Pointe ist, »dass die westliche Gesellschaft schon immer eine Beratungsgesellschaft gewesen ist, doch dass das Neue an der aktuellen Beratungskultur vor allem in einem versteckten *konsiliarischen apriori* und dessen Überführung in ein *konsiliarisches Dispositiv* zu verorten ist, das sich hinter der Befreiung des Subjekts und allen derzeit propagierten Individualisierungs- und Optimierungstendenzen verbirgt.«[6]

Üblicherweise wird die Beratungspraxis auf einen *Bedarf* zurückgeführt und damit legitimiert, so dass auch Eskalationen dadurch limitiert werden können. Dieses Beschreibungs- und Erklärungsmodell greift aber *dann* zu kurz, wenn sich diese Praktiken und Formen vom Bedarf emanzipieren und ihn ihrerseits erzeugen: Beratung wird autopoietisch, sie operiert entschränkt und eskaliert.[7] Dann wird man, wie Schauerte, das Problem anders bestimmen und beschreiben: Beratung wird *gouvernemental* und zum ›konsiliarischen Dispositiv‹, »nicht mehr nur biopolitisch, sondern auch noopolitisch.«[8]

Wenn und falls für Universitätsleitungen etwa ein Aufsichtsrat namens Universitätsrat aus Wirtschaft und Politik das maßgebende ›Beratungsgremium‹ wäre, könnte das ein Beispiel dafür sein: Lebensform und Denkform der Universität würden in ihrer ›Grammatik‹ von solch einer Beratungsinstitution formiert und disponiert. Manche halten das für eine Lösung – die aber anderen auch als Problem erscheinen kann.

Grenzen der Vermittlung – als Medienproblem

a) Die bisherige Problemstellung war die der *Entgrenzung* von Beratungspraktiken kraft deren Eigendynamik bis zur Steigerung (oder Übertreibung) als ›Dispositiv‹ – dem zu entrinnen kein Appell an Selbstbegrenzung helfen wird. Die Entgrenzung als Problem ruft nach *Grenzen* der Vermittlung, hier der *Begrenzung* einer allzu eigen-

---

6   Eva Schauerte, *Lebensführungen. Eine Medien- und Kulturgeschichte der Beratung*, Paderborn: Brill 2019, 13. Vgl. Peter Sloterdijk, Konsultanten. Eine begriffsgeschichtliche Erinnerung, *Revue für postheroisches Management* 2, 2008, 8–19.
7   Vgl. Schauerte, *Lebensführungen* 228.232.
8   Ebd., 233.

dynamisch gewordenen Beratungspraxis. Weitet man die Problemstellung und fragt nach der Dynamik der Medialität darin, werden Grenzen und Fragen der Begrenzungen von Vermittlung *grundsätzlich* zum Problem. Das ist alles andere als trivial. Denn damit geht es um die intrinsischen oder extrinsischen Grenzen von Medien(praktiken).

Effiziente Medien – ›es war einmal‹ die Religion, spätestens seit der Renaissance das Geld und mittlerweile maßgebend die digitalen Medien – sind *derart* hemmungs- und grenzenlos, dass Selbstbegrenzung überhaupt nicht in Frage kommt, nicht in den Sinn, geschweige denn in die Struktur. Effiziente Medien sind expansiv ohne Ende. Wenn sie funktionieren und zirkulieren, kennen sie keine Grenze. Ihre Medienmacht besteht darin, dass ihre Potenz zur Omnipotenz wird: ihre Möglichkeit allumfassend – sofern sie denn so funktional und effektiv werden. Bei Geld und digitalen Medien ist dem offenbar so. Wenn Sprache und Alphabetschrift so effizient waren wie im Buchdruck manifest, oder wenn Bild und visuelle Kommunikation immer noch so effizient sind – gilt für beide mittlerweile: Sie erscheinen und funktionieren unter den Konditionen digitaler Codierung. Nur, was im Digitalen konstruiert werden kann, kann erscheinen und wirken.

Bei der Religion mag solche Effizienz längst vergangen sein, sei es seit den ›konfessionellen Bürgerkriegen‹, der modernen Privatisierung oder der spätmodernen Indifferentisierung von Religion. Bei Geld ist ein Ende nicht in Sicht, zumal es sich als überaus konvertibel ins Digitale erweist. Nicht mehr Deus sive natura, sondern Geld wie Daten sind konvertibel. Daher ist die Aufhebung des Geldes in den binären Code nur konsequent, in Daten und deren autopoietische Prozessierung, aber keinesfalls ein Ende des Geldes, im Gegenteil. Was der Religion nicht gelingen kann und der Kunst auch nicht, ist für Geld kein Problem: die radikale Reduktion auf binäre Daten: Es *gibt* nur, was binär codierbar ist (mit Kittlers Schaltbarkeitsprinzip).[9] Und es zählt nur, was sich rechnen lässt. Oder schärfer noch, nur was sich rechnet, zählt. Für Kirchen wird das ebenso prekär wie für Politik, Kunst und Wissenschaft.

Begrenzung derart effizienter Medien wie Geld und Digitalisierung erfolgt wenn, dann allenfalls als *Fremd*begrenzung: als Begrenzung durch *andere* Systeme oder Medienpraktiken oder Verfahrensregeln (also Kommunikationsalgorithmen): Geld durch Recht (hoffentlich), Politik durch Geld (leider), Wissenschaft durch Geld und Politik. Und gibt es Grenzen digitaler Medien? Durch Politik, durch Recht, durch Geld? Oder läuft es eher umgekehrt: Grenzen werden längst vor allem durch die Un/Möglichkeiten der Digitalisierung gesetzt (›was sich schalten lässt und was nicht‹)? Dann wäre der binäre Code die ›ultima ratio‹, die *Zahl* als Daseinsgrund und -grenze anderer Medien. Das Metamedium schlechthin – kennt keine Grenzen? Wenn Grenzen der Vermittlung das Problem sind, ist die digitale Vermittlung von Grenzen offenbar eine riskante Lösung. Damit wird zwar alles vermittelbar im Lösungsmittel des Digitalen. Aber dieses Lösungsmittel ist ätzend für Leib und Leben, die sich darin auflösen, vermutlich auch für Politik und Religion.

---

[9] Darin scheint sich auch ein Grund und eine harte Grenze der Wissenschaft abzuzeichnen.

Galt einst, bei Gott sei kein Ding unmöglich (als primär soteriologische, abgeleitet dann als modale Allmacht), galt daher, dem der da glaubt, sei nichts unmöglich. Heute wird solch eine Allmachtsthese wohl am ehesten für den binären Code und selbstlernende Algorithmen in ihrer Autopoiesis plausibel erscheinen. Nur was sich zählen lässt, zählt; nur was sich rechnen lässt, rechnet sich; nur was sich coden und schalten lässt, gibt es (mit Fr. Kittler)[10].

Sollten die Digital Humanities hegemonial werden, würden ›analoge‹ Wissenschaftspraktiken arg alt aussehen (wenn dem nicht schon längst so wäre) und auf der Strecke der Wissenschaftsgeschichte bleiben. Damit deutet sich die Frage an, ob dann auch ›digital jurisdiction‹ die Aufhebung der Rechtsprechung, wie wir sie kennen, sein sollte. Das Problem der ›digitalen Demokratie‹ erscheint im Rückblick als Antizipation eines beunruhigend pervasiven Problems entgrenzter Vermittlung durch den binären Code und seine Allmöglichkeiten.[11]

b) Die Frage ist dann, wie eine Vermittlungs*theorie* (also eine Medientheorie, Religionstheorie, Rechtstheorie) sich dazu verhalten kann und soll? Ist Medialität alles, was ist, weil ohnehin alles immer medial verfasst ist? Oder ist aller Vermittlung, also der Medialität gegenüber eine Differenz zumindest denkbar? Fritz Heider unterschied Ding und Medium, Luhmann unterschied Form und Medium. Beide *machen* also eine Differenz, die allerdings nicht ›substantiell‹, sondern funktional ist: Als was man ›etwas‹ gebraucht, macht den Unterschied. So oder so ist dann zwar alles stets in Medien gegeben oder gebraucht, aber Medien sind nicht alles, was ist. Es gibt Anderes, eine Differenz, eine Grenze, die dann jeweils näher zu bestimmen bleibt. Für manche ist die ›Unmittelbarkeit‹ solch ein anderes, an der Medialität ihre Grenze findet, sei es liminal, basal oder final. Das kann die Unmittelbarkeit des Fühlens sein, frommer Abhängigkeitsgefühle etwa, aber auch eine Verletzung oder die dunkle Unmittelbarkeit des Todes. Theologisch wäre dafür der Tod Jesu, das Kreuz, zentral – als abgründiger Riss, der um so mehr neue Medialität evoziert hat.

Medientheoretisch meldet sich die Frage, ob *in* Medien bei all ihrer Omnipräsenz eine Differenz aller Medialität gegenüber ›gemacht‹ werden kann, und wenn ja, wie und wodurch? Bleibt man bei der Formulierung von ›Vermittlung‹, *ihrer* Grenzen und *der* Grenzen, lassen sich Vermittlungsregister und dementsprechende Grenzmarkierungen benennen:

Grundsätzlich gesagt:

- Vermittlung ist *Verständigung* (nicht gleich Verstehen oder Einverständnis).
- Vermittlung ist *Medienpraxis* (trotz aller Unmittelbarkeiten, Verletzungen oder Zerrissenheit, in denen wir leben).

---

10   »Nur was schaltbar ist, ist überhaupt.« Friedrich Kittler, *Draculas Vermächtnis. Technische Schriften*, Leipzig: Reclam 2003, 182.

11   Es sei denn, die grenzenlose Digitalisierung würde ihr fremdes Anderes von neuem attraktiv und präsent werden lassen: das Analoge (in Religion, Kunst, Wissenschaft und auch Politik). In der Musikindustrie wäre das beobachtbar (Streaming und Live-Events); in der Religionspraxis wurde mit dem Digitalisierungsschub die Sehnsucht nach dem Analogen drängend; im Wissenschaftsbetrieb war es ähnlich.

- Vermittlung ist *Kommunikation*, mit Luhmann gesagt, Mitteilung, Information und Verstehen (auch wenn Kommunikation oft *ohne* Verstehen ›funktioniert‹, nicht selten zum Glück).

Kommunikation kennt allerdings keine Grenzen. Denn wie auch immer, ›man kann nicht nicht kommunizieren‹ (mit Luhmann gesehen). Verstehen und Verständigung kennen solche Grenzen ebenso wenig (wie der ›Universalanspruch‹ der alten Hermeneutik jedenfalls meinte), und Medienpraxis anscheinend auch nicht (mit mancher Medientheorie, etwa Kittlers).

Aber – *Grenzen* dieser drei Vermittlungsweisen zeigen sich in Spuren dann doch, als:

- Grenzen des Verstehens und der Verständigung in Nichtverstehen und Konflikt,
- Grenzen der Kommunikation in deren Abbruch, Gewalt oder Tod,
- Grenzen der Medialität in (vermeintlichen) Unmittelbarkeiten, Sprüngen und Rissen.

Grenzen der Vermittlung gibt es daher in mindestens *vier Hinsichten: Unter, Über, Wider und Außer* der Ordnung der jeweiligen Vermittlung (der Verständigung, Kommunikation, Medialität, des Rechts, der Religion). *Ein Problem wäre dann, wenn alles unter, außer und über* der jeweiligen Ordnung als *wider* sie, als widrig und zu beseitigen aufgefasst wird. Dann wird Hermeneutik ›universal‹ zur totalen Theorie; Kommunikationstheorie wird ›all inclusive‹, um nicht ›gefräßig‹ zu sagen; und Medialität wird unheimlich allgegenwärtig und hegemonial (neue Medien): Was nicht digital ist, ist nicht. Was sich nicht schalten lässt, gibt es nicht (Kittler).

c) Das Recht könnte angesichts dieser Expansionen, Totalisierungen, Reduktionen und Deutungsmachteskalationen dann als *Mastermedium* aller Grenzkonflikte aufgerufen und damit übertrieben werden (Verrechtlichung der Lebenswelt), als Lösung aller Konflikte und als säkulares Vermittlungsmedium (um nicht zu sagen Heils- und Versöhnungsmedium).

Versteht man *Recht* als Medium, also als *ein* so effizientes wie anerkanntes Vermittlungsregister, sind auch die Grenzen *dieser* Vermittlung zu sondieren, die Grenzen des Rechts also. Grundsätzlich sollte wohl gelten, das Recht sei grenzenlos: Menschenrecht, Völkerrecht oder *ius non scriptum*. Nationale Rechtssysteme sind national begrenzt, internationale nicht. Oder grundsätzlicher: So wie es keine machtfreien Räume gibt, gibt es keine rechtsfreien Räume – selbst auf hoher See nicht (jenseits der Stratosphäre scheint das etwas anders zu sein).[12]

Die Grenze des Rechts ist sc. *nicht* der *Rechts*bruch und seine Verwandten. Das Widerrechtliche wird ja gerade *inkludiert* vom Recht, das dafür zuständig ist als Korrektionstechnik. So wie der ›Freiheitsentzug‹ eine Inklusion durch Exklusion oder Exklusion durch Inklusion ist. Wo Recht funktioniert, ist seine Verletzung kein Problem, sondern der Entzug der Anerkennung des Rechts. In diesem Sinne bleibt selbst das

---

12 Die Gedanken sind davon offenbar nicht betroffen, die Träume schon gar nicht.

Bundesverfassungsgericht anerkennungsabhängig – was seine Deutungsmacht limitiert und fragilisiert.[13]
Seine Grenzen sind die Grenzen

- seiner Anerkennung bzw. Akzeptanz
- seiner Durchsetzbarkeit
- seiner Zuständigkeit (Vergebung, Versöhnung, reconciliation)
- seiner Anderen, also anderer Vermittlungsformen.

Ökonomie etwa, ist sicher nicht rechtsfrei, aber die Entscheidung Kaufen/Nicht-Kaufen wird nicht vom Recht entschieden oder sanktioniert (sofern es sich nicht um rechtswidrige Angebote handelt). Die wissenschaftliche Unterscheidung wahr/unwahr wird ebenso wenig vom Recht reguliert. Und für die Differenzen von Glaube/Sünde, Gesetz/Evangelium, Gott/Mensch oder Sinn/Nicht-Sinn ist das Recht schlicht nicht zuständig.

Geht man die vielen Vermittlungsregister (Systeme, Medien, Praktiken) durch, in denen wir leben, wird damit das Recht als erstaunlich begrenzt ersichtlich. Umso problematischer, wenn nicht immer, aber immer öfter nach Recht gerufen wird, um *solche* Probleme zu entscheiden, die nicht eigentlich Rechtsfragen sind (wobei das stets umstritten bleibt): Genderkonflikte, Post/Kolonialismusfolgen, Religions- oder Frömmigkeitsstildifferenzen, Kunstkonflikte, Sichtbarkeit im öffentlichen Raum ...

Die *Selbst*begrenzung des Rechts, sich nicht für alles zuständig zu erklären, bzw. sich für vieles unzuständig zu wissen, ist daher eine weise Tugend. Manche Religion hat dergleichen auch längst gelernt. Anderen Medien fällt das deutlich schwerer, wie angedeutet. Beratung, das konsiliarische Dispositiv scheint hingegen allzuständig und ›universal‹ gefragt zu bleiben, selbst wenn keiner danach fragt. Denn zum Dispositiv ist das Konsiliarische unausweichlich geworden, um nicht ›alternativlos‹ zu sagen. Man kann nicht nicht beraten (werden).

d) Wenn Entgrenzung bestimmter Vermittlungsformen, Mediendynamik also, das Problem ist, wie wäre darauf zu antworten, nicht moralisch, sondern ›jenseits von Gut und Böse‹, strukturell also? Naheliegend und problemlösend erscheint für manche der Rekurs auf Großtheorien mit Universalanspruch und größter Reichweite (wie die Systemtheorie). Dann kann man ordnen, orten, sortieren und den Platz anweisen, wer, was, wann, wo zu sagen hat, und wer nicht. Dieser Traum einer Theoriesoteriologie ist verlockend, löst Probleme allerdings allenfalls in vitro, nicht in vivo.

Vermutlich sind nicht Großtheorien, sondern Diskurspraktiken in vivo offenbar effizienter und gefragter: noch einmal das Konsiliarische. Aber diese Lösung wird zum Problem, wie gezeigt, und das betrifft auch die theologisch beliebte Figur des ›Verstehens‹ bzw. der Hermeneutik. Wenn Theorie nicht die Lösung ist, dann aber immerhin eine Orientierung, die Unterscheidungen vorschlägt, wie die von Medien und ihren Anderen. In dem Sinne geht es nicht um Großtheorie mit permanentem

---

13 Vgl. Hans Vorländer (Hg.), *Die Deutungsmacht des Bundesverfassungsgerichts*, Wiesbaden: Springer Nature 2006; Vgl. Philipp Stoellger (Hg.), *Deutungsmacht. Religion and belief systems in Deutungsmachtkonflikten*, Tübingen: Mohr Siebeck 2014.

›Bescheidwissen‹, sondern um Orientierungskompetenz und um Eskalationen von Theorie angesichts von Phänomenen und Problemen zu begrenzen. Theorie als Großvermittlung aller Grenzen bedarf ihrerseits phänomen- und problemsensibler Begrenzungen.

1. Für die Vermittlungspraktiken, die die Hermeneutik reflektiert, heißt das:
Verstehen so zu verstehen, dass es nicht immer und überall von Einverständnis her auf Einverständnis zugeht: als Hermeneutik der *Differenzen*, in denen wir leben, und zwar als Reflexion der Grenzen von Verstehen, Verständigung und Hermeneutik.[14]
2. Für die Medien und ihre Theorien gesagt:
Medienpraxis so verstehen, dass das *Andere* der Medialität nicht verdrängt wird: Kontingenz, Tod, Kreuz... Medialität bleibt stets verspätete *Antwort* auf den Riss, auf die Brüche und Schnitte, die sie ›heilen‹ und vermitteln sollte. Das gilt auch für die Beratungspraxis als Medienpraxis.[15]
3. Generalisiert für die Kommunikation formuliert:
Kommunikation so konzipieren, dass sie Differenz, Kontingenz, Gewalt nicht nur als funktionalen Brennstoff verbraucht, sondern als unvergessbare, unkommunizierbare und nur zu oft unheilbare Differenzen wahrnimmt, von denen aus erst kommuniziert wird und werden muss. Kommunikation fängt an, wo einem die Worte fehlen und sollte das nicht vergessen machen.[16]

PS: Diese apophatischen, negativistischen Grenzfiguren markieren, woher, wovon und wogegen Verstehen, Medialität und Kommunikation ›angehen‹ und ›andenken‹. Solche Grenzen von Medien, Kulturtechniken also, werden in der Regel als malum, als möglichst zu Behebendes, zu Beseitigendes oder zu Bewältigendes begriffen, wie im Deutungsmuster von Kontingenz und Kontingenzbewältigung.[17] Diese Selbstverständlichkeit provoziert dann ein eskalierendes Bewältigungsbegehren, als ginge es darum, diese Differenzen, Konflikte und Grenzen ›aufzuheben‹, zu vermitteln oder zu tilgen. In den Absurditäten einer rigorosen Theodizee zeigen sich die Konsequenzen. In einer Religionspraxis, die vor allem fugenlose Gemeinschaft und Einverständnis

---

14 Vgl. Philipp Stoellger, Verständigung mit Fremden. Zur Hermeneutik der Differenz ohne Konsens, in: *Verstehen und Verständigung. Intermediale, multimodale und interkulturelle Aspekte von Kommunikation und Ästhetik*, hg. von Klaus Sachs-Hombach, Köln: Herbert von Halem 2016, 164–193; Philipp Stoellger, Hermeneutik am Ende oder am Ende Hermeneutik? Möglichkeitsbedingungen einer Hermeneutik angesichts ihrer Kritik, in: *Hermeneutik unter Verdacht*, hg. von Andreas Kablitz, Christoph Markschies & Peter Strohschneider, Berlin/Boston: De Gruyter 2021, 115–164.
15 Vgl. Philipp Stoellger, Im Anfang war der Riss... An den Bruchlinien des Ikonotops, in: *Bruch – Schnitt – Riss. Deutungspotenziale von Trennungsmetaphorik in den Wissenschaften und Künsten*, hg. von Katharina Alsen & Nina Heinsohn, Münster: LIT 2014, 185–224.
16 Vgl. Philipp Stoellger, *coram cruce. Deutungspotentiale der Kreuztheologie*, Tübingen: Mohr Siebeck 2024.
17 Die Wissenschaften werden dann zum Handwerk der Bewältigung sozialer Probleme (*social engineering*); Transfer etc. wird maßgebend und entscheidend. Das kann man machen; aber es bleibt dann viel ›auf der Strecke‹ der Wissenschaftsgeschichte.

zelebriert, findet das Sozialgestalt. *Demgegenüber* erscheint die interne und irreduzible *Konfliktivität* des Konsiliarischen dann doch wieder attraktiver als gedacht: womöglich differenzkompetenter als andere Medienpraktiken. Nur, wie Steffen Augsberg gezeigt hat, ist diese Leistungsfähigkeit nicht nur Grund, sondern auch Grenze dessen.

Ethikberatung der Politik?
Einige (selbst)kritische Anmerkungen zur Arbeit des Deutschen Ethikrates

Wolfram Höfling

Problemaufriss

Zu Beginn der Amtsperiode 2016–2020 des Deutschen Ethikrats (DER) widmete sich das Gremium der Vergewisserung der eigenen Arbeit, also der – wie der neue Vorsitzende *Peter Dabrock* formulierte – »ethisch-reflexive[n] Politikberatung im sozialen Raum, der hier durch die Größen Rechtsstaat, Demokratie und Zivilgesellschaft geprägt« sei.[1] Während der erste Termin im Juni 2016 einer internen Selbstvergewisserung galt, waren zum zweiten externe Expertinnen und Experten eingeladen. Einer der Experten, der Staatsrechtler *Christoph Möllers,* nahm dabei eine dezidiert skeptische Position ein. Er bezweifelte zunächst ganz grundsätzlich, dass der demokratische Rechtsstaat auf moralische Argumente angewiesen sei. In der Logik des demokratischen Verfassungsstaates sei institutionalisierte ethische Beratung historisch im Übrigen eine fernliegende Option, die in jedem Fall verfassungsrechtlichen Grenzen unterliege. Und frage man nach dem »Kern seiner Leistung«, also danach, was der DER könne, was andere Institutionen nicht könnten, ergebe sich »eine Fülle von Zweifeln«: metaethische Zweifel an der Expertifizierbarkeit moralischer Argumente, wissenschaftstheoretische Zweifel am Status von Interdisziplinarität, empirisch inspirierte Zweifel an der Art und Weise, wie die Auseinandersetzungen innerhalb des Gremiums funktionierten. Am Ende gehe es für den DER weniger darum, Antworten auf schwierige Fragen zu geben, als darum, »das Niveau der Fragen höher zu regulieren«.[2]

Es ließen sich selbstverständlich kritische Rückfragen (höheren Niveaus?) stellen, etwa nach dem unaufgelöst bleibenden Verhältnis von Moral und Ethik,[3] nach der Va-

---

1 Vgl. Peter Dabrock, Begrüßung, in: *Ethikberatung und öffentliche Verantwortung. Öffentlicher Teil der Plenarsitzung der Deutschen Ethikrates, 22. September 2016*, online einsehbar unter: https://www.ethikrat.org/fileadmin/PDF-Dateien/Veranstaltungen/plenum-22-09-2016-simultanmitschrift.pdf (zuletzt aufgerufen am 20. Dezember 2024), 2.
2 Christoph Möllers, Moralische Expertise in der parlamentarischen Demokratie, in: *Ethikberatung und öffentliche Verantwortung. Öffentlicher Teil der Plenarsitzung der Deutschen Ethikrates, 22. September 2016*, online einsehbar unter: https://www.ethikrat.org/fileadmin/PDF-Dateien/Veranstaltungen/plenum-22-09-2016-simultanmitschrift.pdf (zuletzt aufgerufen am 20. Dezember 2024), 3.4.6.8.
3 Zu Recht bemerkte Carl Friedrich Gethmann in der Diskussion: »Für diese Enthaltsamkeiten [sc.: auch das Offenlassen des Argumentationsbegriffs bezieht Gethmann ein, WH] habe ich ein menschliches Verständnis, aber nicht mehr. Natürlich sind das zwei Sümpfe, und Sie

lidität der Inspiration hinsichtlich der Arbeit des DER usw. Doch soll es im Folgenden nicht um die Abwehr von Kritik gehen, sondern eine durch achtjährige Mitgliedschaft »unterfütterte« (selbst)kritische Perspektive auf die Institution des DER[4] eingenommen werden.

Strukturell prekäre Berufung der Mitglieder?

Durch das Gesetz zur Errichtung des Deutschen Ethikrates vom 16. Juli 2007[5] ist der DER als unabhängiger Sachverständigenrat (§ 1 EthRG) gebildet worden. Seine – wie § 4 Abs. 1 Satz 1 EthRG festlegt: 26 – Mitglieder werden gem. § 5 Abs. 1 und 2 EthRG vom Präsidenten des Deutschen Bundestages je zur Hälfte auf Vorschlag des Deutschen Bundestages und der Bundesregierung für die Dauer von 4 Jahren berufen; eine einmalige Wiederberufung ist zulässig. Nach Abs. 3 der Vorschrift bestehen dabei Inkompatibilitäten mit der Mitgliedschaft in einer gesetzgebenden Körperschaft des Bundes oder eines Landes und der Zugehörigkeit zur Bundesregierung bzw. einer Landesregierung.

Der DER ist also ein Produkt des politischen Prozesses und insoweit strukturell durchaus vergleichbar mit anderen sachverständigen Gremien, etwa dem Sachverständigenrat zur Begutachtung der gesamtwirtschaftlichen Entwicklung,[6] bedingt auch mit Verfassungsgerichten.[7] Die Berufung der Mitglieder folgt im Ergebnis einem parteipolitischen Proporzmodus, was nicht nur für die auf Vorschlag des Bundestages, sondern ebenfalls für die auf Vorschlag der Bundesregierung berufenen Mitglieder gilt.

Hierin spiegelt sich eine gewisse Paradoxie: Die zunehmende Verlagerung von Reflexionsprozessen auf »unabhängige« Institutionen führt zu einer Entpolitisierung der Politik. Die vermeintliche Entlastung der Parlamente und Regierungen bewirkt andererseits aber eine Politisierung gerade derjenigen Institutionen, die doch anderen Funktionslogiken folgen sollen – etwa einem wissenschaftlichen Rationalitätsparadigma und nicht dem Grundsatz der Repräsentation.[8] Aber lässt sich dieses Spannungsverhältnis auflösen? Etwa durch eine »politikfernere« Berufung der Mit-

---

    hätten vielleicht einen ganz anderen Vortrag gehalten, wenn Sie sich da hineingegeben hätten...«; in: *Ethikberatung und öffentliche Verantwortung. Öffentlicher Teil der Plenarsitzung der Deutschen Ethikrates, 22. September 2016*, online einsehbar unter: https://www.ethikrat.org/fileadmin/PDF-Dateien/Veranstaltungen/plenum-22-09-2016-simultanmitschrift.pdf (zuletzt aufgerufen am 20. Dezember 2024), 9.

4 Einen Überblick über weitere Ethikräte auch auf internationaler Ebene bei Carl Friedrich Gethmann, Ethische Beratung durch Ethikräte, *Zeitschrift für Didaktik der Philosophie* 42 (1), 2020, 27–34.

5 Ethikratgesetz (EthRG), BGBl. I, 1385.

6 Vgl. das Gesetz über die Bildung eines Sachverständigenrates zur Begutachtung der gesamtwirtschaftlichen Lage vom 14. August 1963, §§1.7.

7 Diese Parallele zieht etwa Möllers, *Moralische Expertise*, 6.

8 Vgl. dazu auch den Beitrag von Steffen Augsberg in diesem Band.

glieder?[9] Wie könnte diese aussehen? Und wäre damit für die dem DER zugewiesene Beratungsaufgabe substantiell etwas gewonnen? Eine Delegation von Vorschlagsrechten etwa an Wissenschaftsorganisationen würde zwar eine größere Politikferne bewirken, aber möglicherweise mit Verkrustungen und Profilverengungen erkauft werden. Faktisch existiert eine »politikfernere« Berufung schon heute für einige Mitglieder, nämlich diejenigen, die von den Kirchen und Religionsgemeinschafen zur Ernennung vorgeschlagen werden, konkret der Deutschen Bischofskonferenz, der EKD, dem Zentralrat der Juden in Deutschland, dem Zentralrat der Muslime in Deutschland. Worin der Mehrwert für die inhaltliche Profilierung des DER liegen soll, ist nicht ersichtlich. Im Gegenteil: Die skizzierte Praxis jenseits der gesetzlichen Vorgaben berührt den Grundsatz der ethischen Neutralität des Staates.[10] Wenn die berufenen Mitglieder auch noch im aktiven kirchlichen Dienst stehen – wie eine Zeitlang ein katholischer Bischof bzw. Weihbischof – und damit spezifischen Loyalitätspflichten unterliegen, dann kann das in der öffentlichen Wahrnehmung durchaus Zweifel an der Unabhängigkeit der Tätigkeit des DER hervorrufen.

Die Ausgestaltung der Berufung der Mitglieder als im formalen Sinne staatsorganisatorische Entscheidungen auf der Grundlage eines Parlamentsgesetzes verschafft dem DER im Übrigen eine spezifische Legitimationsgrundlage, die ihn von zahlreichen anderen Politikberatungsgremien abhebt. Das mag man kritisch bewerten, kann aber durchaus einen Mehrwert generieren, wenn der Rat sich der darin liegenden Verpflichtung bewusst ist.

Die in der Sache bestehende Rückkoppelung der Berufung an den parteipolitischen Prozess wirft hinsichtlich der einmaligen Wiederberufungsmöglichkeit schließlich die Frage auf, ob dies nicht von einzelnen Ratsmitgliedern im Sinne einer antizipierten Wohlverhaltensprämie gedeutet werden kann. Sie kann beispielsweise die Bereitschaft, eine abweichende Auffassung zu einer Empfehlung, Stellungnahme oder einem Bericht abzugeben (s. § 7 Abs. 3 EthRG), mindern. Aus diesem Grund und um ganz grundsätzlich das Vertrauen in die Unabhängigkeit der Institution zu stärken, hat der Gesetzgeber im Übrigen die ursprünglich gegebene Möglichkeit der Wiederwahl der Richter und Richterinnen des Bundesverfassungsgerichts abgeschafft (s. § 4 Abs. 2 BVerfGG), allerdings bei einer Amtszeit von 12 Jahren. Die Mitglieder des DER werden lediglich für 4 Jahre berufen, so dass die einmalige Wiederwahlmöglichkeit im Interesse der Kontinuitätswahrung gut vertretbar erscheint – zumal nicht selten auch die Arbeit an einer größeren Stellungnahme über eine Amtsperiode hinausreicht.

---

9 So der Vorschlag von Möllers, *Moralische Expertise*, 12, der es einer Überlegung wert hält, »ob man nicht zwei Puffer dazwischenschalten« sollte.
10 Vgl. dazu umfassend Stefan Huster, *Die ethische Neutralität des Staates. Eine liberale Interpretation der Verfassung*, 2. Auflage, Tübingen: Mohr Siebeck 2017.

Dysfunktionale Zusammensetzung des DER?

Nach § 4 Abs. 1 EthRG besteht der DER aus »26 Mitgliedern, die naturwissenschaftliche, medizinische, theologische, philosophische, ethische, soziale, ökonomische und rechtliche Belange in besonderer Weise repräsentieren. Zu seinen Mitgliedern gehören Wissenschaftlerinnen und Wissenschaftler aus den genannten Wissenschaftsgebieten; darüber hinaus gehören ihm anerkannte Personen an, die in besonderer Weise mit ethischen Fragen der Lebenswissenschaften vertraut sind.« Das ist in der Tat eine merkwürdige Formulierung.[11] Fragwürdig ist nicht nur die wissenschaftsklassifikatorische Aufzählung, sondern auch die im Text zum Ausdruck gebrachte Vorstellung, ein Theologe oder eine Theologin usw. repräsentiere eine theologischen usw. Belang. Nebulös bleibt auch die Kategorie der neben die Wissenschaftlerinnen und Wissenschaftler gestellten »anerkannte(n) Personen«. Erkennbar aber folgt die Zusammensetzung nicht einem Idealtypus »Rat der Weisen« oder »Rat der Stellvertreter«, sondern einem »Mischmodell«, der Kombination von wissenschaftlichem Sachverstand und Repräsentanz bestimmter Interessen.[12] Das muss nicht zwangsläufig als untauglicher Versuch einer Synthese inkompatibler Elemente zum Scheitern verurteilt sein, erfordert aber eine interne Verständigung über das die Tätigkeit prägende Leitbild. Für die gesetzlich zugewiesenen Aufgabe »Förderung der Diskussion in der Gesellschaft unter Einbeziehung der verschiedenen gesellschaftlichen Gruppen« (§ 2 Abs. 1 Satz 2 Nr. 1 EthRG) mag dieses anders formuliert werden als für die Erarbeitung von Stellungnahmen sowie Empfehlungen für politisches und gesetzgeberisches Handeln (vgl. § 2 Abs. 1 Satz 2 Nr. 2 EthRG). Insoweit kommt allerdings sinnvollerweise nur ein problemorientierter, fachlich-argumentativer Modus in Betracht.

Vor diesem Hintergrund ist auch die nicht selten formulierte Kritik an einer angeblichen »Juristenlastigkeit« und der Einwand, der DER sei ein Ethik- und kein Rechtsrat, zu relativieren. Wenn beispielsweise eine von der Bundesregierung erbetene Stellungnahme zu einem in Aussicht genommen Projekt der Neuregelung der Fortpflanzungsmedizin in Rede stünde, wäre ein solcher mit Empfehlungen verknüpfter Text zweifelsohne auch auf rechtspraktische Umsetzungsoptionen ausgerichtet. Dass Juristen dabei eine – sagen wir es zurückhaltend – sinnvolle Mitwirkungsrolle einnähmen, dürfte eine plausible Annahme sein. Die öffentliche Veranstaltung, die der DER im August 2021 im Kontext der z. T. erbittert geführten öffentlichen Debatten in Reaktion auf das sog. Beschneidungsurteil des LG Köln[13] durchgeführt hat, und die dort formulierten Anforderungen an eine aus ethischer Sicht vertretbare Entschei-

---

11 Möllers, *Moralische Expertise*, 7 spricht vom »Nonsens« der Formulierung.
12 Dazu Carl Friedrich Gethmann, Professionelle Beratung und Bürgermoral. Zur Debatte um die ›Biopolitik‹, in: *Individualität und Selbstbestimmung. Festschrift für Volker Gerhard*, hg. von Jan-Christoph Heilinger, Colin Guthrie King & Héctor Wittwer, Berlin/New York: De Gruyter 2009, 225–242, 238–242; ähnlich Möllers, *Moralische Expertise*, 7.
13 Vgl. Landgericht Köln – 151 Ns 169/11, *Neue Juristische Wochenschrift* 29, 2012, 2128–2129.

dung für eine religiös motivierte Beschneidung sind im Übrigen durch den Gesetzgeber weitgehend aufgegriffen worden.[14]

Selbstkritisch ist allerdings auf zwei Texte zu verweisen, in denen der DER höchstrichterliche Entscheidungen zum Gegenstand gemacht hat. Das ist zwar nicht grundsätzlich ausgeschlossen, muss aber den Eindruck vermeiden, hier solle im Wege der ethischen Politikberatung Rechtsprechung »korrigiert« werden. Zwei Stellungnahmen mögen das Problem illustrieren: zum einen die Ad-hoc-Empfehlung »Suizidprävention statt Suizidunterstützung« vom 3. Februar 2017, zum anderen die Inzest-Stellungnahme aus dem Jahre 2014.

Im ersten Fall hatte der DER die aufsehenerregende und überaus strittige Entscheidung des Bundesverwaltungsgerichts zu einem ausnahmsweise bestehenden Anspruchs auf Zuteilung eines letal wirkenden Betäubungsmittels zur Selbsttötung[15] zum Anlass genommen, an eine frühere Stellungnahme des DER zur Sterbehilfe zu erinnern.[16] Die deutlich formulierte Kritik der Mehrheit des DER an dem bundesverwaltungsgerichtlichen Judikat konnte in der Tat den Eindruck erwecken, hier übernehme (sich) das Gremium die (in der) Rolle des *praeceptoris iurisdictionis*.[17]

Die zweite Referenz betrifft die Stellungnahme »Inzestverbot« vom 24. September 2014. »Anlass der Befassung des Deutschen Ethikrates mit dem Thema«, so heißt es gleich in der Einleitung, sei die Entscheidung des EGMR vom 12. April 2012, mit der die Beschwerde gegen das Urteil des BVerfG vom 26. Februar 2008 zur Strafbarkeit des Geschwisterinzests zurückgewiesen worden war.[18] Gegen manche Erwartung hatte das BVerfG die Regelung des § 173 StGB für verfassungskonform gehalten.[19] Ist es wirklich angemessen, dass ein ethisches Beratungsgremium nach Grundsatzentscheidungen zweier Höchstgerichte sich noch einmal mit der Problematik befasst? Es liegt mehr als nahe, dass eine derartige Stellungnahme des DER nicht ergebnisoffen in Angriff genommen wird, vielmehr eine Mehrheit der Mitglieder schon bei der internen Beantragung einer Befassung eine Kritik und »Korrektur« der Judikate im Blick hat. Und nicht fern liegt, dass Juristen des Rates eine solche Rolle gerne einnehmen. Auf das Beispiel wird zurückzukommen sein.

---

14 Vgl. Deutscher Ethikrat, *Pressemitteilung 09/2012*, 23. August 2012, online einsehbar unter: https://www.ethikrat.org/fileadmin/PDF-Dateien/Pressemitteilungen/pm-2012-09-empfehlungen-f-beschneidung.pdf (zuletzt aufgerufen am 20. Dezember 2024); vgl. §1631 des BGB.
15 BVerwG, Urteil vom 2. März 2017 – 3 C 19.15, BVerwGE 158, 142–163.
16 Der Untertitel der Ad-hoc-Stellungnahme lautet: »Erinnerung an eine Forderung des Deutschen Ethikrates anlässlich einer Entscheidung des Bundesverwaltungsgerichts«.
17 So die harsche, z. T. überschießende Kritik von Franz Josef Lindner, Deutscher Ethikrat als praeceptor iurisdictionis?, *Zeitschrift für Rechtspolitik* 5, 2017, 148–151.
18 Vgl. zum einen EGMR – 43547/08 –, zum anderen BVerfG – 2 BvR 392/07 –, BVerfGE 120, 224–273.
19 Zur Problematik vgl. Wolfram Höfling, Die Strafbarkeit des einvernehmlichen Inzests unter Erwachsenen. Irrationaler Tabuschutz oder verfassungsrechtlich legitimer Familienschutz?, in: *Von der Kultur der Verfassung. Festschrift für Friedhelm Hufen zum 70. Geburtstag*, hg. von Max-Emanuel Geis, Markus Winkler & Christian Bickenbach, 2015, 35–42.

Problematischer als eine bestimmte Anzahl von »Vertreterinnen und Vertretern« eines Fachs scheint mir gelegentlich aber ein anderes Phänomen: Manche Disziplinen, etwa die Medizin, sind von biopolitischen (um diesen etwas ungenauen Terminus zu verwenden) Regulierungsvorschlägen des DER stärker »betroffen« als andere. In solchen Konstellationen entsteht die Gefahr – so könnte man formulieren – der professionsdeformierten Solidarisierung. Sie kann die Akzeptanz einer problemsensiblen und zugleich argumentativ abgesicherten Stellungnahme schwächen, wenn sie in Gestalt eines Sondervotums der »eigentlichen« Expertinnen und Experten auftritt. Ein Beispiel aus der Arbeit des DER mag dies verdeutlichen:

In seiner Stellungnahme »Hirntod und Entscheidung zur Organspende« aus dem Jahre 2015[20] hat sich das Gremium auch mit der Problematik der sog. organprotektiven Maßnahmen befasst. Es hat dargelegt, dass das geltende Recht insoweit defizitär ist, und sodann unter Berücksichtigung entsprechender gesetzlicher Vorschriften in der Schweiz Regelungsoptionen benannt.[21] Obwohl die Stellungnahme hinsichtlich des Kernthemas, der Frage der Validität des Hirntodkonzepts, nach überaus kontroversen Diskussionen eine »Position A« (Mehrheit) und eine »Position B« nebeneinandergestellt hatte, war sie »lagerübergreifend« zu dieser Auffassung gelangt. Dazu zählten *alle* Juristinnen und Juristen des damaligen Ethikrates – immerhin 6 an der Zahl (in der Tat eine überproportionale Gewichtung). Dennoch haben sich drei Mitglieder des DER, allesamt Medizinerinnen und Mediziner, darunter ein ehemaliger Transplantationschirurg, in einem Sondervotum davon distanziert und dabei gar die erstaunliche These aufgestellt, die Interpretation der restlichen 23 Mitglieder (nochmals: aller Juristinnen und Juristen) widerspreche der geltenden Rechtslage.[22]

Selbstpolitisierung des DER als Gefahr

Ein letzter hier kurz beleuchteter Punkt betrifft die gesetzlich garantierte Unabhängigkeit des DER, genauer deren Gefährdung durch eine Selbstpolitisierung des Rates.

Das Thema ist in letzter Zeit vor allem im Blick auf die Rolle des DER während der Corona-Pandemie erörtert, z. T. auch medial verzerrt worden. Das ist hier aus der Perspektive eines ehemaligen, 2020 ausgeschiedenen Ratsmitglieds nicht zu kommentieren. Zu erinnern ist aber daran, dass die erste Ad-hoc-Empfehlung »Solidarität und Verantwortung in der Corona-Krise« vom 27. März 2020 ausdrücklich hervorgehoben hat, dass diese exzeptionelle Herausforderung für Staat und Gesellschaft als

---

20 Aus Transparenzgründen: Der Verfasser dieser Zeilen war der Sprecher der Arbeitsgruppe, die den Text vorbereitet hat.
21 Vgl. Deutscher Ethikrat, *Hirntod und Entscheidung zur Organspende*. Stellungnahme vom 24. Februar 2015, online einsehbar unter: https://www.ethikrat.org/fileadmin/Publikationen/Stellungnahmen/deutsch/stellungnahme-hirntod-und-entscheidung-zur-organspende.pdf (zuletzt aufgerufen am 20. Dezember 2024), 41–46, 170–171.
22 Vgl. ebd., 173–175.

»Stunde der demokratisch legitimierten Politik« zu begreifen sei.[23] Das kann durchaus als die Funktionslogik und Unabhängigkeit des DER sichernde Zurückhaltung und Politikdistanz begriffen werden. Die berechtigten Distanzerwartungen werden nämlich in einer das Gremium selbst schwächenden Weise enttäuscht, wenn ethische Politikberatung sich für die Legitimation genuin politischer Entscheidungen einspannen lässt.[24]

Namentlich bei der Beauftragung des DER durch die Bundesregierung gem. § 2 Abs. 3 Satz 1 3. Alt. EthRG – die ebenfalls gesetzlich vorgesehene (2. Alt. der Vorschrift) Beauftragung durch den Bundestag ist bislang mangels entsprechender Verfahrensregelungen des Parlaments noch nicht erfolgt – sollte deshalb versucht werden, sich (vermeintlicher) Eindeutigkeiten zu enthalten. Stattdessen könnte rational beschrieben werden, dass sich derartige Eindeutigkeiten durch bestimmte Formen argumentativer Algorithmen gerade nicht einfach herstellen lassen.[25] Das gilt gerade dann, wenn die Bundesregierung auf klare Empfehlungen hofft (und dies vielleicht auch subkutan spüren lässt).

Selbstverständlich gilt diese Grundforderung auch für Stellungnahmen des DER »auf Grund eigenen Entschlusses« (§ 2 Abs. 3 Satz 1 1. Alt. EthRG). *Armin Nassehi* hat insoweit in der eingangs erwähnten Veranstaltung des DER als gelungene Beispiele die Stellungnahmen zur Intersexualität und zum Hirntod genannt.[26] In dieser Konstellation selbstgewählter Themenstellung sollte es ja auch leichter fallen, die ethische Politikberatung als Prozess spielraumeröffnender Beratung auszugestalten. Doch wenn das »selbstgewählte« Thema (in nicht explizit gemachter Weise) eine (vermeintliche) Erwartungshaltung der Politik bedient, dann erfährt die wegen des Berufungsverfahrens strukturelle »Politiknähe« des Rates eine dysfunktionale Schlagseite. Nach meiner persönlichen Einschätzung ist dies auch eine Schwäche der Inzest-Stellungnahme.

---

23 Vgl. Deutscher Ethikrat, *Solidarität und Verantwortung in der Corona Krise. Ad-hoc-Empfehlung*, 27. März 2020, online einsehbar unter: https://www.ethikrat.org/fileadmin/Publikationen/Ad-hoc-Empfehlungen/deutsch/ad-hoc-empfehlung-corona-krise.pdf (zuletzt aufgerufen am 20. Dezember 2024), 7.

24 Diese Gefahr sieht in der Corona-Krise z. T. realisiert: Thorsten Kingreen, Freiheitsrechte in der Gesundheitskrise: Staatliche Vernunfthoheit gegen individuelle Unvernunft?, *Medizinrecht* 42, 2024, 697–703, doi: 10.1007/s00350-024-6829-1, 702–703.

25 Vgl. Armin Nassehi (seit 2024 selbst Mitglied des DER), Ethische Politikberatung aus gesellschaftswissenschaftlicher und organisationssoziologischer Perspektive, in: in: *Ethikberatung und öffentliche Verantwortung. Öffentlicher Teil der Plenarsitzung der Deutschen Ethikrates, 22. September 2016*, online einsehbar unter: https://www.ethikrat.org/fileadmin/PDF-Dateien/Veranstaltungen/plenum-22-09-2016-simultanmitschrift.pdf (zuletzt aufgerufen am 20. Dezember 2024), 14–21, 20.

26 Ebd.

Schlussbemerkung

Ein (fachlich begründetes) Selbstbewusstsein und ein die inhärente Politiknähe selbstkritisch reflektierender Arbeitsmodus – das sind ebenso elementare Bedingungen für die Legitimation eines unabhängigen Gremiums wie des DER wie die Bereitschaft, die Kommunikation und Texterarbeitung so zu gestalten, dass sie als Verhinderung von Moral gelingt, also die unbedingte moralische Kommunikation in deliberative zu verwandeln.[27]

---

27 Vgl. ebd., 1.

Zum schwierigen Verhältnis zwischen Wissenschaft und Politik

Sabine Döring

»Sie haben keinen Wahrheitsanspruch!« – diese Worte schleudert die bildungspolitische Sprecherin der FDP-Bundestagsfraktion, Ria Schröder, den Vertreter:innen der Opposition in der 81. Sitzung des Ausschusses für Bildung, Forschung und Technikfolgenabschätzung am 10. September diesen Jahres entgegen, als diese vehement Aufklärung der sogenannten »Fördergeldaffäre« fordern. Es war wohl kaum ihre Absicht, aber damit hat Ria Schröder den Umgang der Bundesregierung mit dieser Affäre auf den Punkt gebracht.

Was aber war gemeint? Wollte Ria Schröder etwa transparentem Regierungshandeln und parlamentarischer Kontrolle durch den Ausschuss eine generelle Absage erteilen? Das mag man sich ebenso wenig vorstellen wie die mögliche andere Intention, nämlich die Wahrheitsorientierung der Politik als solche zu leugnen.

Unabhängig davon, was Ria Schröder im Sinn hatte, ist für das Verhältnis zwischen Wissenschaft und Politik insbesondere die zweite Lesart bedeutsam, zumal die Verpflichtung der Politik auf die Wahrheit und der Respekt vor wissenschaftlicher Expertise auch hierzulande allmählich zu erodieren scheinen. Zwar ist Politik anders als Wissenschaft nicht durch ihre Wahrheitsorientierung *konstituiert*. Aber eine Politik ohne Wahrheitsorientierung wäre die von der einstigen Trump-Beraterin Kellyanne Conway ausgerufene Politik der »alternativen Fakten«, eine Politik des »Bullshit« (Harry G. Frankfurt), eine Politik der »Propaganda« (Jason Stanley).

Wie aber soll Politik sich zur Wissenschaft verhalten? Für diesen kleinen Beitrag werde ich mich auf zwei Aspekte konzentrieren, nämlich erstens die Abhängigkeit der Politik von der Wissenschaft und zweitens die Unabhängigkeit der Wissenschaft von der Politik, auch genannt »Wissenschaftsfreiheit«.

Wahrheit und politische Legitimität

Auf einen Satz gebracht, ist Wissenschaft die zur Methode gewordene Erzeugung von Wissen. Wissenschaft widmet sich systematisch der Frage, wie Wissen bestmöglich zu gewinnen sei – und dann mit Hilfe der so etablierten Methoden der Gewinnung von Wissen selbst. Die jeweils zur Anwendung kommenden Methoden unterscheiden sich nach Forschungsgegenstand bzw. Fachgebiet und unterliegen der ständigen Revision und Weiterentwicklung. Die methodischen Standards ihres Fachgebietes zu beherrschen und den Stand der Forschung zu kennen, zeichnet Wissenschaftler:innen als Expert:innen gegenüber den Laien aus. Prüfungen und Kommissionen sollen den

Expert:innenstatus nachweisen und neben ihrer Funktion für die wissenschaftliche Laufbahn damit eine gewisse Verlässlichkeit für die außerwissenschaftliche Welt herstellen. Ein erfolgreicher epistemischer Diskurs ist nicht vorstellbar, wenn (wie beim freien Austausch politischer Meinungen) jedes Mal alle Stimmen dasselbe Gewicht haben. Der breiten Öffentlichkeit fehlt oft das Mindestmaß an Expertise, um überhaupt beurteilen zu können, wer Expertin oder Experte ist und wer nicht.

Worin aber besteht eigentlich der Wert des Wissens? Schon Aristoteles stellt in seiner »Metaphysik« fest, dass »alle Menschen von Natur aus nach Wissen streben«. Daraus folgt zwar nicht, dass Wissen erstrebens*wert* ist. Aber in aller Regel ist Wissen besser als Nicht-Wissen, insofern man wissend mehr erreichen kann als unwissend. Dies ist auch die Botschaft von Francis Bacons berühmtem Diktum »Ipsa scientia potestas est« (»Wissen ist Macht«). Wissen ist nützlich und hat damit mindestens einen instrumentellen Wert.

Es lässt sich aber auch die anspruchsvollere These vertreten, dass für kognitive Wesen wie uns Wissen und die Reflexion seiner Grundlagen einen Wert an sich haben. Bezeichnenderweise wählt Immanuel Kant das Lügenverbot, also das Verbot, absichtlich die Unwahrheit zu sagen, als exemplarisch für eine vollkommene (moralische) Pflicht, deren Unterlassung als allgemeines (Natur)Gesetz gar nicht *gedacht* werden könne. Und wir empören uns nicht nur über Lügner, sondern auch über »Bullshitter«. »Bullshit«, diese Analyse verdanken wir dem US-amerikanischen Philosophen Harry G. Frankfurt, unterscheidet sich von der Lüge dadurch, dass ihm keine Täuschungsabsicht zugrunde liegt. Wollen Lügner:innen bewusst etwas behaupten, das nicht der Wahrheit entspricht, interessieren »Bullshitter« sich gar nicht dafür, ob sie Tatsachen korrekt wiedergeben oder nicht; vielmehr fehlt grundsätzlich die Orientierung an der Wahrheit. Sowohl Lüge als auch Bullshit entziehen unserem Leben und Zusammenleben die Grundlage. Dieses setzt notwendig Wahrheitsorientierung voraus. Insofern ist Wissen intrinsisch wertvoll.

Auch ein unverzichtbarer politischer Wert wird Wissen und Wissenschaft als seiner zuverlässigsten Quelle seit dem antiken Athen beigemessen. Wissen sei Grundbedingung freier demokratischer Gesellschaften, indem es rationale, und das heißt: gute Entscheidungen ermöglicht und gegen Irrtümer wappnet. Das antike Modell von Demokratie ist hier ein deliberatives, das davon ausgeht, dass sich die Bürger:innen im Prozess der gemeinsamen Entscheidungsfindung durch wissensbasierte Argumente gegenseitig überzeugen können. Der wissende Bürger hat informierte Meinungen, und allein dadurch schon entstehen im demokratischen Prozess informierte politische Entscheidungen.

Aber auch wenn man Meinungen als gegeben voraussetzt und somit einen pluralistischen Ansatz vertritt, haben Gesellschaft und Staat ein existenzielles Interesse an Wissenschaft. Organisationen müssen über bestmögliches Wissen verfügen, um auf Grundlage auch gegebenenfalls wenig informierter Meinungen dennoch möglichst rational wirtschaften und Politik machen zu können. Dies zeigt sich nicht zuletzt am Scheitern von Regierungen, die sich über Wissen hinwegsetzen, eine Einstellung im Politischen, die der britische Philosoph Quassim Cassam »epistemische Sorglosigkeit« getauft hat und die mit Bullshit und Propaganda einhergeht.

Wird damit *politische* Legitimität unzulässig an *epistemische* geknüpft? Muss sich eine Demokratie daran messen lassen, dass sie nicht nur mehrheitliche, sondern auch *richtige* Entscheidungen fällt? Wer diese Frage verneint, nimmt erstens in Kauf, dass der Staat Mehrheitsentscheide (auch pluralistisch-uninformierte) ineffizient umsetzt. Zweitens konterkariert er damit die *liberale* Demokratie, die, wie der Verfassungsrechtler Klaus Ferdinand Gärditz unterstreicht, eine »epistemische Offenhaltung der freien Gesellschaft« wesentlich voraussetzt. In diesem Sinne zitiere ich mit Walter Scheel eine alte, verschollene FDP: »Es kann nicht die Aufgabe eines Politikers sein, die öffentliche Meinung abzuklopfen und dann das Populäre zu tun. Aufgabe des Politikers ist es, das Richtige zu tun und es populär zu machen.«

Wenn ich Wahrheitsorientierung und epistemische Rechtfertigung als notwendig für politische Legitimität ansehe, soll hierdurch keinesfalls Demokratie der Wahrheit unterworfen werden. Auch wenn oft behauptet wird, dass Expert:innen lediglich beraten und nicht selbst politische Entscheidungen treffen, lässt sich das Risiko einer Expertokratie im Zuge der politischen Macht, die Expert:innen durch ihre Rolle gewinnen, nicht leugnen.

Zudem können Expert:innen durch ihre eigene politische Agenda beeinflusst sein oder als Vertreter:innen einer Interessengruppe agieren. Und schließlich besteht auch das Risiko, dass politisch naive Expert:innen von korrupten Politiker:innen ausgenutzt werden. Um dem zu begegnen, muss, wie die britische Philosophin Fabienne Peter nicht müde wird zu argumentieren, ungerechtfertigtes epistemisches Privileg durch den Prozess der demokratischen Entscheidungsfindung *als solchem* ausgeschlossen werden, indem größtmögliche deliberative Partizipation *aller* gewährleistet wird. Die Aufgabe der Politik ist demnach durchaus anspruchsvoll: Sie muss Wahrheitsorientierung mit deliberativer Partizipation aller vereinen. Das geht nicht ohne Respekt der Politik gegenüber wissenschaftlichen Expert:innenaussagen. Umgekehrt braucht die Wissenschaft nicht erst die Aufforderung der Politik, sondern sollte proaktiv Wissenschaftskommunikation und Bildung der Bürger befördern.

Wissenschaftsfreiheit als Abwehrrecht gegen den Staat

Damit Wissenschaftler:innen mit qualifizierten Expert:innenaussagen aufwarten können, muss der Staat noch etwas anderes gewährleisten: Die Wissenschaft muss frei sein. Gemäß Art. 5 Absatz 3 Satz 1 GG ist die Freiheit der Wissenschaft und Forschung ein Grundrecht. Nur eine von politischer Einflussnahme freie Wissenschaft kann ihre Funktion, Wissen zu produzieren, optimal erfüllen. Die »Eigenlogik« des wissenschaftlichen Systems, die darauf zielt, die Produktionsbedingungen von Wissen zu optimieren, wurde bereits skizziert. Wer, wenn nicht die Wissenschaftler:innen selbst, sollte denn besser wissen, wie Erkenntnis bestmöglich zu gewinnen und an welchen Standards Forschung zu messen ist? Welche Gütekriterien dabei anzulegen sind, ist oft so spezifisch für ein Forschungsgebiet, dass man den Expert:innen hier besser nicht hineinreden sollte. Die Selbstbestimmtheit bzw. Autonomie der Wissenschaft ist Bestandteil der Wissenschaft als Methode der Erzeugung von Wissen.

Anders als das Recht auf Meinungsfreiheit ist das Recht auf Wissenschaftsfreiheit dabei kein *egalitäres* Recht, sondern schützt spezifisch das Tun von Personen in ihrer Rolle als *Expert:innen*. Um die Freiheit der Wissenschaft von anderen Freiheiten wie insbesondere der zur Meinungsäußerung zu unterscheiden, bestimmt das Bundesverfassungsgericht »Wissenschaft« als jede Tätigkeit, die »nach Inhalt und Form als ernsthafter planmäßiger Versuch zur Ermittlung der Wahrheit anzusehen ist.«[1] Das ist keine wissenschaftstheoretische Definition, sondern eine rein verfassungsrechtlich-funktionale Bestimmung. Durch sie werden Orte des wissenschaftlichen Diskurses, paradigmatisch die Universität, abgegrenzt von Orten des freien politischen Meinungskampfes (dem Marktplatz, der Bühne, der Wahlkampfarena, dem Stammtisch, dem Parlament und was dergleichen mehr ist). Die Universität ist der Ort, an dem Wahrheitsorientierung obligatorisch ist und an dem, um Gärditz nochmals zu bemühen, die »Eigengesetzlichkeiten rationaler wissenschaftlicher Erkenntnis gegen feindliche Übernahmen« Schutz finden.

Die Wissenschaftsfreiheit gehörte nicht zu den ursprünglichen Menschenrechten des revolutionären 18. Jahrhunderts. Erst lange nach dem Zweiten Weltkrieg tauchte eine selbständige, von der Meinungsfreiheit abgegrenzte Wissenschaftsfreiheit außerhalb Deutschlands in Verfassungen auf. Historisch ist Wissenschaftsfreiheit als Abwehrrecht gegenüber dem Obrigkeitsstaat entstanden. Exemplarisch sei hier Friedrich Christoph Dahlmann, einer der »Göttinger Sieben«, zitiert, der 1843 dem Ansinnen des preußischen Kultusministers Friedrich Eichhorn, zugunsten einer vorrangig berufsbezogenen Ausrichtung in die Lehre einzugreifen, mit den Worten begegnete, der Hof wünsche »Kenntnisse für seine Untertanen, aber keine Wissenschaften«. Nach Gärditz besteht die politische Funktion einer selbständigen Wissenschaftsfreiheit, die über bloße Meinungsfreiheit hinausgeht und keinesfalls zu bloßer akademischer Meinungsfreiheit »verzwergt« werden darf, darin, »entpolitisierte Prozesse der Wahrheitsfindung gegen politischen Zugriff zu armieren«.

Die Schere im Kopf

Ist der Ruf nach Wissenschaftsfreiheit für uns, die wir das Privileg genießen, nicht mehr in einem Obrigkeitsstaat, sondern in einer liberalen Demokratie zu leben, nicht ein Anachronismus? Wohl kaum. Die Wissenschaftsfreiheit sinkt in den letzten Jahren auffallend in Demokratien wie den USA, dem Vereinigten Königreich, Österreich, Litauen und den Niederlanden. Auch wenn Deutschland nach wie vor einen Platz unter den besten 10% des »Academic Freedom Index« einnimmt, sind wir von der Spitze auf Platz 11 abgerutscht.

Ausgerechnet im vom Bundesministerium für Bildung und Forschung (BMBF) ausgerufenen Wissenschaftsjahr »Freiheit« schafft es ebendieses Ministerium mit der »Fördergeldaffäre« in den Jahresbericht des *Academic Freedom Monitoring Project* von

---

1 BVerfGE 35, 79, vgl. BVerfG, 1 BvR 424/71.

Scholars at Risk: Im BMBF wurden Namenslisten missliebiger Wissenschaftler:innen erstellt, die am 8. Mai 2024 einen (trivialerweise von der Meinungsfreiheit gedeckten) offenen Brief unterzeichnet hatten. Maßgebliche BMBF-Mitglieder forderten daraufhin Selbstzensur solcher »verwirrter Gestalten« aus Sorge um förderrechtliche Sanktionen als legitimes Mittel im Kampf gegen den »politischen Gegner«. Hier missbrauchen einem Ministerium dienende Parteimitglieder die Exekutive – die gar keinen politischen Gegner kennt! – als Instrument des parteipolitischen Kampfes. Die »Schere im Kopf«, die dabei entstehen soll, ist im Orwellschen Sinne Selbstzensur als Freiheit, und man darf fragen, ob es nicht durch mangelhafte Aufarbeitung und untaugliche personelle Konsequenzen, u.a. ausgerechnet der Beförderung ihrer Protagonist:innen, gelungen ist, sie in die Köpfe bestehender und potentieller zukünftiger Zuwendungsempfänger:innen einzupflanzen. All dies offenbart eine recht plumpe Ignoranz gegenüber dem Grundrecht der Wissenschaftsfreiheit – sei es aus mangelndem Respekt gegenüber dem Grundgesetz oder schlicht aus Unkenntnis und fehlendem Problembewusstsein.

Wissenschaft im Dienste der Gesellschaft

Ein subtileres Projekt, das ungleich nobleren Motiven entspringt, aber dennoch mit der Wissenschaftsfreiheit nicht vereinbar ist, greift der St. Gallener Wirtschaftsethiker Thomas Beschorner auf. Beschorner beklagt eine Entkopplung und Entfremdung »der« Wissenschaft von »der« Gesellschaft und macht hierfür die »dysfunktionale Eigenlogik« des »Groß-Systems« Wissenschaft verantwortlich. Diese belohne fleißiges Publizieren in Top-Journals, gesellschaftliches Engagement jedoch nicht. Beschorners Rezept: Es seien »Kriterien zu einer neuen wissenschaftlichen Güte« gefordert, die den Dienst an der Gesellschaft zum Bestandteil wissenschaftlicher Qualität machten.

Entworfen wird hier ein Zerrbild von Wissenschaft, basierend auf einer falschen Dichotomie von Wissenschaft und Gesellschaft. Es lässt die Dystopie einer gelenkten Wissenschaft aufscheinen und verkennt, dass die:der Wissenschaftler:in immer zugleich Bürger:in ist. Welche gesellschaftlichen Bedürfnisse im Einzelnen die Wissenschaft derzeit so unzureichend erfüllt, dass sich dies nur durch Einschränkung ihrer Autonomie beheben ließe, lässt Beschorner offen. Schließlich gibt es ja zu gesellschaftlich relevanten Themen wie Künstlicher Intelligenz, Klimawandel, Infektionskrankheiten, Konflikten, Migration usw. sehr schnell und zum Teil schon lange, bevor sie in der breiten Gesellschaft ankommen, stark ansteigende Forschungstätigkeit, deren Inhalte sich in der Folge auch in der Lehre und den finanzierenden Organisationen wiederfinden. Man stellt sich überdies die bange Frage, welche gesellschaftliche oder politische Institution denn stattdessen das Steuer übernehmen soll – zumal dies kein Zukunftsprojekt ist, sondern längst schon Eingang in die wissenschaftliche Praxis gefunden hat. Aus ganz verschiedenen Ecken wird Druck aufgebaut, Forschung unter Verweis auf gesellschaftliche Anforderungen in eine Richtung zu drängen oder die Arbeit zu bestimmten Forschungsfragen zu beschränken.

Die Wissenschaft braucht derartige Lenkung nicht, denn sie liefert, bei aller berechtigten Kritik am Wissenschaftssystem im Detail, aus sich heraus ein Optimum an Nutzen für das Gemeinwohl. Ihre Leistungsfähigkeit leidet unter Freiheitseinschränkungen, auch unter gut gemeinten. Nicht zuletzt zeigt sich der Wert von Forschung ohne erkennbaren Nutzen für das Gemeinwohl, auch diffamiert als »Neugierforschung«, in den vielen Forschungsergebnissen, die heute von großer Bedeutung für unser Leben sind und lange, teilweise Jahrzehnte, vorangetrieben wurden, ohne dass absehbar war, ob sie jemals aufs Gemeinwohl einzahlen würden. Wer maßt sich an, heute festzulegen, was wir in 20 oder 50 Jahren brauchen werden?

Einschränkung der Wissenschaftsfreiheit durch nichtstaatliche Akteure

Das gesetzlich verankerte Grundrecht der Wissenschaftsfreiheit, verstanden als Abwehrrecht gegen den Staat, muss demnach auch in liberalen Demokratien immer wieder neu erkämpft werden, auch gegen wohlmeinende, zutiefst moralisch motivierte Akteure. Wer beseelt ist von der Einsicht, dass es so nicht weitergehen kann und die Gesellschaft sich tiefgreifend und dringend transformieren muss, leitet daraus bisweilen weitreichende Befugnisse ab, auch zulasten einer verbrieften Wissenschaftsfreiheit.

Dies betrifft nicht nur staatliche, sondern auch nicht-staatliche Akteure, und damit komme ich zu meiner abschließenden Frage. In dem offenen Brief, der die Fördergeldaffäre auslöste, verpflichten sich die Unterzeichner:innen darauf, ihre Studierenden »zu schützen und sie in keinem Fall Polizeigewalt auszuliefern«. Dies zog eine Debatte darüber nach sich, ob damit, wie etwa von dem Politikwissenschaftler Wolfgang Kraushaar diagnostiziert, das Gewaltmonopol des Staates in Frage gestellt würde.

Mit Blick auf Wissenschaftsfreiheit bedeutsam ist demgegenüber die Frage, ob Aktivist:innen, also nicht-staatliche Akteure, unter Berufung auf ihre *Meinungs*freiheit als kleine, aber laute Gruppe ihrerseits die *Wissenschafts*freiheit anderer Mitglieder des Campus einschränken können. Dabei geht es mir ausdrücklich nicht um eine grundsätzliche Ablehnung von Aktivismus auf dem Campus, und auch nicht darum, die mögliche epistemische Relevanz von Aktivismus in Frage zu stellen, der mit seinem Nachdruck auch Erkenntnisprozesse in Gang setzen kann. Aber Aktivist:innen machen auch von disruptiven Protestformen Gebrauch und unterbinden so, teils durchaus robust, den Lehr- und Forschungsbetrieb und greifen selbstbewusst in die Rechte anderer ein. Und das nicht in einem Obrigkeitsstaat, sondern in der Universität einer liberalen Demokratie als dem paradigmatischen Ort eines freien, allerdings *epistemischen* Diskurses.

Polizeieinsätze zum Schutz vor Aktivist:innen grundsätzlich abzulehnen, lässt die Möglichkeit unter den Tisch fallen, dass Wissenschaftsfreiheit durch Aktivist:innen eingeschränkt werden kann. Die Wissenschaftsfreiheit muss auch gegen die Meinungsfreiheit geschützt werden – und das gibt das Grundgesetz her, wie der Heidelberger Jurist Ekkehard Reimer darlegt: Der Gesetzgeber müsse die Demarkationslinie zwischen der Wissenschaft in Artikel 5 Absatz 3 GG einerseits und dem Marktplatz der Meinungen im Sinne des Artikels 5 Absatz 1 GG andererseits klar und präzise ziehen. Indes dürfen Universitäten, anders als Reimer es zuspitzt, durchaus ein Ort nicht nur der epistemischen, sondern auch der politischen Debatte sein – jedoch nur innerhalb der durch die Wissenschaftsfreiheit gezogenen Grenzen, als da wären: zum einen die Beschränkung der Domäne durch die die Wissenschaft konstituierende Wahrheitsorientierung, zum anderen »epistemische Offenheit« und »epistemische Gerechtigkeit« als Freiheitsbegriffe: Alle potentiell Erkennenden sollen die gleiche Freiheit haben, am Diskurs teilzunehmen, und dabei freimütig sprechen können, ohne Sanktionen befürchten zu müssen.

Jenseits der abstrakten Auslegung des Grundgesetzes scheint mir hier für die Praxis noch eine »Regelungslücke« zu bestehen. Wir sollten einen demokratischen Prozess aufgleisen, der bezüglich legitimer Interessen aller Seiten, auch der aktivistischen, Rechtssicherheit schafft. Diese Einigung ist dann möglich, wenn, wie zu hoffen ist, alle Beteiligten, auch die Aktivist:innen und ihre Fürsprecher:innen, sich klarmachen, dass Wahrheitsorientierung nicht bloß eine Schrulle von Wissenschaftler:innen, sondern ohne Wahrheitsorientierung auch in der Politik eine freiheitliche Demokratie nicht möglich ist. Die:der Wissenschaftler:in weiß sich über die Wahrheitsorientierung in einer Allianz mit allen echten Demokrat:innen. Wir alle haben einen Wahrheitsanspruch.[2]

---

2 Dieser Beitrag wurde am 23. Oktober 2024 unter dem Titel *Wahrheit und Bullshit* von Sabine Döring als Gastbeitrag in der *Frankfurter Allgemeinen Zeitung* vorveröffentlicht. Vgl. Sabine Döring, *Wahrheit und Bullshit*, online einsehbar unter: https://www.faz.net/aktuell/wissen/forschung-politik/verhaeltnis-von-wissenschaft-und-politik-abhaengigkeit-und-unabhaengigkeit-110061476.html (zuletzt aufgerufen am 07. Januar 2025).

III Digitalität – Künstliche Intelligenz –
    Öffentlichkeit

Welche Sicherheit? Vertrauen zur Zeit des *Democratic Backsliding*[1]

Barbara Prainsack

Weltweit gesehen sinkt der Anteil der Bevölkerung, der in Demokratien lebt, beständig. Zugleich nimmt auch die Qualität der Demokratie in vielen Ländern ab. Laut der *V-Dem Studie*, die Demokratieentwicklung anhand von über 600 Indikatoren misst, sind etwa Ungarn, Türkiye und Indien keine Demokratien mehr, sondern elektorale Autokratien – also Länder, die noch formal freie Wahlen abhalten, denen aber andere wichtige Kennzeichen liberaler Demokratien fehlen, wie Wissenschafts- und Pressefreiheit, oder eine unabhängige Justiz[2]. Weltweit befinden sich 40 Länder gerade am Weg von der Demokratie zur Autokratie.

Landläufig wird für diese Entwicklung häufig Populismus verantwortlich gemacht. Im weitesten Sinne meint Populismus das Mobilisieren der Bevölkerung gegen vermeintliche Eliten. Wesentliche Unterschiede bestehen hinsichtlich der Frage, wer jeweils zu diesen Gruppen gezählt wird. Während im Linkspopulismus beide Gruppen nach ökonomischen Kriterien definiert werden – z. B. in der Mobilisierung der arbeitenden Menschen gegen die Reichen – definieren Rechtspopulist:innen »das Volk« meist so, dass weite Teile der Bevölkerung ausgeschlossen sind: Mitgrant:innen, Bezieher:innen von Sozialtransfers, oder Andersdenkende. Als »Elite« werden all jene verunglimpft, die einem autoritären Umbau des Staates entgegenstehen: die Wissenschaft, die Medien, missliebige Richter:innen, und sogar gewählte Volksvertreter:innen. Die Europäische Gruppe für Ethik (EGE), ein Beratungsgremium der EU-Kommission, warnte in einer Stellungnahme kürzlich davor, die Gefahr des rechten Populismus nur dort zu sehen, wo demokratische Institutionen offen angegriffen werden[3]. Ebenso gefährlich, so die EGE, sei das Aushöhlen der Demokratie fernab der öffentlichen Bühnen – etwa indem Wähler:innen auf digitalen Plattformen ma-

---

1 Dieser Beitrag baut u.a. auf einem Artikel auf, den die Autorin unter dem Titel »Was den Rechtsruck wirklich befeuert« am 06. Juli 2024 in der Tageszeitung *Der Standard* veröffentlichte.
2 Vgl. Marina Nord, Martin Lundstedt, David Altman, Fabio Angiolillo, Cecilia Borella, Tiago Fernandes, Lisa Gastaldi, Ana Good God, Natalia Natsika & Staffan I. Lindberg, *Democracy Report 2024: Democracy Winning and Losing at the Ballot*, University of Gothenburg: V-Dem Institute 2024.
3 Vgl. European Group on Ethics (EGE), *Defending Democracy in Europe*, Brüssel: Publications Office of the European Union 2024, online einsehbar unter: https://op.europa.eu/en/publication-detail/-/publication/4c190332-232e-11ef-a251-01aa75ed71a1/language-en/format-PDF/source-323612981 (zuletzt aufgerufen am 20. Dezember 2024).

nipuliert oder unabhängige Medien oder zivilgesellschaftliche Organisationen unter Druck gesetzt werden.

Die häufige Diagnose, der Hauptfaktor für rechte Wahlerfolge sei die irreguläre Migration, verwechselt dabei ein Symptom mit der Ursache. Zwar nennen Wähler:innen rechter Parteien in vielen Ländern Migration als wichtigen Grund für ihre Wahlentscheidung. Dies ist wenig verwunderlich angesichts eines politischen Diskurses, der von Nullsummenlogik dominiert wird: Wenn ständig betont wird, dass nicht genug für alle da ist, dauert es nicht lange, bis sich der Ärger gegen jene richtet, die sich am wenigsten wehren können. Die Diskussion über irreguläre Migration als Hauptursache des Rechtsrucks in Europa lenkt zudem von einer mindestens ebenso wichtigen Debatte ab: Immer mehr wissenschaftliche Studien zeigen eine Verbindung zwischen Austeritätsprogrammen – also staatlicher Sparpolitik – und der Popularität rechter und autoritärer politischer Parteien[4]. Auch wenn wir das genaue Wirken dieses Zusammenhangs noch nicht gut genug verstehen, gibt es einige Mechanismen, die plausibel scheinen. Im Namen der Budgetkonsolidierung wurden in nahezu der gesamten westlichen Welt in den letzten Jahrzehnten Einsparungen bei öffentlichen Infrastrukturen und in der Daseinsvorsorge gemacht. Diese Budgetkürzungen wurden durch die Privatisierung öffentlicher Dienstleistungen im Gesundheitswesen, im Wohnungssektor, oder im Energiebereich kompensiert und damit den Unwägbarkeiten des Marktes ausgesetzt, was vielerorts zu sinkender Qualität und höheren Preisen geführt hat. Dabei ging es dabei keineswegs um einen sparsamen Umgang mit öffentlichen Geldern – ein solcher ist natürlich wichtig. Es ging um die Umsetzung der verfehlten Idee, der Staat würde Geld sparen, indem er dies bei den Menschen tut.

Der Staat ist jedoch kein Privathaushalt, der mehr einnehmen muss als er ausgibt, um nicht bankrott zu gehen.[5] Wenn der Staat Geld für Bildung, öffentlichen Verkehr, oder soziale Sicherungssysteme ausgibt, ist dieses Geld bei den Menschen, die damit Güter und Dienstleistungen erwerben oder anderweitig wirtschaftlichen oder sozia-

---

4 Vgl. beispielsweise Leonardo Baccini & Thomas Sattler, Austerity, Economic Vulnerability, and Populism, *American Journal of Political Science* 00, 1–17, doi: 10.2139/ssrn.3766022; Simone Cremaschi, Paula Rettl, Marco Cappelluti & Catherine E. De Vries, Geographies of Discontent. How Public Service Deprivation Increased Far-Right Support for Italy, *American Journal of Political Science* 00, 1–19, doi: 10.1111/ajps.12936; Ricardo Duque Gabriel, Mathias Klain & Ana Sofia Pessoa, The Political Costs of Austerity, *The Review of Economics and Statistics* 2023, 1–45, doi: 10.1162/rest_a_01373; Evelyne Hübscher, Thomas Sattler, & Markus Wagner, Voters and the IMF. Experimental Evidence From European Crisis Countries, *Comparative Political Studies* 57 (11), 2024, 1870–1901, doi: 10.1177/00104140231204229; zum Zusammenhang ökonomischer Unsicherheit und Populismus vgl. auch Gábor Scheiring, Manuel Serrano-Alarcón, Alexandru Moise, Courtney McNamara & David Stuckler, The Populist Backlash Against Globalization. A Meta-Analysis of the Causal Evidence, *British Journal of Political Science* 54 (3), 2024, 892–916, doi: 10.1017/S0007123424000024; Kritisch: Volodymyr Samsonov, Fiscal Austerity as a Driver of Populism in the European Union, *International Journal of Public Policy* 17 (3), 2024, 218–242.

5 Vgl. Warren Mosler, *Seven Deadly Innocent Frauds of Economic Policy*, Virgin Islands: Valance Co Inc 2010; Stephanie Kelton, *The Deficit Myth. Modern Monetary Theory and the Birth of the People's Economy*, New York: Public Affairs 2020.

len Wert schaffen. Investitionen in medizinische Versorgung, Betreuung und Pflege verbessern die physische und psychische Gesundheit. Ein Staat, der bei der Befriedigung wichtiger Bedürfnisse seiner Bürger:innen spart, wird nicht reicher, sondern ärmer: Kürzungen bei Bildung, Kinderbetreuung oder Gesundheitsversorgung verursachen dem Staat mittel- und langfristig höhere Kosten[6] etwa durch Krankheit, hohe Teilzeitquoten bei Eltern, etc. Austeritätspolitik kommt der Gesellschaft sehr teuer – und untergräbt damit ihr eigenes Ziel des Sparens. Viele Investitionen in öffentliche Dienstleistungen und Infrastrukturen dienen nicht der Umverteilung (Redistribution), sondern der so genannten Vorverteilung (Prädistribution): nämlich dann, wenn es um die Verteilung von Gütern geht, bevor Ungleichheiten sich manifestieren. Zugang für alle zu hochwertiger Bildung, Gesundheitsversorgung, Information, aber auch zu leistbarem Nah- und Fernverkehr sind Beispiele für Maßnahmen der Vorverteilung.[7]

Vertrauen in der Krise

Falsch verstandene staatliche Sparpolitik kann gravierende politische Folgen haben. Fehlendes Personal in den Schulen und in der Kinderbetreuung, monatelanges Warten auf Arzttermine, oder unerschwinglich werdende Wohnungen lassen viele Menschen Tag für Tag erleben, dass sie »dem Staat« nichts wert sind. Wenn diese persönliche Erfahrung dann auf Politiker:innen stößt, die lauthals das Gegenteil bekunden, dann erscheint diese Dissonanz als Lüge. Staatlichkeit wird so zum Schimpfwort. »Der Staat« – und öffentliche Institutionen im Allgemeinen – stehen dann nicht mehr für den Dienst an der Bevölkerung, und für den Versuch, eine Vision einer gerechten und lebenswerten Gesellschaft umzusetzen.[8] Immer mehr Menschen sehen Politik und Verwaltung heute als Interessensvertretung ökonomisch mächtiger Partikularinteressen.

Die Diagnose, dass diese Entwicklungen das Vertrauen der Menschen in die Politik beschädigen oder sie »politikverdrossen« machen, wäre allerdings verkürzt. Wie Pippa Norris betont, mangelt es in unseren Gesellschaften nicht an Vertrauen; das Problem für Demokratien liegt vielmehr in der Antwort auf die Frage, wem Vertrauen geschenkt wird.[9] Das sind, wie viele Studien zeigen, häufig autoritäre Populisten, die für sich in Anspruch nehmen, für »das Volk« zu sprechen, und im Namen »des Volkes« häufig genau jene Institutionen und Prozesse aushöhlen, die Demokratie garantieren

---

6 Vgl. hierzu Gabriel et al., *The Political Costs of Austerity*, 2023.
7 Vgl. Barbara Prainsack, *Vom Wert des Menschen. Warum wir ein bedingungsloses Grundeinkommen brauchen*, Wien: Brandstätter 2021, 146–150.
8 Vgl. Hendrik Wagenaar & Florian Wenninger, Eliberative Policy Analysis, Interconnectedness and Institutional Design. Lessons from ›Red Vienna‹, *Policy Studies* 41 (4), 2020, 411–437, doi: 10.1080/01442872.2020.1717456.
9 Vgl. Pippa Norris, *In Praise of Skepticism. Trust but Verify*, New York: Oxford University Press 2022.

und stärken. Woran es mangelt, ist also nicht Vertrauen an sich, sondern Vertrauen in politische Institutionen und Prozesse.[10] Ähnlich verhält es sich mit dem Engagement für Politik: Politikverdrossen sind Menschen heute keineswegs. Sie gehen für Maßnahmen gegen die Klimakrise auf die Straße, oder für das Gegenteil. Sie demonstrieren gegen Corona-Maßnahmen, Impfpflicht, oder für eine bessere Bezahlung der Elementarpädagog:innen. Politische Partizipation findet statt, allerdings oft dort, wo sie ein großer Teil der Wissenschaft nicht sieht: Wenn Partizipation außerhalb der vorgesehenen demokratischen Instrumente – Wahlen, Volksinitiativen, Volksentscheide, oder Bürgerkonferenzen – stattfindet, dann ist sie unsichtbar, oder gilt sogar als Zeichen eines dysfunktionalen politischen Systems. Das muss sich ändern: Formen assoziativer Demokratie sind wertvolle Ergänzungen[11], und nicht Konkurrenz, für formale demokratische Institutionen. Auch jene Formen und Inhalte politischer Partizipation, die der jeweiligen Regierung weltanschaulich nicht zusagen, als demokratische Praxis anzuerkennen, würde dabei helfen, das öffentliche Vertrauen in die Politik wieder zu vergrößern.

Bleiben wir noch ein paar Momente lang beim Vertrauen. Ich möchte hier eine These versuchen, die – wenn sie zutrifft – dabei helfen kann, zu erklären, warum das Vertrauen in staatliche Institutionen in vielen Ländern gerade in den letzten Jahren so stark gelitten hat.[12] Dazu müssen wir einen Blick zurück auf eine Zeit werfen, die viele von uns gerne vergessen möchten: Die COVID-19 Pandemie.

Die Grenzen der Sicherheit

Die vom SARS-COV-2-Virus ausgehende Bedrohung wurde von vielen Regierungen von Anfang an in der Bildsprache des Terrorismus kommuniziert. Von einem »unsichtbaren Feind« war die Rede, der die Bevölkerung terrorisiere. Der französische

---

10   Vgl. Bo Rothstein & Dietlind Stolle, The State and Social Capital. An Institutional Theory of Generalized Trust, *Comparative Politics* 40 (4), 2008, 441–459, doi: 10.5129/001041508X12911 362383354; Robert D. Putnam, *Bowling Alone. The Collapse and Revival of American Community*, New York: Simon & Schuster 2000; Pippa Norris, *Democratic Deficit. Critical Citizens Revisited*, Cambridge: Cambridge University Press 2011; Vgl. auch Noreena Hertz, *The Lonely Century. How to Restore Human Connection in a World That's Pulling Apart*, New York: Crown Currency 2021; Arnstein Aassve, Tommaso Capezzone, Nicolo Cavalli, Pierluigi Conzo & Chen Peng, Social and Political Trust Diverge During a Crisis, *Scientific Reports* 14 (1), 2024, doi: 10.1038/s41598-023-50898-4.
11   Vgl. EGE, *Defending Democracy in Europe*.
12   Vgl. Edelman, *Edelman Trust Barometer 2021*, online einsehbar unter: https://www.edelman.com/trust/2021-trust-barometer (zuletzt aufgerufen am 04. August 2024); Rino Falcone, Elisa Colì, Silvia Felletti, Alessandro Sapienza, Cristiano Castelfranchi & Fabio Paglieri, All We Need Is Trust. How the COVID-19 Outbreak Reconfigured Trust in Italian Public Institutions, *Frontiers in Psychology* 11, 2020, doi: 10.3389/fpsyg.2020.561747; Pew Research Center, *Public Trust in Government: 1958-2024*, 24. Juni 2024, online einsehbar unter: https://www.pewresearch.org/politics/2024/06/24/public-trust-in-government-1958-2024/ (zuletzt aufgerufen am 28. Oktober 2024).

Premier Macron sprach von einer »Generalmobilmachung« gegen das Virus.[13] In Österreich trat der Leiter des Gremiums für gesamtstaatliche COVID-Krisenkoordination regelmäßig im militärischen Tarnanzug in Erscheinung. Auch den Begriff »Lockdown« assoziierten Menschen vielerorts mit dem Kampf gegen Terrorismus – wie etwa bei dem Attentat auf den Boston Marathon im Jahr 2013 – und nicht mit dem Kontext der öffentlichen Gesundheit. Der Gefährder musste gefasst werden, koste es, was es wolle! Die mediale Bildsprache der Pandemiebekämpfung unterstrich die Assoziation mit antiterroristischen Maßnahmen: Menschen in weißen Schutzanzügen in leeren Straßen.

Auch wenn es sich dabei um keine bewusste Strategie handelte: Mit dem diskursiven Rahmen der Terrorismusbekämpfung wurden mittelfristig zwei Dinge zum Problem: Erstens, dass es keinen Täter gab. Wie Ed Yong es unübersetzbar ausdrückte, »[to] grapple with the aftermath of a disaster, there must first be an aftermath«[14]. Auch eine terroristische Bedrohung ist erst dann ganz vorbei, wenn die Täter:innen gestellt sind. Das Virus eignete sich jedoch nicht dazu, enttarnt und getötet zu werden. Es breitete sich schneller aus als man es eindämmen konnte, und dann mutierte es auch noch. Das Resultat war, dass viele Menschen in ihrer unbewussten und immer auswegloser werdenden Suche nach »Täter:innen« ihren Mitbürger:innen mit immer größerem Misstrauen entgegentraten. Manche dieser Mitbürger:innen wurden so zu jenen »Tätern:innen«, die man sonst nicht finden konnte. Man rief die Polizei, wenn jemand im Vorgarten eine Party feierte – oder in anderer Weise die Regeln missachtete. Manche befriedigten ihre Suche nach Täter:innen im Glauben an Verschwörungserzählungen, die in unterschiedlichen Varianten jeweils homogenisierende Interpretationen anboten: Immer gibt es eine:n Täter:in, die:der mit üblen Absichten ein Virus freisetzt oder Menschen ohne ihr Wissen Mikrochips implantiert. In Österreich war gerade auch im ersten Pandemiejahr der Glaube an solche Verschwörungserzählungen erschreckend hoch.[15]

Das Regime der Überwachung, das sich in seiner Intention gegen das Virus bzw. seine Verbreitung richtete, wurde als gegen die Bürger:innen wirkend verstanden. Digitales Contact-Tracing, Ausgangsverbote, und die Polizeistreifen, die vielerorts Stadtteile und Ortschaften überwachten, wurden von manchen als Unterstützung, von

---

13 Vgl. Le Monde, ›Nous Sommes en Guerre‹: Face au Coronavirus, Emmanuel Macron Sonne la ›Mobilisation Générale‹, 2020, online einsehbar unter: https://www.lemonde.fr/politique/article/2020/03/17/nous-sommes-en-guerre-face-au-coronavirus-emmanuel-macron-sonne-la-mobilisation-generale_6033338_823448.html (zuletzt aufgerufen am 25.10.2022); Klaus Kraemer, How Do State Authorities Act Under Existential Uncertainty?, Culture, Practice & Europeanization 7 (1), 2020, 5–36, doi: 10.5771/2566-7742-2022-1-5, 10.

14 Ed Yong, How Did This Many Deaths Become Normal?, The Atlantic, 08. März 2022, online einsehbar unter: https://www.theatlantic.com/health/archive/2022/03/covid-us-death-rate/626972/ (zuletzt aufgerufen am 28. Oktober 2024).

15 Vgl. Jakob-Moritz Eberl, Noelle S. Lebernegg & Hajo G. Boomgaarden, Alte und Neue Medien: Desinformation in Zeiten der Corona-Krise, Corona Blog, 25. April 2020, online einsehbar unter: https://viecer.univie.ac.at/corona-blog/corona-blog-beitraege/blog21/ (zuletzt aufgerufen am 28. Oktober 2024).

anderen jedoch als Auswüchse eines exzessiven Überwachungsstaats wahrgenommen. Das Resultat war die Dislokation des etablierten Verständnisses von *citizenship*,[16] also der Erwartungen, Praktiken, und Verpflichtungen die individuelle Bürger:innen gegenüber dem Staat wahrnahmen. Der Staat wurde entgegen seinem eigenen Selbstverständnis nicht primär als Beschützer der Bürger:innen vor dem Virus wahrgenommen, sondern als oppressive Macht, die Menschen einerseits zu Verdächtigen macht und ihr Handeln stark reguliert, und gleichzeitig seiner eigenen Verpflichtung als Garant der Sicherheit nicht nachkommt. Auch letzterer Aspekt ist für unsere zentrale Frage, die Krise des Vertrauens, sehr bedeutend.

Unsicherheit 2.0

Meine These lautet, dass *democratic backsliding* – der sowohl quantitative als auch qualitative Rückzug der Demokratie – in der westlichen Welt mit der Abnahme einer spezifischen Art des Vertrauens in öffentliche Institutionen einhergeht, nämlich des Vertrauens darauf, dass »der Staat« (im weitesten Sinn des Wortes) willens ist, öffentliche, soziale, und wirtschaftliche Sicherheit zu garantieren. Vor dem Hintergrund eines weltweiten Trends der *Securitisation*, also der Rahmung vieler Policy-Probleme als Probleme öffentlicher und militärischer Sicherheit[17], mag diese Diagnose auf den ersten Blick verwunderlich scheinen: Bei genauerem Hinsehen wird jedoch die These plausibel, dass Sicherheit, umso mehr sie beschworen und diskutiert wird, im Alltag vieler Menschen immer weniger erfahrbar wird. Sie finden sich außerhalb der Gruppe, die Sicherheit genießen darf und kann – oder zumindest an der Grenze.

In anderen Worten: Es geht nicht nur darum, ob der Staat unterschiedliche Formen der Sicherheit – wirtschaftlich, sozial, militärisch – effektiv garantieren kann. Vielmehr geht es darum, dass staatliche und öffentliche Institutionen von vielen Menschen nicht mehr als willens gesehen werden, es überhaupt zu versuchen. Gleichzeitig löst sich das »wir« der Bevölkerung auf: Viele Menschen sehen sich selbst zu

---

16 Vgl. Isabella M. Radhuber, Christian Haddad, Katharina Kieslich, Katharina T. Paul, Barbara Prainsack, Seliem El-Sayed, Lukas Schlogl, Wanda Spahl & Elias Weiss, Citizenship in Times of Crisis. Biosocial State–Citizen Relations During COVID-19 in Austria, *BioSocieties* 19 (2), 2024, 326–351, doi: 10.1057/s41292-023-00304-z.

17 Vgl. Didier Bigo, Security and Immigration. Toward a Critique of the Governmentality of Unease, *Alternatives* 27, 2002, 63–92, doi: 10.1177/03043754020270S105; Matt McDonald, Securitization and the Construction of Security, *European Journal of International Relations* 14 (4), 2018, 563–587, doi: 10.1177/1354066108097553; Michael C. Williams, Securitization as Political Theory. The Politics of the Extraordinary, *International Relations* 29 (1), 2015, 114–120, doi: 10.1177/0047117814526606c; Sarah Chandler & Seda Gürses, *From Infrastructural Power to Redistribution. How the EU's Digital Agenda Cements Securitization and Computational Infrastructures (and How We Build Otherwise)*, 15. Oktober 2024, online einsehbar unter: https://ainowinstitute.org/publication/from-infrastructural-power-to-redistribution-how-the-eus-digital-agenda-cements-securitization-and-computational-infrastructures-and-how-we-build-otherwise (zuletzt aufgerufen am: 28. Oktober 2024).

Bedrohungen gemacht, indem sie etwa – wie das Beispiel der COVID-19 Pandemie gezeigt hat – sich nicht an die Regeln halten, oder indem sie nicht zu den »Leistungsträger:innen« gezählt werden, die als soziale und ökonomische Sicherheit verdienend gesehen werden. Auch immer größere Teile derjenigen, die sich bisher der sicheren Mittelschicht zugezählt hatten, werden durch rapide steigende Lebenshaltungskosten verunsichert. Statt das Problem beim Namen zu nennen und für gerechtere Vor- und Umverteilung zu sorgen, wird politisch eine Nullsummenlogik bedient, die suggeriert, Unterstützung und Sicherheit seien eine begrenzte Ressource: wenn jemandem etwas gegeben wird, nimmt man damit jemand anderem etwas weg. Durch das mangelnde Vertrauen darauf, dass »der Staat« – als institutionell geronnene Form der Allgemeinheit – versucht, soziale, ökonomische, und öffentliche Sicherheit für die Menschen zu schaffen, verstehen sich Bürger:innen zunehmend als individuelle oder familiäre Einheiten, die allein für sich sorgen müssen – und sich dabei in einem Kampf gegen alle anderen befinden, mit denen sie um knappe Ressourcen konkurrieren.

Der beste Schutz vor der Aushöhlung der Demokratie ist es, jenes Vertrauen wieder herzustellen, das Politikgestaltung in vielen Ländern in den letzten Jahren verloren hat: durch eine Politik, die den Menschen nicht nur sagt, dass ihre Bedürfnisse ernst genommen werden, sondern sie es auch fühlen lässt. Ein wichtiger Weg dazu ist die Stärkung institutioneller Formen der Solidarität, d. h. jener Institutionen, die die Grundbedürfnisse der Menschen auf solidarische Weise befriedigen – so dass alle dazu betragen, wie sie es können, und Unterstützung erfahren, wie sie es brauchen. Gesundheitsversorgung, Daseinsvorsorge, und anderen öffentliche Infrastrukturen sind Formen institutionalisierter Solidarität. Sie sind ein erlebbares Beispiel dafür, dass gesellschaftlicher Wohlstand kein Nullsummenspiel ist.

Grenzphänomene – oder: Die Demokratie ist tot; lang lebe die Demokratie

Matthias Braun

Die ehemalige Vizepräsidentin der Vereinigten Staaten von Amerika, Kamala Harris, wählte im November 2023 auf dem *The Future of Artificial Intelligence Summit* ein eindrückliches Beispiel, um den Zusammenhang von Demokratie und Künstlicher Intelligenz (KI) – hier konkret generativer KI – zu beschreiben:

> When a woman is threatened by an abusive partner with explicit, deep-fake photographs, is that not existential for her? When a young father is wrongfully imprisoned because of biased AI facial recognition, is that not existential for his family? And when people around the world cannot discern fact from fiction because of a flood of AI-enabled mis- and disinformation, I ask, is that not existential for democracy?[1]

Mit den verwendeten Kategorien vom Individuum über Kollektive zu Institutionen und den gewählten Analogien ist zugleich der Ton gesetzt: Missbrauch, Willkür und Existenzkrise sind selten etwas Gutes und selbst die größten Verfechter von Ambiguitätstoleranz und Differenzsensibilität und ebenso kritische Stimmen aus den Reihen der radikalen Politiktheorie können schnell zustimmen, dass diese Analogien Erfahrungen und Zustände beschreiben, die unter keinen Umständen zu tolerieren sind. Zugespitzt formuliert: Die Demokratie, wie wir sie bislang kennen (und anerkennend wertschätzen), ist unter Druck und scheint auf dem Rückzug. Und einer der Gründe dafür, so könnte man Harris' Zitat deuten, scheint Künstliche Intelligenz und die mit ihr (bestenfalls) schwerer gewordene Grenzziehung zwischen richtig und falsch – zwischen Wahrheit und Fiktion.

In den folgenden kurzen Beobachtungen werde ich auf zwei Aspekte eingehen: Zum einen ist da der beschriebene Rückgang von Demokratie als solcher. Hier knüpfe ich an die Überlegungen von Barbara Prainsack an. Zum anderen ist da die Frage nach der Rolle und Bedeutung von Künstlicher Intelligenz für die Entwicklung von Demokratie. Hier werde ich skizzenhaft andeuten, wie Künstliche Intelligenz helfen kann, den Wert und die Bedeutung von Freiheit zu bewahren und Freiheit gewährende Institutionen zu stärken.

Barbara Prainsack beschreibt in ihren Überlegungen,

---

[1] Kamala Harris, *Remarks by Vice President Harris on the Future of Artificial Intelligence*, 01. November 2023, online einsehbar unter: https://www.whitehouse.gov/briefing-room/speeches-remarks/2023/11/01/remarks-by-vice-president-harris-on-the-future-of-artificial-intelligence-london-united-kingdom/ (zuletzt aufgerufen am 16. Dezember 2024).

> [...] dass *democratic backsliding* [...] in der westlichen Welt mit der Abnahme einer spezifischen Art des Vertrauens in öffentliche Institutionen einhergeht, nämlich des Vertrauens darauf, dass »der Staat« (im weitesten Sinn des Wortes) willens ist, öffentliche, soziale, und wirtschaftliche Sicherheit zu garantieren. [...] Bei genauerem Hinsehen wird jedoch die These plausibel, dass Sicherheit, umso mehr sie beschworen und diskutiert wird, im Alltag vieler Menschen immer weniger erfahrbar wird. Sie finden sich außerhalb der Gruppe, die Sicherheit genießen darf und kann – oder zumindest an der Grenze.[2]

Die Demokratie ist auf dem Rückzug, wie auch die unterschiedlichsten Indizes und Messungen zeigen. Zugleich – und auch dies zeigt sich an empirischen Daten – ist der Glaube an die Demokratie ungebrochen hoch: »Faith in democracy has remained high across the globe over the past six years, with 85% saying that it's important to have democracy in their country.«[3] Demokratie scheint also zwar auf dem Rückzug zu sein, dennoch sind zugleich viele Menschen enttäuscht darüber, dass dies so ist. Das mag auf den ersten Blick trivial erscheinen. Auf einen zweiten Blick muss es das aber vielleicht gar nicht sein: Die Enttäuschung über den Rückgang von Demokratie kann zumindest auch als ein Seismograph verstanden werden, dass der Rückgang von Demokratie nicht einfach nur ein Phänomen beschreibt. Vielmehr deutet der enttäuschte Glaube an die Demokratie darauf hin, dass der Rückgang normativ als etwas Schlechtes zu bewerten ist. Man mag (mit Recht) bedauern, dass viele Menschen sich über die Institution Demokratie und die sie tragenden Organisationen beklagen, ihren Wert in Frage stellen oder sich alternative Zukünfte vorstellen. Aber dass Menschen in allen unterschiedlichen gesellschaftlichen wie politischen Positionen und Strömungen an der Demokratie (ungehindert und gar erwünschterweise!) herumnörgeln, kritisieren und viele Menschen eine Idee haben, was alles besser laufen müsste, zeigt ja zugleich den normativen Anker dieser Debatte: Man kann gar nicht anders, als nicht nicht-demokratisch zu sein. Die Geschichte mit allen ihren Unrechtserfahrungen zeigt doch immer wieder: Die Grenze zwischen dem Eigenen und Fremden, dem Selbst und Anderen, aber auch den Normalen und Unnormalen, den Langweiligen und Progressiven, den Gewöhnlichen und Alternativen oder auch den sog. Liberalen und den sog. Bündnissen wie auch dem Demokratischen und Nicht-Demokratischen ist nie einfach da, sondern will anerkannt, gestaltet und bezeugt werden. Frei mit den Worten des jüdischen Philosophen Emanuel Levinas – der einmal so treffend formulierte, dass die Ethik eine Optik sei[4] – könnte man vielleicht auch über die Demokratie sagen: Demokratie ist eine Optik, eine spezielle Sichtweise auf die Gestaltung des gesellschaftlichen Miteinanders. In den spannenden aktuellen Debatten zur Philosophie der Grenze lernen wir dabei wieder neu: Je näher man an die Grenze herantritt, desto weniger bekommt man sie zu fassen. Jede Person, die einmal in den Bergen unterwegs war und entlang von Ländergrenzen oder gar auf diesen gelaufen

---

2 Siehe der Beitrag von Barbara Prainsack in diesem Band.
3 Democracy Perception Index, *Democracy Perception Index*, 2024, online einsehbar unter: https://www.allianceofdemocracies.org/democracy-perception-index/ (zuletzt aufgerufen am 16. Dezember 2024).
4 Vgl. Emmanuel Lévinas, *Totalität und Unendlichkeit: Versuch über die Exteriorität*, übersetzt von Wolfgang Nikolaus Krewani, Baden-Baden: Karl Alber 1987.

ist, weiß, dass man diese nicht mehr sieht, sobald man auf ihnen steht. Zumindest fällt es schwer, zu unterscheiden und bestimmen, wo man sich denn genau befindet. Aus dieser Beobachtung folgt nicht, dass man nicht durchaus sehr exakt sagen kann, wo genau die Grenze verläuft. Dies kann sogar Leben retten, wenn man etwa in einem Notfall der Rettung sagen muss, wo genau man sich denn nun befindet. Es ist eine wichtige Aufgabe, immer wieder Grenzen des Demokratischen auszuloten und zu bestimmen. Zugleich aber kann diese Grenze nicht für sich bestimmt werden. Eine Grenze verläuft zwischen etwas und dient einem bestimmten Zweck. Demokratie als ein Grenzphänomen zu verstehen, bedeutet zugleich, dass man nicht allein bei der Beschreibung ihrer Veränderung stehen bleiben kann. Es erfordert, immer wieder neu zu bestimmen, was Demokratie leisten *soll* und zu *bezeugen,* warum gerade dieses Ziel so bleibend wichtig ist.

Genau an dieser Stelle ist der Impuls von Barbara Prainsack sehr entscheidend. Ihre wichtige Kritik an einer zu starken Fokussierung auf Fragen nationaler – statt wirtschaftlicher, sozialer, und psychologischer – Sicherheit führt zu einer verzerrten Optik mit Blick auf die Frage, was Demokratie eigentlich leisten soll. Und vielleicht etwas provokant: Eine solche Fokussierung erlaubt zugleich zu vielen Teilen des Demos, sich zurückzulehnen und sich nicht verantwortlich zu fühlen. Was schon kann ein einzelnes Individuum im Alltag zur nationalen Sicherheit beitragen? Zumindest wenn Sicherheit in ihrer geopolitischen Dimension diskutiert wird. Diese nicht selten als Machtlosigkeit empfundene Überforderung von Einzelnen führt zu einer Entfremdung und oft auch zu einem Murren. Eine möglicherweise treffende Analogie zeigen die heiligen Texte von Judentum und Christentum, die erzählen, wie das Volk Israel zu murren begann angesichts als zu groß und unerreichbar beschriebener gemeinschaftlicher Ziele. So richtig es ist, Demokratie als fiktiv und imaginativ zu beschreiben, so wird sie doch zugleich hohl und schal, wenn sie nicht einem Ziel dient, das auch unterschiedlichen Individuen in ihrer Unterschiedlichkeit intuitiv plausibel ist und erreichbar scheint.

Eine solche Kritik an einem Fokus auf Fragen nationaler Sicherheit kann natürlich nicht meinen, dass Sicherheit nicht wichtig wäre. Spätestens mit dem Überfall Russlands auf die Ukraine ist erneut schmerzhaft deutlich geworden, welchen Wert und welche Bedeutung Sicherheit hat. Bezeugen wir aber, dass es nicht reichen *soll*, den Rückgang von Demokratie allein zu beschreiben und maximal den Status quo zu sichern, bleibt zu klären, was denn zu dem Paradigma der Sicherheit hinzutreten könnte. Neben Sicherheit braucht es eine Wiederentdeckung und – wie ich an anderer Stelle ausgeführt habe – eine Bezeugung des Werts von Freiheit. Einer Freiheit, die verwundbar und verwundet ist, die nach Lösungen sucht und doch unbeugsam betont, dass jedes menschliche Leben ein Recht hat, gerade in seiner Angewiesenheit als würdevoll anerkannt zu werden. Eine Freiheit, die eben nicht einfach da ist und selbstverliebt auf ihre vermeintlich universell gültigen Rechte pocht, sondern die »in den Riss« tritt und für die gerechte Teilhabe aller streitet. Eine solche Freiheit braucht Demokratie, sie braucht das Sich-Verantwortlich-Fühlen aller ebenso wie das intensive Streiten und Ringen um die beste Lösung. Sie braucht aber auch Institutionen und Strukturen, die sich nicht blind stellen, wo sie selbst zu Treibern von (epistemischer wie struktureller) Ungerechtigkeit geworden sind oder es drohen zu werden.

An dieser Stelle haben sowohl Philip Manow als dann auch in brillanter Zuspitzung Peter Dabrock absolut recht: Die Achtung sozialer Anerkennung, die Bewahrung von Freiheit, gerade in ihrer Verletzlichkeit, kann man nicht ernsthaft behaupten, ohne auch zugleich Fragen der Umverteilung konkret anzugehen. Dabei geht es nicht um Scheindebatten, ab welchem monatlichen Verdienst man arm oder reich ist. Eine solche Grenzziehung täuscht über den eigentlichen Punkt hinweg: Es braucht einen neuen Gesellschaftsvertrag, wie wir Ressourcen (und von Laura Münkler habe ich gelernt, noch einmal neu zu fragen, was eigentlich als eine solche Ressource zu verstehen ist) zur Gestaltung von Freiheit so verteilen, dass nicht Wenige die Gewinne und Viele die Lasten tragen.

An dieser Stelle komme ich zum Anfang des Gedankengangs zurück und der Frage, welche Bedeutung Künstlicher Intelligenz mit Blick auf die beschriebenen Grenzen der Demokratie zukommen könnte. Die naheliegende Interpretation ist sicher die, die auch Kamala Harris beschreibt: KI kann Demokratie bedrohen. Demgegenüber möchte ich eine andere Deutung von KI stark machen. Meine These ist: Ohne Künstliche Intelligenz gibt es in Zukunft keine gelingende Demokratie und wir können sie so verwenden, dass Demokratie auch in Zukunft Sicherheit *und* Freiheit bewahrt.

Künstliche Intelligenz – und damit meine ich Systeme, die ihre Umgebung analysieren und mit einem gewissen Grad an Selbsttätigkeit handeln, um bestimmte Ziele zu erreichen – bildet bestimmte gesellschaftliche Realitäten zu einem bestimmten Zeitpunkt ab. Ein bekanntes Beispiel: Forderte man ChatGPT im Jahre 2022 auf, ein nettes Gedicht über Donald Trump zu schreiben, so wies das System darauf hin, dass dies keine gute Idee sei. Wurde allerdings der Name des damaligen Präsidenten Joe Biden eingefügt und dieselbe Bitte gestellt, so kam das System dieser Aufforderung nach. Künstliche Intelligenz bildet mit diesen Antworten Muster sozialer Anerkennung ab. Hier liegt die erste wichtige Funktion, die (generative) KI einnehmen kann, um Demokratie zu stärken: Sie erlaubt uns, die vorfindlichen Muster sozialer Anerkennung zu verstehen. Etwas zugespitzt: KI nimmt hier eine Spiegelfunktion ein. Das bedeutet nicht, dass sie keiner Prüfung bedarf oder gar solide empirische Studien obsolet würden. Aber bei klugem Einsatz bietet sie eine seismografische Karte, um Muster der gesellschaftlichen Verkennung zu erkennen und frühzeitig deuten zu können.

Die Herausforderung dabei ist, dass die Anwendung von generativer KI zugleich unter dem Vorbehalt steht, strukturelle Ungerechtigkeiten eher zu verfestigen. Nämlich dann, wenn die Ergebnisse der Beschreibung unreflektiert auf die Ebene des Normativen gezogen werden. Es braucht also die Justierung entlang der normativen Pole von Sicherheit *und* verletzlicher Freiheit, um die Beschreibung der technischen Artefakte zu deuten.[5] Marginalisierte Gruppen sowie in aktuellen Aushandlungsprozessen kaum sichtbare Gruppen, wie People of Color, Menschen mit geringem sozioökonomischem Status oder Menschen unterschiedlicher Geschlechtsidentitäten oder sexueller Orientierungen, werden ja nicht allein deswegen sichtbarer, weil eine KI »in Sekundenschnelle« aufdeckt, wie Menschen diskriminieren, missachten und ver-

---

5   Vgl. Matthias Braun & Darian Meacham, A Plea for (In)Human-centred AI, *Philosophy & Technology* 37, 2024, doi: 10.1007/s13347-024-00785-1.

kennen. Aber die Muster der Ausgrenzung zu verstehen und diese Erkenntnisse so zu nutzen, dass Ressourcen innerhalb einer Demokratie entgegengesetzt verwendet werden, würde der Demokratie einen Widerhaken gegen das weitere Abrutschen hinzufügen. Etwas anders formuliert, die Bias und Verzerrungen in den algorithmischen Systemen zu sehen und zu verstehen, erlaubt die eigene verzerrte Optik zu richten.[6]

KI könnte aber so genutzt nicht nur den Fokus von der Frage nach lupenreinsten Demokratinnen und Demokraten hin zu der Frage verschieben, wessen Teilhabe strukturell erschwert oder gar unmöglich ist. Dies ist zwar, wie gesagt, ein wichtiger Beitrag. Ein weiterer Aspekt aber ist, dass wir mit Blick auf KI so früh wie sonst bei kaum einer Technologie die sozialen Folgen nicht nur abschätzen und diskutieren, sondern zugleich Fragen von Regulierung und Governance mit in den Blick rücken. Bei aller notwendigen Kritik an der sog. KI-Verordnung oder dem Europäischen Rechtsakt zur Künstlichen Intelligenz (AI-Act) bleibt zunächst einmal festzuhalten, dass es überhaupt den ernsthaften Versuch einer frühzeitigen Regulierung gibt. Gerade in der Doppelung der Zielprogrammatik des AI-Acts, einerseits einen funktionierenden Binnenmarkt zu schaffen, in dem es Rechtssicherheit und dadurch nicht zuletzt einen Impuls für neue Innovationen und Investitionen gibt, und andererseits mit dem Regulierungsansatz einen wertebasierten Ansatz zu verfolgen, liegt ein Versuch vor, Sicherheit und Freiheit als normative Pole der Gestaltung digitaler Transformationen zu wahren. Insofern ist es ein wichtiger Beitrag des AI-Act, sicherzustellen, dass die Entwicklung und Nutzung von Künstlicher Intelligenz die Grundrechte und europäischen Werte wie Gerechtigkeit, Freiheit und Solidarität achtet.

In der Klammer dieser grundsätzlich positiven Einschätzung – und damit komme ich abschließend zu einem weiteren wichtigen Punkt, den auch Barbara Prainsack anmahnt – kann allerdings ein bisheriges Versäumnis im Umgang mit KI nicht verschwiegen werden: Es wird im Nachdenken über die Nutzung von KI zu viel über die Risiken und zu wenig über die Frage gesprochen, wie der Nutzen aussieht und wer diesen erzielt.[7] Es ist nicht die KI als solche, die ein Risiko für die Demokratie darstellt, sondern die Scheu davor, die Frage nach dem Gewinn und den Profiteuren ernsthaft anzugehen. Eine Demokratie wird nicht allein dadurch wehrhaft, dass man die tatsächlichen wie vermeintlichen Feinde bekämpft, indem man sich auf ihre Agenda einlässt. Dies zu tun, bedeutet nicht nur, dass der Blick scheel und eingetrübt wird. Es bedeutet zudem, aus den Augen zu verlieren, dass Sicherheit und Freiheit einen fairen und gerechten Zugang zu Ressourcen bedürfen.

Der Wert einer Demokratie bemisst sich daran, inwiefern sie Freiheitsgrade von Individuen wie Kollektiven achten und ermöglichen kann. Dafür wird sie verändert und muss es auch werden. Anders Fogh Rasmussen, Leiter der *Alliance of Democracies*

---

[6] Vgl. Mirjam Pot, Nathalie Kieusseyan & Barbara Prainsack, Not All Biases Are Bad. Equitable and Inequitable Biases in Nachine Learning and Radiology, *Insights into Imaging* 12, 2021, doi: 10.1186/s13244-020-00955-7.

[7] Vgl. Barbara Prainsack & Nikolaus Forgó, New AI Regulation in the EU Seeks to Reduce Risk without Assessing Public Benefit. *Nature Medicine* 30, 2024, 1235–1237, doi: 10.1038/s41591-024-02874-2.

Foundation, früherer NATO-General und Dänischer Ministerpräsident, formuliert es folgendermaßen:

> The trend shows we risk losing the Global South to the autocracies. We are witnessing an axis of autocracies forming from China to Russia to Iran. We must act now to make freedom more attractive than dictatorship and unite through an alliance of democracies to push back against the emboldened autocrats.[8]

Etwa die Hälfte der Menschen weltweit, sowohl in demokratischen als auch in nichtdemokratischen Ländern, hat laut Studien das Gefühl, dass ihre Regierung nur im Interesse einer kleinen Gruppe von Menschen handelt.[9] In den vergangenen vier Jahren war diese Wahrnehmung in Lateinamerika am höchsten, in Asien am niedrigsten und hat in Europa – insbesondere in Deutschland – seit 2020 stetig zugenommen. Um diesem Trend entgegenzuwirken, reicht es weder, allein die Bedeutung von Demokratie und Freiheit zu betonen, noch spezifische Technologien vorrangig als großes Risiko zu betrachten. Es braucht eben auch Nüchternheit und Kühnheit, um den inneren Zusammenhang von Sicherheit und der Bewahrung von Freiheit gerade in ihrer Angewiesenheit zu bezeugen.

---

8   Anders Fogh Rasmussen, Democracy Perception Index 2024, online einsehbar unter: URL: https://www.allianceofdemocracies.org/wp-content/uploads/2024/05/DPI-2024.pdf (zuletzt aufgerufen am 16. Dezember 2024), 4.
9   Democracy Perception Index, 2024, online einsehbar unter: https://www.allianceofdemocracies.org/democracy-perception-index/ (zuletzt aufgerufen am 16. Dezember 2024).

Ohne Intelligenz aber wirkmächtig: Künstliche Intelligenz als Akteur im öffentlichen Raum
Algorithmische Statistik als Mythos

Jeanette Hofmann

Das Thema Künstliche Intelligenz (KI) wird zurzeit unter anderem von der Frage bestimmt, wie die Ausbreitung algorithmischer Systeme die Öffentlichkeit verändert. Dahinter steht die Sorge vor Täuschung und Manipulation und vor Kontrollverlust gegenüber einer mächtigen Technik. Wenngleich weniger offensichtlich, ist jedoch auch die umgekehrte Blickrichtung interessant. Diese fragt danach, welchen Einfluss der öffentliche Diskurs auf unsere Wahrnehmung und unser Verständnis von KI hat. In den Kommunikationswissenschaften spricht man in diesem Zusammenhang von »talking AI into being«[1]. Mit dieser schönen Formulierung verbindet sich die Beobachtung, dass öffentliche Diskussionen eine identitätsstiftende Quelle in der Entwicklung von Technologien sind, deren Einsatzmöglichkeiten und -grenzen noch im Dunkeln liegen. Eine besondere Rolle spielen in diesem Zusammenhang Mythen und Metaphern wie etwa die »denkende Maschine«, die algorithmischen Systemen menschliche Züge verleiht. In der aktuellen Berichterstattung werden häufig menschliche und maschinelle kognitive Fähigkeiten verglichen und ein bevorstehender Wettkampf heraufbeschworen. Solche Heroisierungen der Technik sind womöglich unverdient.

Obwohl KI in den letzten Jahren sehr rasch Einzug in die Alltagssprache gehalten hat, ringen die verschiedenen Disziplinen bis heute um eine angemessene Erklärung und Definition. KI blickt auf eine schwierige Bedeutungskarriere zurück, die durch Winter und Sommer, Konkurrenz und Konflikte geprägt ist. Bereits in den 50er Jahren stand der Verdacht im Raum, dass es sich bei KI um eine abwegige Behauptung, wenn nicht um einen bloßen Marketingtrick handelt, der vor allem darauf zielt, Aufmerksamkeit und staatliche Forschungsmittel zu mobilisieren. Und tatsächlich geht es bei Mythen wie der denkenden Maschine in erster Linie nicht um ihren Wahrheitsgehalt, sondern um ihre narrativen, »welterzeugenden« Qualitäten. Im Erfolgsfall beeinflussen sie, was wir von Innovationen erwarten und wie wir sie wahrnehmen.

Als KI wird heute bezeichnet, was bis in die frühen 2000er Jahre als »maschinelles Lernen« galt, nämlich statistische Verfahren des Entdeckens und Verallgemeinerns (bzw. »Erlernens«) von Mustern in Datensätzen, die zur Automatisierung von Vorhersagen, Empfehlungen oder Entscheidungen dienen. Der Begriff KI war dagegen bis Mitte der 2010er Jahre für sogenannte symbolische Ansätze reserviert, die darauf

---

[1] Vgl. Jakob Bareis & Christian Katzenbach, Talking AI into Being. The Narratives and Imaginaries of National AI Strategies and their Performative Politics, *Science, Technology, & Human Values* 47 (5), 2022, 855–881, doi: 10.1177/01622439211030007.

zielen, menschliche Intelligenz maschinell zu reproduzieren. Ein zentrales Merkmal lernender Systeme besteht darin, dass sie ihren Output optimieren, ohne den Sinn ihrer Rechenoperation zu verstehen. Chatbots und ihre Programmierenden müssen weder unsere Frage noch die Antwort verstehen. Maschinelle Intelligenz, wenn man denn an diesem Begriff festhalten möchte, basiert nicht auf »meaning but on mathematics«.[2]

Das »rebranding« von KI als maschinelles Lernen und die schnelle Ausbreitung solcher Systeme Mitte der 2010er Jahre hat eine Art terminologischen Notstand ausgelöst, der bis nach Brüssel zu spüren war: Wie unterscheidet sich KI von nicht-intelligenten Softwaresystemen? Fallen Apps, die personalisierte Empfehlungen für Musik oder Filme anbieten, bereits unter KI? In welche Kategorie gehören Programme, die Gerichtsentscheidungen oder Kreditanträge sortieren, die das Strafmaß oder Kandidat:innen für ein Date vorschlagen? Der erste Entwurf des europäischen KI-Gesetzes verbannte die Definition von KI deshalb in einen Annex, um später Anpassungen vornehmen zu können, ohne das gesamte Gesetz novellieren zu müssen. Die politischen Verhandlungen, die der endgültigen Fassung vorausgingen, sprechen dafür, dass die kennzeichnenden Eigenschaften dieser Technologie weniger offensichtlich sind als die öffentliche Diskussion oft suggeriert.

Bemerkenswert ist, dass die Informatik weitgehend ohne den Begriff KI auskommt. Der technikwissenschaftliche Diskurs weicht stattdessen auf Abstraktionen wie prädiktive Technologien oder ›algorithmische Systeme‹ aus oder auf Konkretisierungen wie neuronale Netze und ›classifier‹. KI gilt demgegenüber als ›public facing term‹, der eher in den Kommunikationsabteilungen der IT-Wirtschaft gebräuchlich ist. In einer öffentlichen Diskussionsrunde schlug ein Vertreter von Google kürzlich vor, anstelle von KI lieber von ›computational statistics‹ zu sprechen. Die Feststellung, dass sich hinter dem emotional aufgeladenen Konstrukt KI eigentlich computergestützte Statistik verbirgt, ist auch an die sozialwissenschaftliche Forschung anschlussfähig, die algorithmische Systeme als spezifische Form der Kalkulation betrachtet.[3] Demnach beruhen Leistungen wie die Texterstellung oder Bilderkennung, die auf den ersten Blick intelligent erscheinen, auf probabilistischen Verfahren, die soziale Phänomene und Vorgänge, die fest in der analogen Welt der Dinge verankert sind, berechenbar machen.

Wesentlich aus sozialwissenschaftlicher Sicht ist, dass die Quantifizierung bzw. Datafizierung sozialer Zusammenhänge ein kreativer Prozess ist, der keine unschuldigen Abbilder der Wirklichkeit erzeugt, sondern die Welt mithilfe mathematischer Verfahren neu und tendenziell reduktionistisch interpretiert. Trainingsdatensätze werden hierfür in multidimensionalen Wahrscheinlichkeitsräumen auf Muster und mögliche Regeln hin geprüft mit dem Ziel, Klassifikationen und Modelle zu erzeugen, die Vorhersagen im Hinblick auf künftige Datensätze erlauben. Die Qualität solcher

---

2   Vgl. Mireille Hildebrandt, The Artificial Intelligence of European Union Law, *German Law Journal* 21 (1), 2020, 74–79, doi: 10.1017/glj.2019.99.
3   Vgl. Adrian Mackenzie, *Machine Learners: Archaeology of a Data Practice*, Cambridge: The MIT Press 2017.

Modelle bemisst sich an ihrer Verallgemeinerungs- bzw. Vorhersagefähigkeit: diese E-Mail ist wahrscheinlich eine Falschnachricht, auf diesem Bild ist eine Katze zu sehen, dieser Leser interessiert sich für Sportnachrichten etc.

Wenn in der öffentlichen Diskussion im Zusammenhang mit algorithmischen Entscheidungssystemen von ›bias‹ bzw. Verzerrungen die Rede ist, dann schwingt hierbei implizit die Annahme mit, dass sich solche Verzerrungen mit hinreichend Anstrengung und Sorgfalt ausräumen lassen. Diese Vorstellung verkennt jedoch die Arbeitsweise und Zielsetzung algorithmischer Systeme. Die Muster, die den Trainingsdatensätzen jeweils abgerungen werden, liegen nicht auf der Hand oder wie es Mackenzie formuliert, »the production of prediction is not automatic, although it is being automated«[4]. Datenbasierte Wahrscheinlichkeitsberechnungen beruhen auf einer Vielzahl von Selektionsentscheidungen, die jeweils auch anders ausfallen könnten. Denn Algorithmische Systeme, so Amoore, produzieren immer Annäherungen an die Wirklichkeit, die gleichermaßen fragil und kontingent sind, weil bereits eine winzige Anpassung ihrer Gewichte zu einer grundlegenden Veränderung des Outputs und der daran anschließenden Entscheidung führen kann.[5]

Als Zwischenfazit lässt sich festhalten, dass sich auch sogenannte selbstlernende Algorithmen nicht selbst programmieren, sondern das Resultat einer Vielzahl menschlicher und algorithmischer Annahmen und Bewertungen sind. Damit wird zugleich gesagt, dass die Verlässlichkeit algorithmischer Empfehlungen oder Entscheidungen voraussetzungsvoller ist, als häufig vermutet wird. Der Output prädiktiver algorithmischer Systeme sollte daher realistischerweise als Vorschlag verstanden werden, als »an arrangement of propositions«[6] über die Welt. Dessen Güte bemisst sich gerade nicht an Wahrheitskriterien, an Sinnhaftigkeit oder Intelligenz, sondern an der näherungsweisen Erfüllung von Zielvorgaben. Entsprechend gelten Algorithmen dann als verlässlich, wenn sie etwa 92% aller Falschnachrichten korrekt identifizieren oder 89% unerwünschter Werbung rausfiltern. Besonders augenfällig wird der abwesende Sinn- und Wahrheitsbezug in der sogenannten generativen KI, die als Reaktion auf ›prompts‹ eigenständig Texte, Bilder, Töne oder Programme erzeugt. Praktisch hilfreicher Output mischt sich hier mit sogenannten ›Halluzinationen‹, also Antworten, die wie aus der Luft gegriffen wirken.

Was nun bedeutet die Ausbreitung prädiktiver algorithmischer Systeme für den öffentlichen Raum? Vorhersagemaschinen, so die These, sind Wissensmaschinen, sie wirken infrastrukturell, aber auch epistemisch.

---

4   Adrian Mackenzie, The Production of Prediction: What does Machine Learning Want?, European Journal of Cultural Studies 18 (4), 2015, 429–445, doi: 10.1177/1367549415577384, 444.
5   Vgl. Louise Amoore, Cloud Ethics. Algorithms and the Attributes of Ourselves and Others, Durham: Duke University Press 2020.
6   Ebd., 13.

Algorithmische Infrastrukturen

Lernende Algorithmen spielen eine heute nicht mehr wegzudenkende Rolle in der Organisation des öffentlichen Raums. Sie identifizieren und filtern, sortieren bzw. kuratieren und annotieren, sie empfehlen und personalisieren; und keine dieser Funktionen erscheint angesichts der anschwellenden Informationsflüsse, die wir tagtäglich produzieren, noch ernsthaft verzichtbar. Offenkundig benötigen wir Algorithmen für eine Selektion der Inhalte, die wir täglich aufnehmen, aber auch für die Auswertung der Daten, die unser Handeln im Digitalen erzeugt. Allerdings ist die vorherrschende Bewertungs- und Selektionslogik dieser Systeme weder zwingend noch alternativlos. Im Gegenteil, es spricht sehr viel dafür, über alternative Optimierungsstrategien nachzudenken.

Wichtige Wegbereiter für die Ausbreitung prädiktiver algorithmischer Systeme waren Unternehmen wie Amazon und Netflix, die bereits in den späten 1990er Jahren begannen, die Konsumhistorie ihrer Kund:innen daraufhin zu befragen, welche Filme und Bücher diese auch noch interessieren könnten: »Kunden, die dieses Buch gekauft haben, kauften auch...«. Auch Spamfilter setzten in diesem Zeitraum bereits prädiktive Algorithmen ein, um auf der Basis von Wortkombinationen die Wahrscheinlichkeit von unerwünschter Werbung zu berechnen. Je mehr Kund:innendaten zur Verfügung standen, desto besser ließen sich diese Vorhersagemaschinen trainieren. Insofern gibt es einen unmittelbaren Entstehungs- und Wirkungszusammenhang zwischen der Ausdehnung des Internets, der hierdurch möglich werdenden Indexierung und Datafizierung immer umfangreicherer gesellschaftlicher Lebensbereiche und dem Aufkommen sozialer Netzwerke bzw. Plattformen, die sich in den 2010er Jahren als neuer Typus digitaler Koordination etablierten. Obwohl algorithmische Vorhersage, große Datensätze und die Etablierung von Plattformen als datenproduzierende, entwickelnde und anwendende Akteure der Datenanalytik also unmittelbar zusammenhängen, sollte hier dennoch nicht auf einen vorgefertigten Plan einzelner Organisationen geschlossen werden. Die Expert:innen sprechen in dieser Hinsicht von einem ›emergenten System‹, das sich in nicht vorhersehbarer Weise durch die Interaktion seiner Bestandteile fortentwickelt.

Ihren Durchbruch im öffentlichen Raum erlebten prädiktive algorithmische Systeme in den 2010er Jahren, als die großen Kommunikationsplattformen den wirtschaftlichen Wert von Verhaltensdaten entdeckten. Als Pionier gilt wiederum Google, das als erstes dazu überging, die gesammelten Verhaltensdaten ihrer Nutzenden für Werbekunden aufzubereiten. Damit begann die Konvertierung von Nutzungsdaten in das, was Zuboff[7] so treffend als »behavioral surplus« bezeichnet: Vorhersagen über das Klick- bzw. Nutzungsverhalten werden das zentrale Produkt eines Markts, auf dem Informationen über wahrscheinliches künftiges Verhalten gehandelt wird.

Je größer die Nachfrage, desto höher wurde der Anreiz, Verhaltensdaten zu sammeln und ihre Qualität, genauer: die ›engagement prediction‹ zu steigern. Der Da-

---

7 Shoshana Zuboff, *Das Zeitalter des Überwachungskapitalismus*, übersetzt von Bernhard Schmid, Frankfurt am Main: Campus 2018.

seinszweck von Plattformen orientierte sich nun daran, möglichst viele Verhaltensdaten zu erzeugen, um daraus Werbeeinnahmen zu generieren. Seither haben sich Empfehlungsalgorithmen gewissermaßen zum technischen Herz von Plattformen[8] und zugleich zu einer zentralen Koordinierungsinstanz des digitalen öffentlichen Raums entwickelt.[9] Ihre strukturierende Logik wirkt weit über Plattformen hinaus und erfasst auch die klassischen Nachrichtenmedien.

Prädiktive Empfehlungsalgorithmen und die mit ihnen verbundene Personalisierung von Inhalten hat eine neue Selektionslogik in die öffentliche Kommunikation eingeführt, die sich primär an der Popularität und nicht länger an den Relevanzkriterien des professionellen Journalismus orientiert. Plattformen sind in diesem Sinne zu nichtjournalistischen Betreibern öffentlichkeitsgenerierender Infrastrukturen avanciert, die beeinflussen, welche Nachrichten sichtbar sind und welche randständig bleiben, ohne sich für diese Ausübung von Meinungsmacht politisch rechtfertigen zu müssen. Print- und Rundfunkmedien sehen sich heute gezwungen, spezielle Angebote für die verschiedenen Plattformen zu erstellen, um die junge Generation überhaupt noch zu erreichen. Mithin führt an den Plattformen und ihren Empfehlungsalgorithmen kein Weg mehr vorbei.

Diese Entwicklung wird von einer deutlichen Machtverschiebung von den alten zu den neuen Medien begleitet. Letztere konzentrieren nicht nur einen großen Anteil der Werbeeinnahmen auf sich, sondern sie haben auch ein Quasimonopol im Bereich der Nutzungsdaten aufgebaut. Die alten Medien wiederum scheinen neben ihrem Geschäftsmodell auch ihre klassische Gatekeeper Rolle im öffentlichen Raum verloren zu haben. Die Empfehlungsalgorithmen der großen sozialen Netzwerke statten eine Vielzahl neuer Akteure mit Sichtbarkeit und Reichweite aus, die in Zeiten massenmedialer Öffentlichkeiten eher marginal waren. Zudem sind die nationalen Themen- und Aufmerksamkeitskonjunkturen aufgrund der Privilegierung populärer Inhalte dynamischer und schwerer vorhersehbar geworden. Beobachtet wird eine zunehmende Tendenz zur Polarisierung und Diversifizierung, vielleicht sogar zur Fragmentierung nationaler Öffentlichkeiten. Zwar lässt sich keine kausale Beziehung zwischen dem Einsatz von Empfehlungsalgorithmen und der Polarisierung des politischen Klimas belegen, aber es scheint plausibel, dass die Personalisierung von Nachrichtenströmen einer Toleranz für andersartige politische Einstellungen nicht eben zuträglich ist.

Noch ungeklärt ist die Frage, welche Folgen die Nutzung generativer KI bzw. großer Sprachmodelle für die öffentliche Sphäre haben wird. Erkennbar ist jedoch schon jetzt, dass die Zahl der nichtmenschlichen Akteure in der Öffentlichkeit zunehmen wird. Auch wenn sich Menschen (und nicht bots) zu Wort melden, kann es sich um hybride Beiträge handeln, an deren Entstehung Menschen und Algorithmen gleicher-

---

8 Vgl. Arvind Narayanan, Understanding Social Media Recommendation Algorithms, *Knight First Amendment Institute*, 09. März 2023, online einsehbar unter https://knightcolumbia.org/content/understanding-social-media-recommendation-algorithms (zuletzt aufgerufen am 14. Dezember 2024).

9 Vgl. Andreas Jungherr & Ralph Schroeder, Artificial Intelligence and the Public Arena, *Communication Theory*, 33 (2–3), 2023, 164–173, doi: 10.1093/ct/qtad006.

maßen beteiligt waren. Angesichts der Vielzahl generativer Chatbots rechnen manche Beobachtende mit Produktivitätssteigerungen in der Recherche und Produktion von Nachrichten und Recherchen, die nicht nur den journalistischen Beruf prekärer machen dürften, sondern womöglich auch ein Mittelmaß in der Berichterstattung stärken werden. Im Vordergrund der Aufmerksamkeit stehen derzeit allerdings Befürchtungen über einen unwiderruflichen Qualitätsverlust des öffentlichen Diskurses mit nachteiligen Wirkungen für die demokratische Meinungsbildung.

Erwartet wird zudem eine Zunahme von Täuschungsversuchen, etwa im Zusammenhang mit Wahlen, denn Chatbots erhöhen die Reichweite und senken den zu betreibenden Aufwand, um manipulative Bilder und Texte zu streuen oder digitale Gewalt auszuüben. Es entbehrt nicht einer gewissen Ironie, dass die Folgen der probabilistisch halluzinierenden, ohne Sinn und Verstand operierenden Chatbots für den öffentlichen Diskurs derzeit kaum Beachtung finden. Stattdessen besteht die Sorge vor einer gezielten Flutung des öffentlichen Raums mit informationellem Müll, der die Möglichkeiten demokratischer Meinungsbildung und die Glaubwürdigkeit von Informationsquellen nachhaltig untergraben könnte. Freilich eignen sich algorithmische Systeme gleichermaßen für Gegenmaßnahmen wie das Aufspüren und Filtern von Nachrichten, sodass ein Wettlauf zwischen Hase und Igel wie im Bereich der Virenbekämpfung entstehen könnte.

Algorithmische »Beobachtungsformate«

Als Motoren digitaler Plattformen haben prädiktive Systeme den öffentlichen Raum nicht nur mit einer neuen Kommunikationsinfrastruktur ausgestattet, sie beeinflussen auch, wie wir die Gesellschaft und uns selbst in Beziehung zu anderen wahrnehmen. Dieser epistemische Wandel vollzieht sich jedoch subtiler und ist deshalb weniger leicht nachzuvollziehen. Erste Anhaltspunkte ergeben sich aus der eingangs zitierten Bemerkung, wonach es sich bei KI im Grunde um nichts anderes als ›computational statistics‹ handele.

In der Soziologie ist unlängst die Frage aufgeworfen worden, worin die Besonderheiten der aktuellen datenanalytisch gestützten Verfahren im Vergleich zur traditionellen Statistik bestehen. Diese Frage ist nicht zuletzt deshalb relevant, weil die Bevölkerungsstatistik um den Beginn des 19. Jahrhunderts herum die Funktion eines neuen »Beobachtungsformats« übernahm, mit dem sich die Gesellschaft erstmals selbst wahrnehmen konnte, wie Bettina Heintz[10] schreibt. Es entstand ein Spiegel des Sozialen, der sich aus Daten zusammenfügte, die auf der Grundlage vorab festgelegter Vergleichsmerkmale wie Religion, Einkommen, Alter, Nationalität, Geschlecht, Familien- und Berufsstand erhoben wurden; Kategorien also, die bis heute identitätsstiftend wirken, weil sie unser Selbst- und Weltverhältnis von früh an prägen.

---

10 Vgl. Bettina Heintz, Big Observation – Ein Vergleich moderner Beobachtungsformate am Beispiel von amtlicher Statistik und Recommendersystemen, *Kölner Zeitschrift für Soziologie und Sozialpsychologie* 73 (1), 2021, 137–167, doi: 10.1007/s11577-021-00744-0.

Empfehlungsalgorithmen, so Heintz weiter, stellen ein Beobachtungsformat dar, das im Unterschied zur Bevölkerungsstatistik relevante Variablen nicht notwendigerweise theoretisch und vorab bestimmt, sondern empirisch aus der Analyse von Trainingsdaten ermittelt. Anders als die Bevölkerungsstatistik, die Individuen als Mitglieder sozialer Gruppen konzipiert, stützen sich Empfehlungsalgorithmen auf Verhaltensdaten, die sich bis auf die einzelne Person genau auswerten und in Echtzeit fortwährend neu kalkulieren lassen: »Man ›ist‹, was man hört, mag oder kauft, und was man ist, ist man immer nur temporär«[11]. Mit den verhaltensbezogenen Beobachtungsformaten werden Klassifizierungen fluider, kontextabhängig und wahrscheinlichkeitsbasiert; selbst die zugeschriebene Nationalität kann variieren, je nachdem, welche Musik man hört, in welcher Sprache man korrespondiert und welche sozialen Kontakte man pflegt. Im Ergebnis entstehen neue Klassifikationen, die sich zu kollektiven Wahrnehmungsformaten verdichten und unsere traditionellen Kategoriensysteme erweitern oder überlagern. Gemeinsam ist diesen Wahrnehmungsformaten das Merkmal mathematischer Berechenbarkeit. Entsprechend lässt sich jede Person als einzigartige Konstellation von Vektoren, als »category of one«[12] abbilden und ›lesen‹.

Was bedeutet eine solche mathematische Reinterpretation des Sozialen, die gewachsene Kategorien und Klassifikationen neu schöpfen, verflüssigen oder mit veränderten Bedeutungen unterlegen kann? Empirisch überzeugende Antworten auf diese Frage werden voraussichtlich noch eine Weile auf sich warten lassen. Es gibt jedoch bereits Hinweise auf semantische Verschiebungen in der Bewertung des öffentlichen Diskurses, die in unmittelbarem Zusammenhang mit der algorithmischen Moderation erwünschter und unerwünschter Meinungsbeiträge stehen.

Um öffentliche Äußerungen automatisiert bewerten und gegebenenfalls herausfiltern zu können, setzen soziale Netzwerke wie auch Zeitungen und Handelsplattformen ›toxic speech detectors‹ ein. Diese algorithmischen Systeme versehen Beiträge von Nutzenden mit einem numerischen Wert, der ihre wahrscheinliche ›Toxizität‹ messen soll. Der Begriff des toxischen Verhaltens hat sich in den 2010er Jahren im Kontext der zunehmenden Kuratierung und Moderation von Redebeiträgen in sozialen Netzwerken etabliert. Obwohl es eine verlässliche Definition diskursiver Toxizität nicht gibt und wohl auch nicht geben kann, sind algorithmische Systeme darauf trainiert, diese anhand sprachlicher Äußerungen zu identifizieren und im Spektrum aller Beiträge zwischen ›healthy‹ und ›unhealthy‹ zu verorten. Toxizität bildet hier die Kehrseite einer ›gesunden‹ Kommunikationsumgebung, deren Merkmale ihrerseits Fragen aufwerfen.

Zu beobachten ist die allmähliche Normalisierung einer pathologisierenden Sprache in der Regulierung des öffentlichen Raums. Diese Entwicklung kann den algorithmischen Systemen selbstverständlich weder direkt noch allein angelastet werden. In diesen Kategorien drückt sich auch das verbreitete Unbehagen angesichts der Kommunikationsmacht sozialer Netzwerke und der Folgen einer entfesselten multi-

---

11   Ebd., 159.
12   Vgl. Marion Fourcade & Fleur Johns, Loops, Ladders and Links. The Recursivity of Social and Machine Learning, *Theory and Society* 49, 2020, 803–832, doi: 10.1007/s11186-020-09409-x.

direktionalen Massenkommunikation für den politischen Diskurs aus. Zu befürchten ist, dass das algorithmische Verdikt des Toxischen zum reinigenden Eingriff in den öffentlichen Diskurs animiert. Der politische Streit könnte als ›ungesund‹ delegitimiert und auf Plattformen per ›shadow banning‹ in die Unsichtbarkeit verbannt werden. Agonale Demokratievorstellungen, die den politischen Konflikt als essenziellen Bestandteil kollektiver Selbstbestimmung betrachten, würden unter solchen Bedingungen in die Defensive geraten.

Zusammenfassend lautet die Diagnose, dass statistischen Prädiktionsmaschinen eine erhebliche Wirkungsmacht innewohnt. Obwohl es KI an Intelligenz mangelt und ihr Output keineswegs so vertrauenswürdig ist wie häufig unterstellt, handelt es sich doch um eine Wissenstechnologie, die den öffentlichen Raum verändert und deshalb nicht zu unterschätzen ist. Im Verbund mit Suchmaschinen, Plattformen, Assistenten bzw. Chatbots wirken algorithmische Systeme infrastrukturell; als kategoriale Schemata verändern sie unsere Wahrnehmungsgewohnheiten und mittelbar unsere Weltbezüge. In welcher Weise sie dies tun, bleibt eine offene Frage, der viel Aufmerksamkeit zu wünschen ist.

Über Grenzen veröffentlichen?
Medienethische Anmerkungen zu digitalen Transformationen von Öffentlichkeitspraktiken

Florian Höhne

Einleitung

Morgens beim Frühstück die Tageszeitung lesen, abends mit dem Gong der Tagesschau den Fernsehabend beginnen, in der U-Bahn auf dem Smartphone Social-Media-Beiträge kommentieren, als Reporter:in eine Reportage in einem afrikanischen Land drehen, auf X einen Beitrag teilen und noch vieles mehr: All dies sind Praktiken, in deren Zusammenwirken das be- und entsteht, was Politiktheoretiker:innen und Sozialethiker:innen »Öffentlichkeit« nennen.[1] Und all diese Praktiken verändern sich mit der zunehmenden Nutzung digitaler Techniken: Manche verlieren an Popularität und Selbstverständlichkeit, wie das morgendliche Zeitunglesen; andere sind neu entstanden, wie das Verfassen von Social-Media-Beiträgen – und damit verändert sich »Öffentlichkeit«.

Im Zuge dieser digitalen Transformation der Öffentlichkeit wandeln sich gerade diejenigen journalismusbezogenen Rezeptions- und Produktionspraktiken, in denen Menschen die Grenzen ihrer Alltags- und Lebenswelt überschreiten. Das ist die These, die dieses Essay entfalten wird. Dass Öffentlichkeit mit einer »sozialen Grenzziehung im Bereich von Kommunikation und Wissen«, etwa der Grenzziehung zwischen »öffentlich« und »privat« oder »geheim« zu tun hat, ist freilich kein neuer Gedanke[2] – dieses Essays zielt genauer auf ausgewählte Beobachtung zur Veränderung der Konstitutionsbedingungen praktischer Grenzüberschreitungen in medienethischer Perspektive. Auf dem Weg dahin setze ich bei einer praxistheoretischen Perspektive auf Öffentlichkeit an (2), profiliere journalistische Praktiken als ambivalente Praktiken (4) des Grenzüberschreitens (3) und beziehe dies exemplarisch auf ausgewählte Aspekte digitaler Transformationen (5).

---

1   Zu diesem Verständnis von Öffentlichkeit als Praktikenensemble und deren digitaler Transformation vgl. schon Florian Höhne, »Öffentlichkeit« als Imagination und Ensemble sozialer Praktiken. Zur Relevanz einer Schlüsselkategorie Öffentlicher Theologie in digitalen Kontexten, *Ethik und Gesellschaft* 1, 2019, 1–31, doi: 10.18156/EUG-1-2019-ART-1.

2   Vgl. Bernhard Peters, *Der Sinn von Öffentlichkeit*, hg. von Hartmut Wessler, Frankfurt am Main: Suhrkamp 2007, 56.

Öffentlichkeit als Ensemble von Praktiken

Die Sichtweise, dass sich die Veränderung von Öffentlichkeit in der Veränderung der Praktiken beschreiben und orientieren lässt, in denen Öffentlichkeit ent- und besteht, setzt zwei theoretische Vorbestimmungen voraus. Es liegt ihr erstens ein praxissoziologischer Praxisbegriff zugrunde, wie ihn etwa Andreas Reckwitz (2003) entfaltet hat: Er versteht Praktiken »als Wiederholung und permanente Verschiebung von Mustern der Bewegung und der Äußerung von aktiven Körpern und Dingen [...], welche zugleich durch Formen impliziten Wissens – Know-how-Wissen [...] – zusammengehalten und ermöglicht werden.«[3] Am Beispiel entfaltet: Die Praktik des morgendlichen Zeitunglesen beinhaltet die Bewegungen und Haltungen des Körpers des Lesenden, ein Ding – nämlich die Zeitung – und implizites Wissen, etwa darum, wie die Zeitung zu halten ist, welche Bedeutung welche Artikelplatzierung hat, und nicht zuletzt die Fähigkeit zu lesen. Erst in solchen Praktiken, die Dinge, Körper und Wissen voraussetzen, konnte die »Öffentlichkeit« der Tageszeitungen entstehen.

Praxistheoretische Zugänge lenken die Aufmerksamkeit so auf die konkret ablaufenden Praktiken, auf Dinge, Körper und Wissen in ihrem Zusammenspiel. Unter anderem mit einem solchen praxistheoretischen Zugang hat etwa Andreas Hepp[4] in seiner theologisch jüngst häufig zitierten Mediatisierungstheorie die digitale Transformation auch der Medienöffentlichkeit[5] beschrieben. Praxistheoretisch ist Öffentlichkeit – pointiert gesagt – nur als ein »doing public« zu beschreiben, nicht als eine per se stabile Entität, nur in der Verbform des Veröffentlichens oder rezipierendenseitig des Wahrnehmens.

Durch einen solchen Praxisbegriff gewinnt der eingangs formulierte Satz seine Bedeutung: Im Zusammenwirken konkreter Praktiken be- und entsteht das, was Politiktheoretiker:innen und Sozialethiker:innen »Öffentlichkeit« nennen – oder es entsteht eben nicht. Dieser Satz setzt zweitens einen normativen Öffentlichkeitsbegriff voraus, mit dem sich von Öffentlichkeiten nicht nur im Plural ihres empirischen Vorkommens, sondern auch im Singular einer »regulativen Idee« sprechen lässt.[6]

---

3   Andreas Reckwitz, *Kreativität und soziale Praxis. Studien zur Sozial- und Gesellschaftstheorie*, Bielefeld: Transcript 2016, 61–62; Auch zitiert bei Florian Höhne, *Verantwortung in der evangelischen Ethik. Begriff – Imagination – soziale Praxis*, Berlin/Boston: De Gruyter 2024, 77. Für Ausführlicheres zum Praxisbegriff vgl. Kapitel 2.1 in dieser Monographie, die dort zitierte Literatur und Andreas Reckwitz, Grundelemente einer Theorie sozialer Praktiken: Eine sozialtheoretische Perspektive, *Zeitschrift für Soziologie* 32 (4), 2003, 282–301.
4   Vgl. Andreas Hepp, *Auf dem Weg zur digitalen Gesellschaft. Über die tiefgreifende Mediatisierung der sozialen Welt*, Köln: Herbert von Halem 2021, 150.
5   Vgl. ebd. 183–191.
6   Vgl. Torsten Meireis, »O daß ich tausend Zungen hätte«. Chancen und Gefahren der digitalen Transformation politischer Öffentlichkeit – die Perspektive evangelischer Theologie, in: *Digitaler Strukturwandel der Öffentlichkeit. Interdisziplinäre Perspektiven auf politische Partizipation im Wandel*, hg. von Jonas Bedford-Strohm, Florian Höhne & Julian Zeyher-Quattlender, Baden-Baden: Nomos 2019, 47–62. Öffentlichkeit als Sozialgebilde und Öffentlichkeit »im Singular« stellt schon Pöttker mit diesen Begriffen gegenüber; vgl. Horst Pöttker, Der Be-

Als »regulative Idee« ist Öffentlichkeit im Singular dann mit Torsten Meireis und in Tradition zu Jürgen Habermas aufzufassen »als Raum der zugangsfreien und gleichberechtigten Aushandlungen, die nur durch diejenige[n] Anerkennung bedingt ist, die wir uns auf Grund der Menschenwürde wechselseitig schulden.«[7] Heißt insgesamt konkret: Öffentlichkeit liegt faktisch in einer Vielfalt an unterschiedlich zugangsfreien Praktiken vor, in denen Menschen mal gleichberechtigter, mal nur einseitig kommunizieren; diese Praktiken medienethisch als Öffentlichkeit in Anspruch zu nehmen bedeutet, sie anhand der regulativen Idee einer Öffentlichkeit aufzufinden und zu orientieren.[8]

Öffentlichkeit als Grenzüberschreiten

In medienethischer Perspektive und vor allem im Blick auf den Journalismus ist nun ein Aspekt der als Öffentlichkeit in Anspruch genommenen Praktiken besonders interessant, auf den sowohl journalistische Ratgeberliteratur als auch die Theoriebildung verwiesen haben: Viele – wenn auch nicht alle dieser Praktiken haben mit dem Transzendieren einer »Grenzziehung«,[9] dem Überwinden einer Barriere zu tun. In Öffentlichkeitspraktiken transzendieren Menschen im »sinnhaften Gebrauch«[10] von Dingen und Körpern die in allen drei Praxisrelaten gesetzten Grenzen: die Grenzen des Körpers, dingliche Beschränkungen wie geographische Orte und die Grenzen des eigenen Wissens.[11] Dabei ist das Verhältnis von Überschreiten und Grenze ein dialektisches: gerade im Überschreiten der Grenze wird diese als solche erlebbar – und erst im Erleben der Grenze erscheint deren Überschreitung als Möglichkeit. Was heißt das konkret?

Zunächst zur journalistischen Ratgeberliteratur. Die Reportage ist eine klassische Form journalistischer Wirklichkeitskonstruktion, die nicht nur in Print-, Hörfunk- und Fernsehjournalismus vorkommt, sondern auch in jüngeren Online-Formaten. In seiner Einführung in »Die Reportage« führt Michael Haller[12] diese auf den literarischen Reisebericht und den nachrichtlichen Augenzeugenbericht zurück. Aus beidem leitet Haller die »Funktion der modernen Reportage«[13] ab, Grenzen zu überbrücken:

---

    ruf zur Öffentlichkeit. Über Aufgabe, Grundsätze und Perspektiven des Journalismus in der Mediengesellschaft aus der Sicht praktischer Vernunft, *Publizistik* 55, 2010, 107–128, doi: 10.1007/s11616-010-0083-4, 111.

7 Meireis, *Chancen und Gefahren der digitalen Transformation*, 52.
8 Vgl. ebd., 51–52; Zur darin vorausgesetzten Differenz zwischen normativem Modell und empirischer Realität von Öffentlichkeit: Peters, *Der Sinn von Öffentlichkeit*, 65–69.
9 Peters, *Der Sinn von Öffentlichkeit*, 56.
10 Reckwitz, *Grundelemente einer Theorie*, 291.
11 Vgl. zu allen drei: Klaus Beck, *Das Mediensystem Deutschlands. Strukturen, Märkte, Regulierung*, 2. Auflage, Wiesbaden: Springer Fachmedien 2018.
12 Vgl. Michael Haller, *Die Reportage: Theorie und Praxis des Erzähljournalismus*, 7. Auflage, Köln: Herbert von Halem 2020, 16–48.
13 Haller, *Die Reportage*, 2020, 44–45.

»Der Reporter überwindet soziale Distanzen *und* überschreitet institutionelle Barrieren, die die Bürger auf Distanz halten und aus Sicht der Bürger als unüberwindlich erscheinen.«[14] Die Reportage über einen Lotto-Millionär etwa überwindet die Distanz zwischen der Lebens- und Alltagswelt der Leser:innen und der Welt des Lotto-Millionärs; sie gibt den Lesenden einen Einblick in die andere Welt.[15] Genau solche Grenzen im buchstäblichen wie »im übertragenen Sinn«[16] werden in der Praxis des Erstellens und Rezipierens von Reportagen überwunden – und gerade dabei werden diese Grenzen als solche erlebbar, etwa in der Fremdheit dessen, was Rezipient:innen hier erleben.

Nicht explizit auf den Journalismus, sondern auf die öffentliche Rolle der Ethik bezogen hat Peter Dabrock[17] den Begriff der »Transpartikularisierung« geprägt. Damit hat er die Praktiken, in denen Ethik öffentlich ist und die häufig journalistische Praktiken sind, an einer spezifischen Relationierung von Grenzakzeptanz und -überschreitung orientiert. Eine *»fundamentaltheologisch[.] Rechenschaft«* ablegende Ethik bleibt danach auf das Partikulare einer religiösen Tradition explizit bezogen, in dem »eine Fülle von neuen Herausforderung für den öffentlichen Vernunftgebrauch vorhanden ist, die sich in entsprechenden Situation aufdrängen und dabei weitaus erschließender sein können als die Begriffssprache der säkularen Vernunft«; sie bemüht sich darum »wechselseitig zu übersetzen«, also die Grenzen des Partikularen »auf das Allgemeine hin« zu überschreiten, und wisse gleichzeitig um die »bleibenden Grenzen der Übersetzung«[18].

Im Zug seiner journalismusethischen Überlegungen hat Horst Pöttker[19] vorgeschlagen, Öffentlichkeit primär nicht als Institution zu verstehen, sondern von dem Prinzip ihrer Kommunikationen her, dem »Prinzip ihrer Unbeschränktheit«:

> Demnach ist Öffentlichkeit ein Modus von Kommunikation, der dadurch charakterisiert wird, dass einerseits jede(r) von allem Kenntnis erlangen kann, was jenseits unmittelbarer Erfahrung liegt und für die Lebensgestaltung relevant ist; wofür andererseits [...] auch alle Gegenstände und Probleme, die es gesellschaftlich zu verarbeiten und zu regeln gilt, eine reelle Chance haben müssen, in den Medien Beachtung zu finden.[20]

Öffentlichkeit meint also Kommunikationen, bei denen sowohl die Rezipient:innenrolle prinzipiell allen offen steht – »jede(r)« kann »von allem Kenntnis erlangen« – als auch die Kommunikatorenposition – alle Probleme sollen eine Chance haben, thematisiert zu werden. Während die Konkretionen davon schnell klar machen dürften,

---

14 Ebd., 45.
15 Ein preisgekröntes Beispiel dafür ist die Spiegel-Reportage »Hier ist Totentanz« über den Lotto-Millionär Lothar Kuzydlowski von 1996, online einsehbar unter https://www.spiegel.de/geschichte/spiegel-reportage-1996-lotto-millionaer-lothar-kuzydlowski-a-1127962.html (zuletzt abgerufen am 15. November 2024).
16 Haller, *Die Reportage*, 45.
17 Vgl. Peter Dabrock, *Befähigungsgerechtigkeit. Ein Grundkonzept konkreter Ethik in fundamentaltheologischer Perspektive*, Gütersloh: Gütersloher Verlagshaus 2012, 68–69.
18 Ebd.
19 Vgl. Pöttker, *Der Beruf zur Öffentlichkeit*, 110.
20 Ebd.

dass praktisch keine Kommunikation unbeschränkt ist und es nur um Orientierung daran gehen kann,[21] bleibt spannend, dass Pöttker mit dem Begriff der Unbeschränktheit die Bildwelt der Grenze und Grenzüberwindung aufgreift. Die Schranke markiert die Grenze, ganz buchstäblich etwa zwischen Nationen. Öffentlichkeit hat mit dem Überwinden von Grenzen zu tun, insofern sie an »Unbeschränktheit« orientiert ist. Gerade im Sprachbild der Unbeschränktheit zeigt sich Öffentlichkeit als Gegenbegriff zu »geheim« und »privat«.[22] Während beim Geheimen und Privaten die Grenze zu diesen dadurch markiert ist, dass sie geschätzt wird – durch die verschlossene Wohnungstür, die blickdichte Gartenhecke oder im übertragenen Sinne: die Wahrung von Dienst-, Seelsorge- oder Beichtgeheimnis – wird beim Öffentlichen die Grenze zum Geheimen und Privaten gerade durch ihre Überwindung markiert: durch den Geheimnisbruch, die:den Whistleblower:in oder den Blick, den die Papparazzi durch die Hecke erhaschen. Gerade damit ist schon auf die ethische Ambivalenz des veröffentlichenden Grenzüberschreitens verwiesen, um die es gleich gehen muss (4).

Praxistheoretisch zusammengefasst lässt sich Öffentlichkeit so vom Verb des Veröffentlichens so verstehen: Öffentlichkeit entsteht (auch) durch journalismusbezogene Praktiken des Überschreitens der Grenzen der den Rezipient:innen vertrauten Welten.

Ambivalenz des Grenzüberschreitens

Bezeichnet man eine wichtige Gemeinsamkeit von vielen journalismusbezogenen Öffentlichkeitspraktiken damit, dass sie Grenzen überschreiten, ist damit ein wichtiger Reflexionsgegenstand von Medienethik und insbesondere journalistischer Berufsethik genannt. Denn im Lichte der Normen und Orientierung, die solche Ethiken in journalistischer Praxis auffinden oder an diese herantragen, erscheint das Grenzüberschreiten ambivalent. Es ist eingespannt zwischen das demokratietheoretisch, pragmatisch oder individualethisch berechtigte öffentliche Informationsinteresse einerseits und die in Persönlichkeitsschutz und Menschenwürde begründet Wahrung der Grenze andererseits; zwischen seiner Rolle für die Ermöglichung der »Selbstregulierung« »komplexe[r] Gesellschaften«[23] und der Überforderung mit Informationen[24]; in Anlehnung an Wolfgang Huber[25] gesagt: zwischen der auf Menschenwürde zielenden Hoffnung, die medial grenzüberschreitende Berichterstattung möge eine Rechtsverletzung »an *einem* Platz der Erde an *allen*« spürbar machen und so zur Ge-

---

21 Ebd., 111.
22 Peters, *Der Sinn von Öffentlichkeit*, 55–56.
23 Pöttker, *Der Beruf zur Öffentlichkeit*, 111–14.
24 Vgl. Christoph Neuberger, Internet, Journalismus und Öffentlichkeit. Analyse des Medienumbruchs, in: *Journalismus im Internet. Profession – Partizipation – Technisierung*, hg. von Christoph Neuberger, Christian Nuernbergk & Melanie Rischke, Wiesbaden: VS Verlag für Sozialwissenschaften 2009, 19–105, 50.
25 Vgl. Wolfgang Huber, *Die tägliche Gewalt. Gegen den Ausverkauf der Menschenwürde*, Freiburg/Basel/Wien: Herder 1993, 20–23.25–26.

waltüberwindung beitragen, und der Gefahr, »den Angriff auf die Menschenwürde noch einmal [zu] verdoppeln«[26].

Das ließe sich an den verschiedensten medienethischen (und -rechtlichen) Fallstudien exemplifizieren. Ein Foto des toten Uwe Barschel zu veröffentlichen beinhaltete zahlreiche Grenzüberschreitungen: Vom Eindringen in das private Hotelzimmer bis zur Überschreitung der Pietätsgrenze, den Verstorbenen (nicht) abzubilden. Die Debatte darüber, ob diese Veröffentlichung noch gerechtfertigt oder zumindest verantwortbar ist, stellt genau diese Grenzüberschreitungen in einen evaluativen Rahmen, der diese entweder als Grenzverletzung verurteilt oder als im öffentlichen Interesse begründete Grenzüberschreitung gerechtfertigt sieht.

Unabhängig davon wie derartige Fragen jeweils zu entscheiden sind, zeigt schon deren medienethische und journalismuspraktische Thematisierung, wie sehr und wie oft es in Öffentlichkeitspraktiken ums Überschreiten von Grenzen geht. Zielpunkt dieses Essays ist nun nicht eine Orientierung in diesen Abwägungsfragen, sondern eine Intuition dazu, wie sich die Konstitutionsbedingungen dieses (un)gerechtfertigten, (un)nötigen Grenzüberschreitens auf problematische Weise verschieben.

Vertrauensverschiebungen an der Grenze

Das journalistische Grenzüberschreiten als Öffentlichkeitspraxis setzt Vertrauen in die Subjektpositionen[27] des Grenzüberschreitenden voraus: »Funktionierende Öffentlichkeit verlangt *Vertrauen* in Rollenträger und Institutionen – in Experten und spezialisierte Handlungssysteme wie in Journalisten und Massenmedien.«[28] Grenzüberschreitende Journalist:innen und Redaktionen erzählen Rezipient:innen aus einer Welt, die diese nicht selbst mit eigenen Augen gesehen haben – im buchstäblichen wie im übertragenen Sinne: Sie berichten aus fernen Ländern und sie fassen komplexe Diskurse etwa aus der Wissenschaft zusammen, die hinter den Grenzen der Alltagsrationalität liegen. Diese Erzählungen und Zusammenfassungen helfen Rezipient:innen nur dann, sich in dieser Welt zu orientieren, wenn diese Wirklichkeitskonstruktionen vertrauenswürdig sind und Rezipient:innen ihnen vertrauen. Gerade weil die Grenzüberschreitung des Veröffentlichens oft den Schritt in eine andere unvertraute Welt tut – im buchstäblichen wie im übertragenen Sinne – genau deshalb funktionieren solche Öffentlichkeitspraktiken nicht ohne das Vertrauen in diejenigen Subjektpositionen, die Grenzen überschreiten und aus fremden Welten berichten.

Nun ist es um das Vertrauen in die etablierten Medien in der Bundesrepublik besser bestellt als man denken könnte. So zeigt die Mainzer »Langzeitstudie Medienvertrauen«, »dass eine deutliche Mehrheit dem öffentlich-rechtlichen Rundfunk, den Regionalzeitungen und den überregionalen Tageszeitungen vertraut«, so Beiler und

---

26   Huber, *Die tägliche Gewalt*, 21–22.
27   Für den Begriff vgl. Frieder Vogelmann, *Im Bann der Verantwortung*, Frankfurt am Main: Campus 2014.
28   Peters, *Der Sinn von Öffentlichkeit*, 100.

Krüger[29] in einem Text über die »Vertrauenskrise des Journalismus«. »Doch sind auch 11 Prozent der Meinung, dass die Bevölkerung von den Medien systematisch belogen werde. [...] (Stand Ende 2020)«[30]. Es ist ein Problem, wenn ein »Teil der Bevölkerung« journalistischen Wirklichkeitskonstruktionen massiv misstraut.[31] Und dabei dürfte gegenwärtig und vor allem künftig neben anderen Faktoren auch die digitale Transformation eine Rolle spielen.

In dem Mediensystem, das sich in der Bundesrepublik Deutschland mit den Massenmedien Print und Rundfunk etabliert hatte, waren Organisationen und Institutionen[32] entstanden, die dieses Vertrauen auf Dauer stellen: das institutionalisierte Vertrauen etwa in die Arbeit abonnierter Zeitungen oder die Nachrichten der Tagesschau.[33] Doch dieses Vertrauen verschiebt sich, wie schon Eli Pariser[34] festgestellt hat: Was tritt an die Stelle dieses institutionalisierten Vertrauens, wenn Menschen ihre Informationen hauptsächlich oder ausschließlich aus sozialen Netzwerken und über online Plattformen beziehen? Genau in dieser Frage liegt eine entscheidende Herausforderung der digitalen Transformationen für (journalistische) Medienpraxis genauso wie für die darauf bezogenen (sozial-)ethischen Reflexionspraktiken.

Die Frage ist aus mindestens zwei Gründen drängend: Unter der Überschrift »Filter Bubble« hatte Eli Pariser[35] davon geschrieben, wie sich auf Plattformen ein jeweils »ganz eigenes Informationsuniversum für jeden von uns« institutionalisiert. Insofern[36] Filterblasen in Netzpraktiken tatsächlich eine Rolle spielen, werden in ihnen Grenzüberschreitungen unwahrscheinlicher: Was die Grenze der eigenen Alltagsrationalität, Sehgewohnheit und Vorlieben transzendiert, begegnet weniger oder gar nicht mehr.[37] Damit ist weniger Vertrauen nötig. Es muss weniger Vertrauen erlernt werden – und es entsteht in den entsprechenden Praktiken weniger Öffentlichkeit im oben genannten, normativen Sinne.

Zweitens: Im Zug der Weiterentwicklung so genannter Künstlicher Intelligenz sind neue, zugänglichere und einfachere Möglichkeiten entstanden, Bilder und Videos zu manipulieren oder zu erstellen. Wenn Bilder und Videos aber immer »gefälscht« sein

---

29 Markus Beiler & Uwe Krüger, *Vertrauenskrise des Journalismus*, online einsehbar unter https://www.bpb.de/shop/zeitschriften/izpb/medienkompetenz-355/539985/vertrauenskrise-des-journalismus/ (zuletzt aufgerufen am 20. Dezember 2024).
30 Ebd.
31 Vgl. ebd.
32 Vgl. Beck, *Das Mediensystem Deutschlands*, 14–30.
33 Vgl. ebd., 27.
34 Vgl. Eli Pariser, *Filter Bubble. Wie wir im Internet entmündigt werden*, München: Hanser 2012, 73–76.
35 Vgl. Ebd., 17; Birgit Stark, Melanie Magin & Pascal Jürgens, Maßlos überschätzt. Ein Überblick über theoretische Annahmen und empirische Befunde zu Filterblasen und Echokammern, in: *Digitaler Strukturwandel der Öffentlichkeit. Historische Verortung, Modelle und Konsequenzen*, hg. von Mark Eisenegger, Marlis Prinzing, Patrik Ettinger & Roger Blum, Wiesbaden/Heidelberg: Springer 2021, 303–322, 306.
36 Zur empirischen Überprüfung der Filterblasen-These vgl. den Überblick bei Stark, et al., *Maßlos überschätzt*.
37 Vgl. Pariser, *Filter Bubble*, 20.

könnten, wird die Frage wichtig: »Wie kann man das Vertrauen des Publikums erhalten, wenn die Öffentlichkeit mit Fälschungen und Verzerrung geflutet wird?«[38]

Beide Gründe zeigen, dass digitale Transformationen neben allen Vorzügen und Chancen auch die Herausforderung mit sich führen, Medienvertrauen unwahrscheinlicher zu machen – und zwar genau dasjenige Vertrauen, das in Medienpraktiken nötig ist, damit Teilnehmer:innen an diesen Praktiken Grenzen transzendieren können. Nun ist dieses Transzendieren von Grenzen wie gesagt auch nicht unzweideutig gut, aber spezifische Grenztranszendierungen sind es eben doch – und gerade über diese wünschenswerten Grenztranszendierungen entsteht, was Ethiker:innen »Öffentlichkeit« im normativen Sinne nennen.

---

38 Beiler & Krüger, *Vertrauenskrise des Journalismus*.

Die Mensch-Maschinen-Grenze
Zum Verhältnis von Mensch und Technik in Zeiten von Robotik und Künstlicher Intelligenz

Thomas Zeilinger

Überschreitungen: Technik im Gewand des Menschlichen

Einen Timer zu stellen erscheint erst einmal wie der Inbegriff einer technischen Operation: Die Eingabe einer Zeitangabe an eine Maschine wird von dieser verarbeitet und führt nach Ablauf der Zeit zur Ausgabe eines Signals. Hier der Mensch, der die Eingabe tätigt und auf die Ausgabe des Signals reagiert – dort die Maschine, die einen Impuls erhält, eine Rechenoperation tätigt und einen Aktivator auslöst, sprich das Zeitsignal sendet. Nun verläuft dieser technische Vorgang heute häufig über einen der inzwischen weit verbreiteten Sprachassistenten, alias Chatbots. Sie hören auf Namen wie Alexa, Siri oder Now. Und deuten so bereits mit ihren Namen an, dass die Benutzer:innen mit ihnen in ein Gespräch treten. Natürlich sind sich aufgeklärte Benutzer:innen bewusst, dass sie mit einer Maschine sprechen, die ihre Schnittstelle zum Menschen im Medium synthetisch gefertigter menschlicher Sprache herstellt. Doch wie schnell verschwindet die gewusste Differenz von Mensch und Maschine, sobald sich ein Zwiegespräch zwischen Benutzer:innen und Sprachassistent ergibt, und sei es nur deshalb, weil Siri sich hartnäckig weigert, den ausgelösten Aktivator (das akustische Signal am Ende der Zeit) auf die entsprechende Anweisung hin zu deaktivieren.

Die in diesem Beispiel zunächst offensichtlich klar erscheinende Grenze von Mensch und Maschine tritt in den Hintergrund, sobald Spracherkennung und Spracherzeugung die Interaktion von Mensch und Timer begleiten. Aber liegt die Tendenz zur Anthropologisierung nur an der neu erworbenen technischen Fähigkeit, mithilfe elaborierter *Chatbots* die Schnittstelle zwischen Mensch und Maschine durch natürliche Sprache zu gestalten?

Man könnte meinen, die Vermenschlichung von Technik sei erst mit den Entwicklungen von Künstlicher Intelligenz (KI) und Robotik auf den Plan getreten. Doch zeigt schon ein kurzer historischer Blick, dass die Gleichsetzung von Mensch und Maschine bereits seit der frühen Neuzeit ein Thema in der (westlichen) Geistesgeschichte ist. Dies gilt in beide Richtungen: Einerseits wird der Mensch bereits im 18. Jahrhundert vom französischen Arzt und Philosophen Julie Offray de La Mettrie in seinem 1748 erschienenen Essay *L'homme machine* als mechanisches System betrachtet. Andererseits kommen zur selben Zeit in den Vorläufern der modernen Science-Fiction-Literatur Vorstellungen der Verlebendigung von technischen Automaten auf. So beschreibt

E.T.A. Hoffmann in seiner Erzählung »Der Sandmann« im Jahr 1816 die schauerliche Belebung eines Automaten, der immer menschenähnlicher wird.[1]

Warnungen: Maschinen nicht vermenschlichen!

Während die Literatur auch im aktuellen Kontext der Entwicklungen von KI und Robotik die Ähnlichkeiten von Mensch und Maschine durchaus lustvoll zu erzählen weiß,[2] äußern sich Vertreter:innen von Theologie und Ethik durchaus kritisch zur notierten Tendenz der Anthropologisierung von Technik. So überschreibt beispielsweise der Münchner Merkur im Oktober 2024 ein Interview mit dem Nürnberger Ethiker Arne Manzeschke zum Einsatz sozialer Roboter in der Pflege mit den Worten »*Wir dürfen Maschinen nicht vermenschlichen*«. Im Gespräch warnt der Inhaber einer Professur für Ethik und Anthropologie im Gesundheitswesen davor, Robotern menschliche Eigenschaften wie Geduld oder Empathie zuzuschreiben. »Dahinter stecken keine menschlichen Charaktereigenschaften oder Fähigkeiten, sondern ein Programm. Wir müssen vorsichtig damit sein, menschliche Eigenschaften auf Maschinen zu übertragen. Das führt uns auf Abwege.«[3]

Den von Manzeschke hier formulierten Einspruch gegen eine zu schnelle Grenzüberschreitung zwischen Mensch und Maschine unterstrich kurz zuvor auch der Münchner Theologe Yannick Schlote in einem Gespräch mit dem Evangelischen Pressedienst. In seiner Promotion hat er die »Mythen der Künstlichen Intelligenz aus theologisch-ethischer Perspektive« untersucht.[4] Im Interview zu seiner wissenschaftlichen Arbeit weist er auf den trügerischen Charakter hin, den die Kommunikation mit Chatbots entfaltet, sobald diese Worte wie »ich« gebrauchen: »Die sogenannte Mensch-Maschine-Interaktion ist für uns so aufbereitet, dass es so wirkt, als würde da jemand anderes am anderen Ende des Computers sitzen und mit uns sprechen.«[5] Schlote rekurriert dabei auch auf die Geschichte der Entwicklung der KI. Denn es war in den sechziger Jahren des 20. Jahrhunderts, als Joseph Weizenbaum mit Eliza den ersten Chatbot programmierte. »Joseph Weizenbaum hatte das eigentlich als eine Art Witz erfunden, weil es ihm darum ging, wie Kommunikation funktioniert. Er war

---

1 Vgl. Frank Wittig, *Maschinenmenschen. Zur Geschichte eines literarischen Motivs im Kontext von Philosophie, Naturwissenschaft und Technik*, Würzburg: Königshausen und Neumann 1997.
2 Vgl. bspw. Ian Mc Ewan, *Maschinen wie ich – und Menschen wie ihr*, Zürich: Diogenes 2019.
3 Arne Manzeschke, »*Wir dürfen Maschinen nicht vermenschlichen*«. Interview von Mayank Sharma, 24. Oktober 2024, online einsehbar unter: https://www.ovb-heimatzeitungen.de/blickpunkt/2024/10/23/wir-duerfen-maschinen-nicht-vermenschlichen.ovb (zuletzt aufgerufen am 20. Dezember 2024).
4 Vgl. Yannick Schlote, *Konvergenz und Überwältigung. Die Mythen der Künstlichen Intelligenz aus theologisch-ethischer Perspektive*, Hildesheim: Georg Olms 2023.
5 Yannick Schlote, »*Es entwickelt sich kein künstliches Bewusstsein*«. *Theologe hat Mythen der KI untersucht und warnt vor Datensammelwut*, Interview von Christoph Lefherz, 27. September 2024, online einsehbar unter https://w.epd.de/digital/lbm/2024/09/27/ (zuletzt aufgerufen am 10. Dezember 2024).

aber erstaunt und auch ein bisschen erschrocken, wie schnell seine Kollegen wirklich einen anderen Menschen hinter diesem Chatbot Eliza vermuteten.«[6]

Neudefinitionen: Soziotechnische Systeme und kritische Theorie

Die Plädoyers für eine Grenze zwischen Mensch und Maschine stehen freilich ihrerseits durchaus in Spannung zu einer im wissenschaftlichen Diskurs zum Verständnis von Technik und soziotechnischen Systemen erkennbaren Tendenz, die Grenze von Mensch und Maschine als ein anthropozentrisches Relikt zu lesen und für obsolet zu erklären.

Dies geschieht besonders im kritisch-posthumanistischen Denken. So hat Donna Haraway mit ihrem *Cyborg Manifesto* bereits 1985 auf die soziale Konstruktion der Grenzen, insbesondere der zwischen Fiktion und Realität, verwiesen und dazu das Bild der Mischwesen aus Organismus und Maschine gebraucht:

> Die Cyborg ist ein verdichtetes Bild unserer imaginären und materiellen Realität, den beiden miteinander verbundenen Zentren, die jede Möglichkeit historischer Transformation bestimmen. In der Tradition ›westlicher‹ Wissenschaft und Politik, der Tradition des rassistischen und patriarchalen Kapitalismus, des Fortschritts und der Aneignung der Natur als Mittel für die Hervorbringung von Kultur, in der Tradition der Reproduktion des Selbst durch die Reflexion im Anderen, hat sich die Beziehung von Organismus und Maschine immer als Grenzkrieg dargestellt. Die umkämpften Territorien in diesem Grenzkrieg sind Produktion, Reproduktion und Imagination. Dieses Essay ist ein Plädoyer dafür, die Verwischung dieser Grenzen zu genießen und Verantwortung bei ihrer Konstruktion zu übernehmen.[7]

Haraways Plädoyer für die Überwindung (und Neudefinition) von Grenzen wird von ihr am Durchbrechen von drei Grenzen entfaltet: der zwischen Tier und Mensch, der zwischen Organismus und Maschine (»Die Maschinen des späten 20. Jahrhunderts haben die Differenz von natürlich und künstlich, Körper und Geist, selbstgelenkter und außengesteuerter Entwicklung sowie viele andere Unterscheidungen, die Organismen und Maschinen zu trennen vermochten, höchst zweideutig werden lassen. Unsere Maschinen erscheinen auf verwirrende Weise quicklebendig - wir selbst dagegen aber beängstigend träge.«), sowie der zwischen Physikalischem und Nichtphysikalischem (»Moderne Maschinen sind quintessentiell mikroelektronische Geräte, allgegenwärtig und unsichtbar.«).[8]

---

6   Ebd.
7   Donna Haraway, *Ein Manifest für Cyborgs. Feminismus im Streit mit den Technowissenschaften*, in: *Die Neuerfindung der Natur. Primaten, Cyborgs und Frauen*, hg. von Donna Haraway, Carmen Hammer & Immanuel Stieß, übersetzt von Dagmar Fink, Carmen Hammer, Helgar Kelle, Anne Schneidhauer, Immauel Stieß & Fred Wolf, Frankfurt am Main: Campus 1995, 33–72, 34. (Erstmals erschienen unter: Donna Haraway, Manifesto for Cyborgs: Science, Technology,and Socialist Feminism in the 1980's, in: *Socialist Review* 80, 1985, 65–108.)
8   Ebd., 36–38.

Auf den von Haraway, aber andernorts z. B. auch von Bruno Latour in seiner »Akteur-Netzwerk-Theorie«, gelegten Spuren hat die Anthropologin und Techniksoziologin Lucy Suchman 2007 in »Human-Machine Reconfigurations« ihren eigenen Ansatz einer relationalen Ontologie entwickelt.[9] In ihr sollen keine singulären, autarken Akteur:innen vorkommen, »sondern diese lediglich innerhalb ihrer gegenseitigen Verstrickungen anerkannt werden«.[10] Konsequenterweise fordert Suchman dann auch dazu auf, die Vorstellung von der Interaktion gegeneinander abzugrenzender Entitäten (hier der Mensch, da die Maschine) zu verabschieden und an ihre Stelle die Vorstellung einer »Intra-Aktion« zu setzen.[11]

Anders als in vielen alltagssprachlichen Kontexten wird Technik hier nicht als Instrument und Werkzeug in der Hand des Menschen gesehen, das der Mensch (»Subjekt«) als Gegenstand (»Objekt«) gebraucht. Vielmehr wird Technik als soziokulturelles Phänomen begriffen, das in und aus wechselseitigen Interaktionen (bzw. wie eben: »Intra-Aktionen«) besteht. Anstelle einer Grenzziehung zwischen Mensch und Maschine wird dabei die Einheit von Mensch-Maschine-Aktionen bzw. -Systemen betont.[12]

Differenzierungen: Theologisch-ethische Perspektiven

Was also tun mit der Grenze, um die die bisherigen Abschnitte kreisen? Ist es sinnvoll oder gar notwendig von einer solchen zwischen Mensch und Maschine zu sprechen? Oder führt dieses Reden die philosophische bzw. die theologische Ethik auf einen Holzweg? Die Hinweise aus dem kritischen Posthumanismus könnten ja durchaus so verstanden werden. Freilich kommt von dort auch der Fingerzeig, dass es entscheidend sein kann, Differenzen zu markieren. So ruft Lucy Suchman in ihren Überlegungen dazu auf, die »Zwillingsfallen eines kategorischen Essenzialismus und einer Auslöschung von wichtigen Differenzen zu vermeiden«[13].

Mit Blick auf die Fragen des Verhältnisses von Mensch und Maschine hat sich in den vergangenen Jahren eine vielfältige Diskurslandschaft zur Ethik von KI und Robotik entwickelt. Inzwischen liegen im deutschsprachigen Raum in die Diskussionen einführende Bände zu Roboterethik und Maschinenethik (C. Misselhorn) ebenso vor, wie im angelsächsischen Bereich erste Handbücher und Sammelbände.[14] Die dort vorliegenden Debatten können hier auch nicht ansatzweise nachgezeichnet werden.

---

9   Lucy Suchman, *Human-Machine Reconfigurations. Plans and Situated Actions*, 2. Auflage, Cambridge: Cambridge University Press 2007.
10   Janina Loh, *Roboterethik. Eine Einführung*, Berlin: Suhrkamp 2019, 103.
11   Lucy Suchmann, Subject Objects, *Feminist Theory* 12 (2), 2011, 119–148, doi: 10.1177/1464700111404205, 121.
12   Vgl. ausführlich bei Sven Nyholm, *This is Technology Ethics. An Introduction*, Hoboken: Wiley-Blackwell 2023.
13   Suchman, *Subject Objects*, 137 (Übersetzung: TZ).
14   Vgl. Janina Loh, *Roboterethik*; Catrin Misselhorn, *Grundfragen der Maschinenethik*, 3. Auflage, Stuttgart: Reclam 2019; Markus D. Dubber, Frank Pasquale & Sunit Das (Hg.), *The Oxford*

Eines haben die drei bisher skizzierten Perspektive bereits deutlich gemacht: Der Blick auf Differenzen und Grenzen im Verhältnis von Mensch und Maschine hängt von Standpunkt und Kontext ab. Die Beschreibung von Phänomenen betrachtet das zur Debatte stehende Verhältnis anders als die normative Rekonstruktion oder die epistemologische Reflexion. Standpunkt- und kontextbezogen seien deshalb im Folgenden aus Sicht einer theologisch inspirierten Anthropologie und Ethik einige knappe Gedanken zum Verhältnis von Mensch und Technik und der darin implizierten Grenzfragen skizziert.

»Kokreation und Kooperation«: Technik als schöpferisches Element des Kosmos

Auch in theologischer Perspektive sollte Technik nicht (mehr) als »stillgestellter« Raum der von menschlichen Subjekten hergestellten Objekte verstanden werden. Essentialistische Begriffsbestimmungen des Wesens von Subjekt ›Mensch‹ und Objekt ›Maschine‹ helfen hier nicht weiter. Gefragt ist ein relationales Verständnis auch des Raums der Technik, wie er sich aktuell in den Entwicklungen von Robotik und KI zeigt. Theologisch eröffnet hier möglicherweise der Rückgriff auf Martin Luthers Gedanken der *cooperatio Dei et hominis* Perspektiven für ein solches Verständnis. Luther geht es mit seiner Reflexion der cooperatio in De Servo Arbitro einerseits darum, jedes Mitwirken des Menschen am eigenen Heil auszuschließen. Andererseits öffnen seine Überlegungen den Raum für das Mitwirken des Menschen beim Prozess schöpferischen Handelns.[15] Kultur und Technik als solche schöpferischen Gestaltungsprozesse zu begreifen, schließt dann auch »die Welt der Dinge« in diesen Prozess ein – und verhindert es in dieser Hinsicht, sie ausschließlich als »tote Gegenstände« zu betrachten. Vielmehr sind sie selbst als Teil des schöpferischen Wirkens des Geistes zu verstehen. Werden die technischen Geräte solchermaßen situiert, so sind sie selbst in ihrer relationalen Verfasstheit – von Gott und Mensch *kokreatorisch* geschaffen – durchaus mit eigener Macht und Dynamik unterwegs und keineswegs nur bloßes Instrument und Werkzeug in der Hand des Menschen.[16]

»Schöpfung und Fall«: Technik trägt nicht nur, sie trügt auch

Gerade wegen ihres konstitutionellen Bezugs auf Gott *und* Mensch ist diese Macht und Dynamik technischer Systeme bleibend ambivalent. Erkennbar wird dies besonders

---

Handbook of Ethics of AI, Oxford: Oxford University Press 2020; David J. Gunkel (Hg.), *Handbook on the Ethics of Artificial Intelligence*, Northampton: Edward Elgar 2024.

15 »Aber er [Gott, TZ] wirkt nicht ohne uns, die er ja gerade dazu neu geschaffen hat und erhält, daß er in uns wirke und wir mit ihm zusammen wirken.« WA 18, 754, 1-16, zitiert nach Klaus Aland (Hg.), *Luther Deutsch*, Band 3, Berlin: Evangelische Verlagsanstalt 1956, 298.

16 Vgl. – auch zum folgenden Abschnitt – Thomas Zeilinger, *Zwischen-Räume. Theologie der Mächte und Gewalten*, Stuttgart: Kohlhammer 1999, 179–186.

an der zu Beginn beschriebenen Tendenz zur Anthropologisierung: Einerseits kann sie Ausdruck eines mitschöpferischen Zusammenwirkens von Mensch und Technik sein. Andererseits kann sie auch ihrerseits trügerisch sein und dem Menschen eine Ähnlichkeit suggerieren, die in die Irre führt. Im schöpferischen Zwischenraum zwischen Mensch und Maschine werden Beziehungen stets miteinander ausgehandelt – und rasch kann in Frage stehen, wer dabei welche Grenze zieht oder setzt. Umgekehrt bedeutet dies dann auch: Es steht nicht von vornherein und für alle Zeiten fest, wo und wie das konstruktiv-tragende und das destruktiv-trügerische Moment von Technik in der konkreten Situation im Verhältnis stehen. Das theologische Wissen um die im Mythos von Schöpfung und Fall thematisierte Gleichzeitigkeit schöpferischer wie zerstörerischer Potentiale kann hier zu einem *realistischen* Blick auf soziotechnische Systeme und ihre Leistungen wie Gefahren anleiten.

»Ethisch«: Verantwortung wahrnehmen

In der ethischen Diskussion zur Beziehung von Mensch und Roboter wurde im angelsächsischen Sprachraum das Konzept der *agency* entwickelt. Es umschreibt die Möglichkeiten und Fähigkeiten, zu handeln, zu entscheiden, zu interagieren und Verantwortung zu übernehmen.[17] Der Münchner Ethiker Sven Nyholm weist darauf hin, dass ein solches Konzept es erlaubt, nach unterschiedlichen Formen und Graden solcher Agency zu fragen, beispielsweise bei Tieren, aber auch im Blick auf Roboter. In Hinsicht auf diese bemerkt er: »Robotic agency should always be understood and interpreted in relation to the agency of the human beings who directly or indirectly interact with the robots in question«[18]. Das Handeln von Robotern sieht Nyholm bleibend bezogen auf menschliches Handeln, es kann nicht davon unabhängig und losgelöst betrachtet werden. Dieser differenzierenden Unterscheidung von menschlicher Agency gegenüber der Agency von Robotern kommt auch und gerade aus der Perspektive theologischer Ethik besondere und bleibende Bedeutung zu: Der Sinn der Erinnerung an die Mensch-Maschinen-Grenze besteht vor allem in der ethischen Zu-Mutung an den Menschen, verantwortlich zu handeln und die ihm zugesprochene Verantwortung zu übernehmen und vor ihr auch angesichts übermächtig erscheinender Entwicklungen nicht davon zu laufen.

Doppelte Positionalität: Die Paradoxie der Grenze

Der Technikphilosoph Detlev Langenegger formulierte angesichts seiner Analyse der Deutungen moderner Technik im zwanzigsten Jahrhundert die Notwendigkeit einer

---

17 Vgl. ausführlich Sven Nyholm, *Humans and Robots. Ethics, Agency, and Anthropomorphism*, Lanham: Rowman & Littlefield 2020, 31–37.
18 Ebd., 39.

doppelten Positionalität, sowohl hinsichtlich der Technik wie des menschlichen Verhaltens in Relation zu dieser:

> Die Sachverhalte moderner Technik sind weder Automata, Eigenbeweger, noch Organa, Werkzeuge. Sie sind Analoga, spezifische Als-ob-Realisierungen, die uns zu weiteren Als-ob-Handlungen herausfordern. Sie sind Übertragungen und Zwischenschritte. Maschinen, Automaten, technische Systeme stehen und laufen nicht von selbst. Man muß sie von selbst stehen und laufen lassen. Man muß so tun, als ob sie von selbst liefen, also simulativ planen, ausführen, verwenden. Die Systeme sind dann realisierte Simulation, und simulierte Realität in einem.[19]

Eine solche doppelte Positionalität einzunehmen, erscheint auch für die Frage der Grenze zwischen Mensch und Maschine nicht der schlechteste Ausgang dieser Überlegungen.

Das Paradox der doppelten Positionalität übersetzt sich für die Frage des Verhältnisses von Mensch und Technik im Allgemeinen wie für die eingangs skizzierte Interaktion mit dem Timer im Besonderen am besten mithilfe zweier auch von Peter Dabrock wertgeschätzter Begriffe. Es sind die *Ambiguitätstoleranz* einerseits und die *Differenzsensibilität* andererseits. Beide sind vonnöten und es gilt, sie einzuüben, in der Reflexion zur – und auch in der Interaktion bzw. Intra-Aktion mit dem Timer! Der Umgang mit Mehrdeutigkeit und Uneindeutigkeit ist eben nicht nur ein psychologisch oder pädagogisch im Kontext der Persönlichkeitsentwicklung zu bearbeitendes Thema, sondern eine Aufgabe, die im Schnittfeld Mensch-Maschine theoretisch ebenso wie alltagspraktisch zu buchstabieren ist. »Wir bemerken das an so einfachen Fragen wie zum Beispiel, ob ich mich jetzt bei dem Ding (der Sprachassistentin, dem Roboter, …, T.Z.) bedanken soll oder nicht. Dafür müssen wir erst noch Umgangsformen entwickeln.«[20] Für diese Entwicklung von »Umgangsformen« im Feld der Mensch-Maschine-Beziehungen ist in Theorie und Praxis die Toleranz, sprich das Ertragen, von Mehrdeutigkeit ebenso notwendig und hilfreich wie die Sensibilität, sprich die Aufmerksamkeit, für bestehende sowie stets neu konstruierte Unterschiede.

---

19 Detlev Langenegger, *Gesamtdeutungen moderner Technik. Moscovici – Ropohl – Ellul – Heidegger. Eine interdiskursive Problemsicht*, Würzburg: Königshausen & Neumann 1990, 251.
20 Manzeschke, *Wir dürfen Maschinen nicht vermenschlichen*, 3.

Metafiktionalität und die digitale Präsenz Verstorbener durch generative Künstliche Intelligenz

Mathias Wirth

In der norwegischen Netflixserie »Pørni« ruft die Hauptfigur (Henriette Steenstrup), eine unprätentiös heldenhafte alleinerziehende Mutter mittleren Alters, regelmäßig in persönlichen Krisensituationen das Handy der vor einem halben Jahr verstorbenen Schwester an. Sie spricht ihre Sorgen weiterhin auf die aktive Mailbox der Verstorbenen. Dabei spielt der Satz: »Wie du immer sagst«, eine legitimierende Rolle als Präsenzmarker und zeigt das Potential des Zwiegesprächs, das mit denen gepflegt werden kann, die gerade nicht oder überhaupt nicht mehr verfügbar sind, aber signifikante Personen sind und bleiben.

Mit digitalen Mitteln kann zunehmend nicht nur auf eine verstorbene Person zurückgeschaut werden,[1] sondern können Erinnerungen, im Fall größerer Datensätze, für die Kommunikation der Gegenwart mobilisiert werden.[2] Auf der Basis hinterlassener Datensätze sollen darin enthaltene Denk- und Sprachwelten freigesetzt werden, um mit dem Ursprung der nun künstlich erzeugten Texte in Kontakt bleiben zu können. Damit sind offensichtlich viele Probleme verbunden, die vom Schutz personenbezogener Daten Verstorbener bis hin zu psychischen Folgen für Hinterbliebene gemonitort werden müssen; ganz abgesehen vom morbiden Zug, den das inszenierte Kommunizieren mit den Daten Toter auch verbreitet.[3] Das soll hier allerdings nicht das Thema sein, sondern ein erster theologischer Umgang mit Potentialen von Künstlicher Intelligenz (KI). Das richtet sich gegen die Neigung, Technologien mit einem

---

1   Zur performativen Erinnerung an Verstorbene, die dadurch eine gewisse Lebendigkeit erhalten, werden nicht erst im Zeitalter von KI technische Mittel verwendet. Dafür steht nicht allein das Gemälde oder das Foto, sondern noch sprechender die sogenannte Post-Mortem-Fotografie, die den Angehörigen einer verstorbenen Person ein kleines Zeitfenster ermöglichte, in dem ein Toter für den Zweck eines letzten Bildes, nochmals wie lebend unter ihnen sein konnte. Dabei, analog zur Trauer-KI, wird dem Tod mit seinem brachialen-Zäsur-Charakter etwas Leben und Präsenz abgerungen, vgl. Katharina Sykora, *Die Tode der Fotografie. Band 1. Totenfotografie und ihr sozialer Gebrauch*, München: Brill 2009.
2   Vgl. Dirk Ifenthaler, Ethische Perspektiven auf Künstliche Intelligenz im Kontext der Hochschulen, in: *Künstliche Intelligenz in der Hochschulbildung. Chancen und Grenzen des KI-gestützten Lernens und Lehrens*, hg. von Tobias Schmohl, Alice Watanabe & Kathrin Schelling, Bielefeld: Transcript 2023, 71–86, 72; Claude-Helene Mayer, Elisabeth Vanderheiden & Lolo Jaques Mayer, Zukunftsperspektiven auf Sterben, Tod und Trauer. Wie beeinflusst die Digitalisierung unsere Erinnerungskultur?, *Schmerzmedizin* 39, 2023, 70–73, doi: 10.1007/s00940-023-4163-8, 70.
3   Vgl. Jannis Lennartz, »Digitale Puppenspieler« – die Nachbildung von Körper und Stimme durch KI, *Neue Juristische Wochenschrift* 49, 2023, 3543–3547, 3543.

starken Einfluss auf die »Substantialität der Sittlichkeit« (Hegel) niederzuknüppeln.[4] Dagegen verfolgt dieser Beitrag eine komplexere existentielle und mithin ethische Sprachfähigkeit mit Blick auf KI, die unsere Sprache adaptiert,[5] ohne dabei völlig isoliert zu kulturellen und religiösen Praxen zu stehen, die Bedeutung im Gefolge des Verlusts Verstorbener haben.[6]

Vorausgesetzt wird im Technologiepessimismus theologischer Provenienz, dass wir immer schon wüssten, was das richtige Medium einer Beziehung zu Verstorbenen sei. Zweifelsohne gehört zu einem regelmäßigen Merkmal von Religionen, an diesem Konnex festzuhalten. Allerdings bahnt sich bereits jetzt ein Streit über den Gebrauch von Trauer-KIs an, die leicht mit bagatellisierender Geste diskreditiert werden können. Nur könnten Erfahrungen Betroffener positiv sein.[7] Mein Beitrag geht von dieser Möglichkeit aus und handelt an exemplarischen theologischen Überlegungen zur performativen Erinnerung und zur ethischen Relevanz der Unvergessenheit eine Kritik an vorschnellen Zurückweisungen der Trauer-KI ab, die nicht notwendig als illusorisch oder dissozial verstanden werden muss. Der Begriff der Metafiktionalität soll dabei helfen, die Bedeutung künstlicher Arrangements, wie sie mit Hilfe von KI gesetzt werden, in ihren performativen Wirkungen nicht zu unterschätzen, was zugleich existentielle und ethische Bedeutung haben kann, wie gezeigt werden soll. Der digitale Umgang mit höchstpersönlichen Daten jedenfalls, auch das wird sich zeigen, generiert eben mehr als fiktionale Welten, wenn darin Repräsentationen liegen, die eng mit einer verstorbenen Person verknüpft sind.

Trauer-KI: Ein neues digitales Phänomen

Den filmisch inszenierten Antrieb zur Kommunikation mit Verstorbenen greifen bereits Tech-Konzerne in den USA und auch erste Unternehmen im deutschen Sprachraum mit dem Angebot zu verschiedenen Formen der KI zur Trauerbegleitung ab. Dabei entstehen Halbartefakte, die auf der Basis personenbezogener Daten für eine digitale Revitalisierung, womöglich sogar im Sinne einer »(Re-)Konstruktion unse-

---

4   Vgl. Michael Funk, *Ethik künstlicher Intelligenz. Eine Topographie zur praktischen Orientierung*, Wiesbaden: Springer 2023, 14 und weiter, exemplarisch für eine starke Kritik, Rebekka Klein, Digitale Neugeburt als ein Anderer? Vom Geist-Körper-Dualismus zum Subjekt als Kulturprodukt, in: *Seele digital. Mind Uploading, virtuelles Bewusstsein und Auferstehungshoffnung*, hg. von Ludger Jansen & Rebekka Klein, Regensburg: Friedrich Pustet 2022, 148–177, 176.

5   Vgl. Jenifer Becker, Können Chatbots Romane Schreiben? Der Einfluss von KI auf kreatives Schreiben und Erzählen, in: *KI: Texte. Diskurse über KI-Textgeneratoren*, hg. von Gerhard Schreiber & Lukas Ohly, Berlin/Boston: De Gruyter 2024, 83–99, 88.

6   Vgl. Funk, *Ethik*, 11.

7   Vgl. Funk, *Ethik*, 41: »Von der Medizinethik lässt sich lernen, den Betroffenen Gehör zu verschaffen«.

rer Beziehungen«[8], durch verschiedene Medien und Endgeräte sorgen.[9] Prominent sticht die aufwendige Abbildung Verstorbener in Hologrammen hervor,[10] wie in einer asiatischen Fernsehproduktion, in der eine Mutter ihrem kürzlich verstorbenen Kind mitsamt Bewegung, Mimik und Sprache begegnen konnte. Die in ein Spektakel der Gefühle gestellte trauernde Person animiert medienethische Fragen und zeigt solche Applikationen noch als irreguläre Konfiguration im Bereich der Trauer-KI. Gezieltere Schmerzabwehr als Folge stummer Abwesenheit Verstorbener versprechen generative Trauer-KIs, die auf Textnachrichten an Verstorbene Antworten liefern.

Die weitverbreitete kommunikativ innervierte Abwesenheit proximaler Personen, die durch Chatformate auf Smartphones trotz Auslandsaufenthalten, Umzügen oder wegen Zeitmangel nicht mehr präsent sind, führt praktisch zu komplexeren und weniger ungereimten Abwesenheiten. Das liegt am digital ermöglichten Ende des Kontaktabbruchs, den noch alle erleben konnten, die in der Zeit vor kostenlosen Apps mit Chatfunktion von Familie und Freunden getrennt waren. Getrennte Welten verbindet nur der regelmäßig als adäquat empfundene Fluss aus Text, Bildern und Memos. Genau hier setzen generative Trauer-KIs an und liefern auf der Basis von Kommunikationsdaten einer verstorbenen Person mitsamt der zunehmenden Option zu lernenden KIs Kommunikationsausdrücke, die durch Anfragen (Prompt) von Hinterbliebenen die Datenbasis neu fokussieren und erweitern könnte. Aktuell fällt die Kommunikation gerade bei deutschsprachigen Anbietern von Trauer-KI noch eher musterativ aus, wobei im Nachlesen unmittelbar die tröstende Komponente kurzer, empathischer Sätze einleuchtet.[11] Dennoch berichten Hinterbliebene, die sich für den Gebrauch einer solchen KI entschieden haben, von positiven Erfahrungen. Ähnlich könnte sich dies für vorausgeplante Trauer-KI zeigen, die Personen mit infausten Diagnosen konfigurieren, um später verwaisten Kindern eine Möglichkeit zu Kontakt und einem gewissen Austausch zu ermöglichen.

Trauer-KI: Die Kritik

Viele insbesondere ethische Probleme von KI kumulieren im Fall von textgenerativer Post-Mortem-KI.[12] Das Problem sogenannter Deepfakes etwa besteht insbesondere aufgrund der hohen emotionalen und moralischen Bedeutung der Trauer-KI mit ihrem möglichen Einfluss auf Hinterbliebene. Da aber Datensätze offensichtlich »unabhängig verwendet werden können«[13], was ihre Manipulation ebenso einschließt

---

8   Vgl. Mayer et al., *Zukunftsperspektiven*, 72.
9   Vgl. Lennartz, *Digitale Puppenspieler*, 3543.
10 Vgl. Mayer et al., *Zukunftsperspektiven*, 71.
11 Zu einem Textauszug einer Trauer-KI vgl. Mayer et al., *Zukunftsperspektiven*, 72.
12 Vgl. Lukas Ohly & Gerhard Schreiber, KI, Text und Geltung, in: *KI: Texte. Diskurse über KI-Textgeneratoren*, hg. von Gerhard Schreiber & Lukas Ohly, Berlin/Boston: De Gruyter 2024, 1–9, 2.
13 Vgl. Lennartz, *Digitale Puppenspieler*, 3543.

wie nicht gebilligte intendierte Weiterentwicklung auf den Trassen generativer KI,[14] besteht das Problem negativer oder unerwünschter Beharrungskräfte.[15] Damit zusammen hängen die Persönlichkeitsrechte und mithin die Privatheit Verstorbener,[16] die durch digitale Möglichkeiten zu einer Repräsentation gebracht werden können, die als Fremdbestimmung erfolgen kann.[17] Rechtlich ist die ethische Überzeugung jedenfalls etabliert, wonach bestimmte Wünsche einer Person über ihren Tod hinaus berücksichtigt werden müssen.

Spezifischer fällt die Kritik an einer Trauer-KI aus, wenn die Systematik des Datenrückbezugs selbst generativer KI als Mangel an Reziprozität auffallen muss. Zwar sollte man auch die moralische Reziprozität von Personen nicht überschätzen, die regelmäßig bei ihren Überzeugungen bleiben und nur selten so davon abweichen, dass eine wirklich neue Ansicht zu bestimmten Phänomenen möglich wird. Aber die Möglichkeit zur Meinungsänderung besteht, was Thea Dorn in einem Beitrag des Deutschen Ethikrats aus 2017 als relevanten Unterschied zu Autonomen Systemen beschreibt.[18] Für die Post-Mortem-KI folgt daraus: Sie wird in moralisch substantiellen Angelegenheiten nichts Neues lernen[19] und womöglich nicht zu einer Kommunikation in der Lage sein, die auf die Emotionen und Erfahrungen des analogen Gegenübers eingehen kann. Das gilt zum Beispiel für neue Erfahrungen aus dem LGBTIQ-Spektrum, die hinterbliebene Kinder machen könnten und wenn zuvor homo- und transphobe Tendenzen vorhanden waren und nicht zugleich starke Überzeugungen über Toleranz vorherrschten. Gerade in ethischer Hinsicht kann eine generative KI nur so vertrauenswürdig sein, wie es die Daten sind, auf denen sie basiert.[20] Gleichzeitig darf die potentielle Fähigkeit von KI zur »Kontextgewichtung« oder zu »Embeddings« bestimmter Begriffe in vektorieller und damit oft semantischer Nachbarschaft nicht unterschätzt werden,[21] die womöglich doch zumindest in den Fällen zu einer neuen

---

14 Vgl. Anna Beckers, & Gunther Teubner, *Digitale Aktanten, Hybride, Schwärme. Drei Haftungsregime für Künstliche Intelligenz*, Berlin: Suhrkamp 2024, 76–78.
15 Vgl. Ernesto de Leon, Mykola Makhortykh & Silke Adam, Hyperpartisan, Alternative, and Conspiracy Media Users. An Anti-Establishment Portrait, *Political Communication* 41, 2024, 877–902, doi: 10.1080/10584609.2024.2325426, 877–878 sowie Ohly & Schreiber, *KI*, 5.
16 Vgl. Funk, *Ethik*, 12.
17 Vgl. Lennartz, *Digitale Puppenspieler*, 3543 und weiter Ifenthaler, *Ethische Perspektiven*, 80.
18 Vgl. Thea Dorn, Wie verändern intelligente Maschinen unser Selbstverständnis?, in: *Autonome Systeme. Wie intelligente Maschinen uns verändern. Jahrestagung des Deutschen Ethikrates 2017*, 21. Juni 2017, online einsehbar unter: https://www.ethikrat.org/veranstaltungen/tagungen/autonome-systeme/ (zuletzt aufgerufen am 04. Dezember 2024), 151.
19 Vgl. Ohly & Schreiber, *KI*, 4, die zudem den Begriff des »stochastischen Papageis« von Emily Bender anführen, vgl. ebd. 6.
20 Vgl. Funk, *Ethik*, 9.
21 Vgl. Ulrike Aumüller, Maximilian Behrens, Colin Kavanagh, Dennis Przytarski & Doris Weßels, Mit generativen KI-Systemen auf dem Weg zum Human-AI-Hybrid in Forschung und Lehre, in: *KI: Texte. Diskurse über KI-Textgeneratoren*, hg. von Gerhard Schreiber & Lukas Ohly, Berlin/Boston: De Gruyter 2024, 47–66, 49 und zum Embedding vgl. Torsten Hiltmann, Hermeneutik in Zeiten von KI. Large Language Models als hermeneutische Instrumente in den

moralischen Kommunikation in der Lage wäre, wo eine Basis dafür gelegt ist und Muster und Beziehungen in den Grunddaten vorliegen.

Dennoch wird das Problem eines bestimmten Quantums an Verzerrung aus kategorischen Gründen bestehen bleiben,[22] da eine KI selbst keine moralischen Entscheidungen treffen kann, weil dazu eine Distanznahme als Ausdruck von Autonomie gehört, die einer datenbasierten und stets adaptiven KI nicht möglich ist. Wohl aber kann KI autonome Entscheidungen und Positionen einer Person in einem gewissen, der Person selbst nachgeordneten oder sogar vorausverfügten Sinn aktivieren[23] und steht so im günstigen Fall in einem gewissen repräsentativen Verhältnis zu einer Person und einer Darstellung gelebter Autonomie in Echtzeit.

Hinzu kommt, ähnlich spezifisch, die Gefahr durch Trauer-KI das Interesse an der Realität zu verlieren und eine neue Art *fuga saeculi* zu betreiben, was vor allem daran hindert, neue Erfahrungen zu machen.[24] Zwar sind die durch die kombinatorische Intelligenz von textgenerativen KIs nicht ausgeschlossen, aber elementare Erfahrungen des Personseins, wie ein körperlicher Ausdruck von Zuwendung oder die Konfrontation mit gänzlich Neuem, was Trauer-KI mit ihrem Bias zugunsten ursprünglicher Daten,[25] schon wegen ihrer numerisch starken Repräsentanz,[26] nicht generieren kann, können nicht gemacht werden. Wenn textgenerierende Post-Mortem-KI also geeignet sein könnte, eine Realität im Sinne eines ›second life‹ neben der Realität zu kreieren, in der das Zusammenleben mit geliebten, aber verstorbenen Personen möglich ist, könnte bei einem gewissen Immersionsgrad das Abstellen der Trauer-KI für Betroffene zu einem Problem werden.[27]

Trauer-KI und eine dogmatische Kommentierung: Die Bedeutung der Erinnerung

Es ist keine neue Entdeckung, dass Trauer nach dem Tod naher Personen – und noch mehr die regelmäßige Beschäftigung mit ihnen – länger anhält als gesellschaftlich gebilligt.[28] Vor diesem Befund sind es nicht Trauer-KIs, die ein bestimmtes Verhalten erst auslösen. In der öffentlichen Wahrnehmung dürften es sogenannte verwaiste

---

Geschichtswissenschaften, in: *KI: Texte. Diskurse über KI-Textgeneratoren*, hg. von Gerhard Schreiber & Lukas Ohly, Berlin/Boston: De Gruyter 2024, 201–232, 219–220.
22 Vgl. Ifenthaler, *Ethische Perspektiven*, 82.
23 Vgl. Mayer et al., *Zukunftsperspektiven*, 71.
24 Vgl. Aumüller et al., *Mit generativen KI-Systemen*, 56–57.
25 Vgl. Funk, *Ethik*, 11.
26 Vgl. Hiltmann, *Hermeneutik*, 230.
27 Vgl. Paula Ziethmann & Kerstin Schlögl-Flierl, Kreative KI. Eine technikphilosophische Exploration literarischer Möglichkeitsräume, in: *KI: Texte. Diskurse über KI-Textgeneratoren*, hg. von Gerhard Schreiber & Lukas Ohly, Berlin/Boston: De Gruyter 2024, 101–113, 108.
28 Vgl. Hansjörg Znoj, Texas-Revised Inventory of Grief. Validierung der deutschen Version TRIG-D, *Psychosomatik und Konsiliarpsychiatrie* 2, 2008, 236–239, doi: 10.1007/s11800-008-0131-3, 236–237.

Eltern sein, die besonders deutlich auf gewaltförmige Elemente moralisierender und pathologisierender Auffassungen reagierten, die erfolgreiche Trauer mit Abschluss und Distanz assoziierten. Das kommt aber Betroffenen wie die Aufforderung vor, das verstorbene Kind zu vergessen. Neben belastenden Trauerreaktionen gibt es aber auch den Zustand der erfolgreichen Verarbeitung eines Todes und gleichzeitig das Bedürfnis nach Kulturen der Gegenwart.[29]

Hier bietet das Christentum umfassende Praxen, personale Vergangenheit nicht nur zu erinnern, sondern sie präsent zu halten und das bedeutet, sie stark auf individuelle Gegenwarten wirken zu lassen. Kommunikativ werden im Gottesdienst zum Beispiel Geschichten und paradigmatische Logien Jesu so vorgetragen, dass an deren besonderer Bedeutung für die versammelte Gemeinde kein Zweifel besteht. Was darauf folgt ist der Versuch der Aktualisierung von Bedeutung durch Predigt, Gebete, Fürbitten, Stillen. Biblische Figuren bleiben, mit anderen Worten, sprechend. Dabei geht es der religiösen Praxis, anders als der theologischen Wissenschaft, weniger um ein besseres Verständnis der historischen Ausgangssituation, sondern um den Versuch der alles andere als rein theoretischen Applikation. Aus der Begegnung mit bedeutsamen Figuren der biblischen Tradition mit individuellen und kollektiven neuen Erfahrungen erwächst im besten Fall etwas Neues. Obwohl sich nichts am Fundus der Geschichten und Sätze geändert hat, die biblisch narrativiert werden, können sie doch als unerschöpflich gelten, insofern sie in immer neuen Kontexten erzählt werden und dadurch etwas preisgeben, das nur durch die neue Konstellation zu resonieren beginnt. Ein wichtiges Beispiel bietet Queere Theologie, die Dimensionen biblischer Kommunikation zeigt, die heteronormativer und binärer Logik zum Nachteil diversen Lebens entgangen ist.

Auch religiöse Kommunikationsformen im Christentum beziehen sich in ihrem Kern auf ein personales Gegenüber empirischer Abwesenheit. Das hindert Formen der Spiritualität und Liturgie allerdings nicht daran, Anwesenheiten in verschiedenen Graden zu inszenieren. Es geht dabei, analog zum Schauspiel, neben anderem, um Metafiktionalität: Also um eine Ebene von Wirklichkeit, die religiös und ethisch auf Bedeutungen verweist, die ihren Anfang an einem konkreten, somatoformen Ort machen und dann bleiben. Verkörperte Eindrücke, Geschichten, Maximen bedeuten verkörperte Existenzen von etwas. Leben vollzieht sich nicht allein im Denken, sondern in Materialitäten, die im besten Fall natürlich bedacht sind.

Trauer-KI und eine ethische Kommentierung: Die Bedeutung der Unvergessenheit

In der ethischen Debatte über KI fallen regelmäßig tugendethische Maximen auf, die auch explizit so vorgestellt werden.[30] Die Eingriffe von KI in den Alltag und die mora-

---

29 Vgl. ebd., 239.
30 Vgl. Ifenthaler, *Ethische Perspektiven*, 78 und Funk, *Ethik*, 17.

lischen Interaktionsbedingungen scheinen so tiefgreifend, dass damit die Frage nach dem guten Leben und nach den Möglichkeiten des sozialen Zusammenlebens neu gestellt wird. Die Frage ist aber weiterhin offen, denn KI wirkt trotz vielfach noch ausstehender ethischer Klärungen nicht allein negativ auf das Projekt des guten Lebens.

Die existentielle und ethische Maxime der Unvergessenheit Verstorbener, wofür in materialen Kulturen die Bestattung wie andere Praxen des Andenkens stehen, nimmt die Debatte des guten Lebens im Sinne der Konvivenz auf. Zwar ist die Vorstellung der Präsenz der Toten auch ein religiöses Target der Zurückweisung, aber bestimmte Formen der kontinuierenden Beziehung zu geliebten Personen werden als soziales Clipping empfunden. Im Horizont der Frage nach dem guten Leben lehnen Trauernde teils vehement scharfe Kontraste ab, also zum Beispiel zwischen Diesseits und Jenseits und suchen gegen Vorstellungen hermetischer Trennung Modalitäten der bleibenden Beziehung.

In der Regel kann dies nicht anders erfolgen als im Format ausführlicher Retrospektion. Daran ändert auch KI im Grundsatz nichts, denn auch generative Elemente von Post-Mortem-Textgeneratoren können Persönlichkeitsrechte der verstorbenen Personen durch einen engen Bezug zum initialen Datenfundus im Prozess der Weiterschreibung berücksichtigen. Damit hängt auch ein Schutz von Hinterbliebenen zusammen, die ohne eine rigide Anbindung der Trauer-KI an die persönlichen Daten neue Einflüsse, auch negative und unmoralische, mit der Autorität der verstorbenen Person verbinden könnten.

Die ethische Pointe der Unvergessenheit besteht in der existentiellen Erfahrung Hinterbliebener mitsamt einer mitkommenden moralischen Kommunikation über die unersetzliche Bedeutung einzelner Personen, wie Eltern, Geschwistern, engen Freunden, eigenen Kindern, die stets mehr sind als dynamische Konturen des Sozialen. Wenn gilt, »[...] am Anderen habe man alles verloren und die eigene Welt sei mit ihm zerbrochen«[31], wird die Brisanz der »Trostbedürftigkeit« (Hans Blumenberg) der anderen deutlich und postmortale Abkopplungen geraten unter den Druck der Unersetzlichkeit. Roland Barthes hat dies pointiert, wenn er festhält, man töte einen Vater, eine Mutter oder ein Kind erneut, wenn Trauer und Schmerz und damit eine aktive Erinnerung kulturell untersagt werden.[32] Trauer-KIs können zwar einer »Logik des Habens« oder einer »Immunisierung gegen Tröstung und Mitmenschlichkeit« Vorschub leisten.[33] Dies stellt aber keine Voraussetzung digitaler Textgeneratoren dar, deren Gebrauch Ausdruck einer Treue sein kann, die – theologisch – im konkreten Leben des Alltags, des Schmerzes, der Sehnsucht, des anhaltenden Gemeinschaftsgefühls, Hoffnung reflektiert, »[...] die auf Präsenz drängt«.[34] Die Bedeutung primä-

---

31 Vgl. Burkhard Liebsch, *Revisionen der Trauer. In philosophischen, geschichtlichen, psychologischen und ästhetischen Perspektiven*, Weilerswist: Velbrück Wissenschaft 2006, 16.
32 Vgl. Roland Barthes, *Die helle Kammer. Bemerkungen zur Photographie*, Hamburg: Suhrkamp 1989, 85.
33 Vgl. Mathias Wirth, Trost für Untröstliche? Friedrich Rückerts Kindertotengedichte in eschatologischer Perspektive, *Zeitschrift für Theologie und Kirche* 115, 2018, 98–123, doi: 10.1628/zthk-2018-006, 99.
34 Vgl. ebd., 100.

rer Anderer nach ihrem Tod aktiv zu halten, was in einem starken Sinn mit Mitteln der KI praktiziert werden kann, kann eben auch als Ausdruck einer tugendethischen Fassung der Unersetzlichkeit einer Person gelesen werden, was theologisch-ethisch relevant ist. Die Bedeutung verheißener und transformativer Zukunft betrifft offensichtlich Gegenwarten, weil ansonsten eschatische Hoffnung ohne Bedeutung für das konkrete Leben bliebe. Die Gemeinschaft der Lebenden mit den Toten in »[...] und auch dem Toten versag deine Liebe nicht« (Sir 7,33) macht exemplarisch deutlich, wie relevant kulturelle und technische Mittel sein könnten, um Personen nicht einfach dem Vergessen zu übergeben. Da Verstorbene einen unersetzlichen Posten in den Angelegenheiten des eigenen, gelingenden Lebens bilden und klassisches Material eschatischer Zukunft sind, verbindet christliche Hoffnung mit dieser Zukunft transformative, aber sozial relevante Arrangements. Es könnte sich dabei als günstig erweisen, wenn Personen nicht fremd geworden sind, die für uns unersetzlich zu einem guten Leben gehören. Im Sinne der Metafiktionaliät lässt Trauer-KI mithin anbrechen, was Sinngehalt ausstehender, aber anbrechender Zukunft sein könnte.

Schlussbemerkung

Wenn bereits für die Fiktion gilt, dass mit ihr echte Erfahrungen gemacht werden können,[35] dann bedeutet dies für die Metafiktionalität – hier wie bisher verstanden als Ebene von Effekten aus halbartifizieller KI –, ihre Wirkung nicht zu unterschätzen. Metafiktionalität beschreibt hier genau den Unterschied, der zwischen verschiedenen Medien der Repräsentation einer verstorbenen Person besteht: »Es ist ein Unterschied, ob man jemanden in Texten beschrieben findet, durch einen Schauspieler oder eine Karikatur dargestellt sieht, oder ob man eine lebensechte Repräsentation eines Körpers [oder eines Kommunikationsverhaltens] wahrnimmt«.[36] Damit wird nicht negiert, dass es sich bei KI und insbesondere bei Trauer-KI, wo dies *in praxi* womöglich leicht übersehen werden kann oder sogar soll, um nichts anderes als um Technologien handelt.[37]

Aber mit KI tritt eine Technologie an, die zur Trägerin feiner Strukturen des Personseins avanciert. Das kann zweifellos die Urteilskraft damit konfrontierter Personen beeinträchtigen.[38] Denn die erlernte und applizierte Sprachgestalt der Trauer-KI kann dazu verleiten, »[...] so generierte Aussagen als gültige Aussagen zu akzeptieren«.[39] Das ist ein wichtiger Punkt, mit dem nur angemessen umgegangen wird, wenn

---

35   Vgl. Lennartz, *Digitale Puppenspieler*, 3544.
36   Vgl. ebd., 3544.
37   Vgl. Dorn, *Wie verändern intelligente Maschinen unser Selbstverständnis*, 156 sowie Funk, *Ethik*, 18.
38   Vgl. Peter Dabrock, Schlusswort, in: *Autonome Systeme. Wie intelligente Maschinen uns verändern. Jahrestagung des Deutschen Ethikrates 2017*, 21. Juni 2017, online einsehbar unter: https://www.ethikrat.org/veranstaltungen/tagungen/autonome-systeme/ (zuletzt aufgerufen am 04. Dezember 2024), 156.
39   Hiltmann, *Hermeneutik*, 231.

in nicht halluzinierender Weise Bezug auf die KI generierten Texte genommen wird. Allerdings ändert dies nichts an der Tatsache, dass Trauer-KI durchaus gültige Aussagen treffen kann, die sich aus der gemeinsamen Geschichte ergeben und Bedeutung für die Gegenwart haben. Geprüft werden müsste dies am keineswegs gespenstisch gemeinten Geist der verstorbenen Personen, deren Ensemble aus Erfahrungen, mitsamt moralischer Überzeugung, gerade so aktiv bleiben könnte und einem mitunter passageren oder punktuellen Bedürfnis Hinterbliebener entspricht.

»Continuing bonds«, die von trauernden Personen zu ihren toten Angehörigen gesucht und gefunden werden,[40] und die durch generative KI einen neuen Ausdruck finden können, sind aus theologischen Gründen anknüpfungsfähig an dogmatische Überlegungen zur performativen Erinnerung und zum theologisch-ethischen Wert des Nichtvergessens von und Zukunftshoffens für Verstorbene. Unübersehbar bleiben, trotz dieser positiven Konnexe, vor allem psychische Abrutschgefahren und damit ethische Probleme der Trauer-KI. Im Sinne der Metafiktionalität im klassischeren Sinne als Bereich von *learnings* durch Fiktionalität, könnte ein gewisses Aufatmen den Zuschauenden nicht ganz verübelt werden, als die Hauptdarstellerin der Nextflixserie »Pørni« beschließt, Anrufe der Mailbox der verstorbenen Schwester einzustellen. Es steht aber nicht bereits fest, dass gerade das spezifisch metafiktionale Potential der generativen Post-Mortem-KI existentiell und ethisch konstruktive Bedeutung hat, die über das hinausgeht, was bisher Erinnerung und Unvergessenheit möglich gemacht hat. Darin liegende Gefahren sind nicht zu leugnen, sie werden aber oft stärker eingespielt als die Potentiale. Damit werden aber womöglich Modalitäten verspielt, die sozial und individuell erheblich sein könnten. Die moralische Kommunikation nämlich, die zur Pointe der Trauer-KI gehört, hält an der Bedeutung der einzelnen Person in einem Sinne fest, den christliche Theologie als Option festhält.

---

40 Vgl. Wirth, *Trost*, 122.

IV Kirche – Öffentlichkeit – Politik

Kirche als Akteurin in der Politik öffentlicher Emotionen – Verhältnisbestimmungen im Blick auf den Populismus

Lisanne Teuchert

»*Kirche und Öffentlichkeit*« gehört zu den Themen, die die akademische evangelische Theologie und auch die kirchliche Praxis im 20. und 21. Jahrhundert nachhaltig beschäftigt haben – zwischen »Wächteramt« und Zeitgenossenschaft, Öffentlicher Theologie und Öffentlichem Protestantismus, von der sogenannten Denkschriftendenkschrift bis zu Social Media Accounts und Fragen der Medialität.

Ein Thema, das in jüngerer Zeit auf der Vermittlung dieser Grenze vermehrt diskutiert wird, ist die Rolle von Emotionen im Bereich des Politischen.[1] Die Debatten darum wurden ausgelöst durch das Erstarken des Populismus, das Auftreten sogenannter ›Wutbürger‹ (z. B. bei Stuttgart 21), Verschwörungstheorien und ›Querdenker‹ zu Zeiten der Corona-Pandemie. Heute spielen Fragen der Identitätspolitik und damit des emotional gefärbten Rekurses auf gruppenspezifische Erfahrungen eine vordringliche Rolle.[2] Generell ist die aktuelle Aushandlung des Universalen und Partikularen mit der Emotionalisierung des Politischen verknüpft. Peter Dabrock selbst hat sich an der Bearbeitung dieser Grenzlinie intensiv beteiligt. Ein tragender Gedanke dabei war der der Transpartikularisierung, also die Idee, dass durch Vernetzung unterschiedlicher partikular verwurzelter Begründungen ein ethischer Konsens hergestellt werden kann und so das Partikulare und das Universale vermittelt werden.[3] Heute wird das Partikulare oft mit emotionaler Verve in den Vordergrund gestellt, sodass die Frage nach dem Umgang mit Emotionen im öffentlichen Leben auf eigene Weise wiederkehrt.

Durchdachte *Konzepte* zu Emotionen im Politischen liegen vor. Martha Nussbaum ist dabei eine klassische Referenzgröße, die auch Peter Dabrock immer wieder be-

---

1 Vgl. Paul Helfritzsch & Jörg Müller Hipper (Hg.), *Die Emotionalisierung des Politischen*, Bielefeld: Transcript 2021.
2 Vgl. als kirchliche Stellungnahme: Evangelische Kirche in Deutschland (Hg.), *Vielfalt und Gemeinsinn. Der Beitrag der evangelischen Kirche zu Freiheit und gesellschaftlichem Zusammenhalt. Ein Grundlagentext der Kammer für Öffentliche Verantwortung der EKD*, Leipzig: Evangelische Verlagsanstalt 2021.
3 Vgl. Peter Dabrock, *Befähigungsgerechtigkeit. Ein Grundkonzept konkreter Ethik in fundamentaltheologischer Perspektive*, Gütersloh: Gütersloher Verlagshaus 2012, 67–72; Peter Dabrock, »Suchet der Stadt Bestes« (Jer 29,7). Transpartikularisierung als Aufgabe einer theologischen Bioethik – entwickelt im Gespräch mit der Differentialethik von Hans-Martin Sass, in: *Weltanschauliche Offenheit in der Bioethik*, hg. von Eva Baumann, Alexander Brink, Arnd T. May, Peter Schröder & Corinna Iris Schutzeichel, Berlin/New York: Duncker & Humblot 2004, 115–146.

schäftigt. Radikale Demokratietheorien wie von Chantal Mouffe oder Ernesto Laclau verweisen auf das Moment des Agonalen und Leidenschaftlichen, das dem Politischen zugrunde liegt.[4] Dazu kommt, dass Emotionen in den letzten Jahrzehnten insgesamt als Thema der Human- und Geisteswissenschaften entdeckt worden sind.

Was *Kirche* betrifft, sind mit dieser Thematik Fragen öffentlicher Theologie berührt, wie Thomas Wabel u. a. oder Martin Fritz aufgezeigt haben.[5] Dabei sind Emotionen keine von außen auf die Kirche zukommende Herausforderung. Kirche hat von ihren Subjekten (individuell und kollektiv), von ihrem Grund und Auftrag her immer auch mit Emotionen zu tun, weil Emotionen zum ganzen Menschen gehören, der das Ziel des Evangeliums als frohmachender Botschaft ist, und zwar nach innen wie nach außen. Deswegen wird Kirche als empirisch auffindbare Institution immer auch eine Akteurin der Emotionspolitik sein – es fragt sich nur, wie sie hier agiert.

Genau diese Frage möchte ich nun *exemplarisch an drei Verhältnisbestimmungen* von Kirche und aggressiven Emotionen im öffentlichen Leben in den Blick nehmen, diese auf ihr Verständnis von Emotionen und auf ihr Verständnis von Kirche beleuchten. Ich ziehe dabei Literatur aus der ersten Welle der Auseinandersetzung mit dem Populismus heran. Selbstredend ist das Phänomen des Populismus größer als seine Emotionalität und Emotionenpolitik, so wie umgekehrt Emotionen im öffentlichen Leben und an der Grenzlinie von Kirche und Öffentlichkeit mehr und anderes betreffen als nur die Auseinandersetzung mit dem Populismus. Das vorweggesagt, lohnt sich doch ein Blick darauf, wie Kirche damals Emotionen des Populismus wahrnimmt, einordnet und darauf reagiert. Es lassen sich Grundtypen der Reaktion auf diese Art von Emotionalisierung herausarbeiten, die auch für andere Zusammenhänge relevant sind. Dass wir aber auch in genau *diesem* Phänomen immer noch verfangen sind, zeigte etwa Kamala Harris, wenn sie die Alternative in der letzten US-Wahl als eine zwischen Mitgefühl und Hass darstellte.[6]

Die erste Position repräsentiert *Markus Vogt*. In einem Artikel aus dem Jahr 2017 möchte der katholische Sozialethiker ›politische Emotionen‹, die mit dem Vertrauensverlust in die Demokratie einhergehen, als moraltheologische Herausforderung annehmen. Diese Emotionen interpretiert er wie folgt.[7] Hinter ihrer Aggressivität steckt tatsächlich eine tieferliegende Angst – eine Angst vor dem Fremden, vor

---

4 Auf weitere Entfaltung des Debattenstandes verzichte ich hier aus Platzgründen.

5 Vgl. Thomas Wabel, Torben Stamer & Jonathan Weider (Hg.), *Zwischen Diskurs und Affekt. Politische Urteilsbildung in theologischer Perspektive*, Leipzig: Evangelische Verlagsanstalt 2018, sowie darin: Martin Fritz, Kultivierung politischer Gefühle. Das Programm Martha Nussbaums als Anstoß für die Öffentliche Theologie, in: *Zwischen Diskurs und Affekt. Politische Urteilsbildung in theologischer Perspektive*, hg. von Thomas Wabel, Torben Stamer & Jonathan Wieder, Leipzig: Evangelische Verlagsanstalt 2018, 43–63.

6 Vgl. Maeve Reston, »*Mitgefühl statt Hass*«: Harris macht Wahlkampf in Georgia, 21. Oktober 2024, online einsehbar unter https://www.fr.de/politik/us-wahl-2024-mitgefuehl-statt-hass-kamala-harris-macht-wahlkampf-georgia-donald-trump-zr-93367922.html (zuletzt aufgerufen am 08. November 2024).

7 Vgl. Markus Vogt, Politische Emotionen als moraltheoretische Herausforderung, *Münchener Theologische Zeitschrift* 68, 2017, 306–323, doi: 10.5282/mthz/5167.

dem Abstieg, vor dem Kontrollverlust.[8] Wut, Empörung und Zorn scheinen nicht die Emotionen, um die es hier eigentlich geht. Vielmehr geht es um die Angst – um die empfundene und die instrumentalisierte.[9] Vogt führt so die Emotionalität und die konkreten Emotionen im Populismus auf das existenzielle Grundgefühl der Angst zurück.[10] Dabei gelangt er zu einer Wahrnehmung von Emotionen, die der Theologie aus ihrer dogmatischen Tradition vertraut ist. Das Christentum fungiert dann als eine Art Therapeutikum: Seine grundlegende emotionale Wirkung besteht darin, Angst zu nehmen, Vertrauen aufzubauen und so aufrechte und offene Menschen zu schaffen.[11] Wenn die Betroffenen ihre tiefsitzende Angst verlieren und Freiheit und Vertrauen gewinnen, verlieren sie auch ihre Aggressivität, so wäre zu vermuten. Die Kirche als »moralische Instanz«[12] sollte hierzu ihr Selbstverständnis differenzieren: Um zu einer Mentalität und einem Rahmen beizutragen, der die Offenheit für rationale Argumente fördert, muss sie auch zu einem konstruktiven Umgang mit Emotionen beitragen.[13] Das geschieht über Praxen der sozialen Inklusion und einen nüchtern-differenzierenden und solidarischen Umgang mit Risiken.[14] Nicht spezifische Argumente machen Kirche hier relevant, sondern »die Kultivierung von Emotionen«[15].

Vogts Lektüre der politischen Emotionen und seine Art, sie theologisch zu interpretieren, verdient Anerkennung. Ohne vorschnelle Urteile und frei von Polemik bemüht er sich um eine wohlwollende, aber dennoch veränderungsbereite Interpretation, die breit im Christentum verankert ist. Der Preis dafür ist allerdings, dass der populistische Emotionskomplex von Angst, Neid, Ärger, Wut und Ressentiment reduziert wird und in einer Hermeneutik der Eigentlichkeit eine vertrautere und theologisch gut einzuordnende Grundemotion pars pro toto zu stehen kommt. Diese

---

8   Vgl. Vogt, *Emotionen*, 308–309.
9   Vgl. ebd., 308. Auch im Themenheft der Salzburger Theologischen Zeitschrift 22, 2018 zu Rechtspopulismus und Religion findet man Angst als Schlüsselemotion für Populismus-Deutungen, so bei Walter Otto Ötsch, Rechtspopulismus: Ein Gesellschaftsbild mit eskalierender Wirkung, *Salzburger Theologische Zeitschrift* 22, 2018, 14; Wolfgang Palaver, Populismus und Religion angesichts einer Politik der Angst, *Salzburger Theologische Zeitschrift* 22, 2018, 37–45.
10 Er rekurriert hier auf Sören Kierkegaard, der Sünde aus der existentiellen Angst des Menschen herleitet; vgl. Vogt, *Emotionen*, 314–316.
11 Vgl. Vogt, *Emotionen*, 311–314.318. Ähnlich auch hier: Sekretariat der Deutschen Bischofskonferenz (Hg.), *Dem Populismus widerstehen. Arbeitshilfe zum kirchlichen Umgang mit rechtspopulistischen Tendenzen*, online einsehbar unter: https://www.dbk-shop.de/media/files_public/84f176768ec32459460083000acbd0b0/DBK_5305.pdf (zuletzt aufgerufen am 20. Dezember 2024). Auch Ulrike Wagner-Rau, Zur Auseinandersetzung mit dem Rechtspopulismus im Pfarrberuf, in: *Die Kirchen und der Populismus. Interdisziplinäre Recherchen in Gesellschaft, Religion, Medien und Politik*, hg. von Ilona Nord & Thomas Schlag, Leipzig 2021, 253–260, sieht im Umgang mit Angst urtheologisches Thema, das hier auch politische Dimensionen habe.
12 Vogt, *Emotionen*, 310 u.ö.
13 Vgl. ebd., 307–310.
14 Vgl. ebd., 310.
15 Ebd., 312; vgl. auch 318.

Art der Interpretation kann dazu führen, die ausgelassenen Emotionen – gerade die aggressiven – in ihrer Eigenlogik zu unterschätzen.

Vor dem Hintergrund einer liberalen, diskursorientierten Demokratietheorie haben *Ulrich Körtner* und *Christian Polke* die populistische Emotionalisierung im öffentlichen Raum betrachtet. Die neue Emotionalität im Bereich des Politischen ist hier vor allem deshalb ein Problem, weil Kommunikation im Diskurs der liberalen Demokratie über das bessere Argument funktioniert, das verbal verfasst ist und mithilfe universaler Vernunft abgewogen wird. Körtner schreibt deshalb 2017 ein Plädoyer »Für die Vernunft. Wider Moralisierung und Emotionalisierung in Politik und Kirche«[16]. Polke nennt als ein Strukturmerkmal des Rechtspopulismus die »Kultivierung des ›richtigen‹ Ressentiments«[17]. Dieser abgründige, an konkrete Macht- und Ohnmachtskonstellationen gekoppelte Gefühlskomplex, wie ihn Max Scheler klassisch herausgearbeitet hat, bildet hier die Schlüsselemotion für die Populismus-Interpretation – nicht die Angst, die man wohlwollend-kümmernd als Teil einer gegebenen conditio humana akzeptieren und beantworten könnte.[18] Ressentiment stellt eine ernstzunehmende Gefahr für den demokratischen Diskurs dar und wird gerade dafür auch erst erzeugt und bewusst geschürt. Was nun die Rolle der Kirche betrifft, betonen Polke wie Körtner die Unterscheidung zwischen Welt und Kirche: Keinesfalls soll sich Kirche dann an der Emotionalisierung und Moralisierung im öffentlichen Raum beteiligen oder ihr weitere moralische Unterstützung und religiöse Sakralisierung bieten. Vielmehr möchte Polke die Universalität und Individualität dessen, was die christliche Tradition Sünde nennt, ins Spiel bringen: Weil diese jeden betreffe, spreche einiges für eine Ent-Moralisierung politischer Auseinandersetzungen.[19] Die emotionale Sünde der Populisten ist nicht ihre Angst, wie bei Vogt, sondern ihre Hybris: dass sie sich ihrer eigenen Fehlbarkeit nicht mehr bewusst sind oder den Gedanken daran ablehnen, weil sie sich auf das moralisch trotzige Gefühl des Ressentiments zurückziehen und einen rationalen Austausch verweigern.

Diese Sichtweise nimmt den Komplex verschiedener Emotionen ernst, die sich als Nährboden für Populismus ausmachen lassen. Sie hat auch einen Blick für die kulturelle Prägung von Emotionen und macht damit auch Kirche darauf aufmerksam, wo sie in Emotionenpolitiken verstrickt werden kann. Sie ist auch nicht blind für die positive Bedeutsamkeit von Emotionen in Politik wie Kirche:[20] Körtner gesteht zu, dass die liberale Demokratie »wohl nur dann gedeihen kann, wenn sie von ihren Bürgerinnen und Bürgern auch emotional bejaht und notfalls verteidigt wird«[21]. Aber

---

16 Ulrich H. J. Körtner, *Für die Vernunft. Wider Moralisierung und Emotionalisierung in Politik und Kirche*, Leipzig: Evangelische Verlagsanstalt 2017.
17 Christian Polke, Populismus als Herausforderung für die demokratische Zivilgesellschaft, *Zeitschrift für Evangelische Ethik* 62 (3), 2018, 200–212, doi: 10.14315/zee-2018-620306, 205 (im Original kursiv). Als weitere Strukturmerkmale sieht er den legitimierenden Bezug auf das »Volk«, Eliten- und Repräsentationskritik und Pluralismus-Skepsis, vgl. 203–204.
18 Vgl. Polke, *Populismus*, 205; Körtner, *Vernunft*, 49.
19 Vgl. Polke, *Populismus*, 209.
20 Vgl. Körtner, *Vernunft*, 44.
21 Ebd., 55–56.

bejahens- und verteidigungwert sei die Demokratie gerade dann, wenn sie den Einzelnen Freiräume gebe, nämlich nicht auch noch das Begehrens- und Fürchtenswerte bestimmen wolle und damit auf das Gefühlsleben zugreife.[22] Es ist diese heilsame Selbstbegrenzung, mit der Körtner dem Kognitivismus-Vorwurf an den politischen Liberalismus begegnet.[23]

Gleichzeitig bleibt deutlich: Gefühle sind hier eher das Problem und die Vernunft ist die Lösung. Eine »kritische Vernunft« soll bei Körtner die Ambivalenzen von Gefühlen in Moral und Politik reflektieren,[24] was angesichts der genannten Beispiele auch in seiner Dringlichkeit einleuchtet. Emotionen und Gefühle müssen zivilisiert werden.[25] »Nicht nur die Macht, sondern auch das Gefühl beugt sich in einer funktionierenden Demokratie dem Argument – und nicht umgekehrt das Argument der Macht der Gefühle.«[26] Die Emotion, die Körtner für die Demokratie in Aussicht stellt, ist dann auch ein »Vernunfteros«[27].

Will man den Impuls dieser skeptischen Perspektive auf Emotionen im öffentlichen Raum aufnehmen, entsteht für Kirche als Akteurin in der Politik öffentlicher Emotionen die schwierige Frage, wie der Einfluss von Emotionen im Bereich des Politischen begrenzt werden kann, ohne in einen rationalistischen Manichäismus zu münden, der als Antwort auf Emotionen nur die Beherrschung durch die Vernunft kennt.

Die dritte Position macht genau dazu einen Vorschlag. Im einschlägigen Band von Thomas Wabel u.a. »Zwischen Diskurs und Affekt« hat *Matthias Braun* eine weitere Deutung vorgeschlagen: Im Umgang mit dem Populismus sei »die affektive Dimension von Vulnerabilität (mit) zu adressieren«[28], d. h. Phänomene des Populismus seien »als Orte von Vulnerabilität zu verstehen«[29]. Diese Vulnerabilität, die sich immer schon affektiv-leiblich äußert, ist dann eine doppelte: die »Vulnerabilität fundamentaler individueller Ansprüche auf soziale Teilhabe und [...] eine Vulnerabilität eines miteinander geteilten sozialen Bandes«[30]. Der Populismus ist damit als »Indikator von und für Verletztheit und Verletzbarkeit«[31] zu verstehen. Ein rein argumentativer Ansatz greift nun für Braun zu kurz, »weil es sich oft um Orte eines affektiven Außer-Sich Seins«[32]

---

22 Vgl. ebd., 53.55–56.
23 Vgl. ebd., 55–56.
24 Vgl. ebd., 42–43.
25 Vgl. ebd., 54.
26 Ebd., 55; vgl. ebd., 93.
27 Ebd., 84.
28 Vgl. Matthias Braun, »Das ist doch Populismus!« Zur (nicht nur aber auch: theologischen) Verhältnisbestimmung von Anerkennung und Affekt, in: *Zwischen Diskurs und Affekt. Politische Urteilsbildung in theologischer Perspektive*, hg. von Thomas Wabel, Torben Stamer & Jonathan Weider, Leipzig: Evangelische Verlagsanstalt 2018, 65–81, 69.
29 Ebd., 71.
30 Ebd., 79.
31 Ebd., 79.
32 Ebd., 80, s. dazu näher 68–69.71–72 mit Bernhard Waldenfels, Maurice Merleau-Ponty, Judith Butler und Martha Nussbaum.

handle.³³ Für Verletzungsemotionen müssten in der Folge zivilgesellschaftliche Orte geschaffen werden, an denen ihnen Raum gegeben werden könne.³⁴ Darüber hinaus könnte es hier zu »korrigierenden emotionalen Erfahrungen – wie zum Beispiel Dankbarkeit und Gastfreundschaft – kommen«³⁵. Dass Kirche ein solcher Ort sein oder werden könnte, wird nicht explizit gesagt, lässt sich aber gut vorstellen, ist es doch die »Aufgabe von Theologie und auch von Kirche, die hinter den Krisen von Demokratie und Rechtsstaat stehenden Verletztheit wie Verletzbarkeit von Gemeinschaft zu identifizieren, zu reflektieren und auch dann nicht zuletzt Möglichkeiten den Weg zu bahnen, neue Verknüpfungen des sozialen Bandes zu schaffen.«³⁶

Durch die Hervorhebung der Bedeutung der affektiven Komponente, die diese fundamentalanthropologisch und politiktheoretisch würdigt, wird hier ein gewichtiger Gegenakzent zur liberalen Tradition gesetzt. Zugleich wird eine Engführung auf nur eine Emotion wie z. B. Angst vermieden. Dass auch das soziale Band – und nicht nur Individuen oder Gruppen – als verletzbar und faktisch verletzt in den Blick genommen wird, schiebt der Gefahr, hier allzu schnell in eigene Verletzungsnarrative des Populismus einzustimmen, einen Riegel vor. Was Kirche anbetrifft, kommt ihr die Rolle der Beziehungsstifterin zu, die das soziale Band durchaus auch affektiv stärkt.

Jürgen Manemann arbeitet ebenfalls mit dem Begriff der Verletzlichkeit, so in »Demokratie und Emotion« von 2019.³⁷ Er wendet dies allerdings stärker gegen den Populismus selbst: Das Problem des Populismus besteht für ihn darin, dass er die Verletzlichkeit aller Menschen grundsätzlich leugnet und sich dem Leid der anderen verschließt.³⁸ Gegen die emotionalen Kräfte des Stolzes und der Wut sollen »demokratische Leidenschaften« wirksam werden, die auf der Sensibilisierung für Leid und Differenzen beruhen.³⁹ Während das identitäre Wir auf Stolz, Hass, Angst, Neid, Scham, Schuld und Ressentiment aufbaue, lebe das demokratische Wir von Mitgefühl und Liebe. Nun hätte diese Sichtweise das Problem, dass demokratieförderliche von demokratiefeindlichen Emotionen in allzu simpler Weise geschieden werden sollen. Das möchte Manemann ausschließen.⁴⁰ Was er immer wieder als Kriterium verwendet, ist das Moment der Selbstwahrnehmung und -reflexion sowie die leidsensible Wahrnehmung anderer. Auch wenn er schließlich doch eine klare Zuteilung der Emotionen trifft, hängt ihre ethische Beurteilung an der gesellschaftlichen Konstellation, in der sie stehen.⁴¹

---

33 Vgl. ebd., 69.80.
34 Vgl. ebd., 80.
35 Vgl. ebd., 80.
36 Ebd., 77.
37 Vgl. Jürgen Manemann, *Demokratie und Emotion. Was ein demokratisches Wir von einem identitären Wir unterscheidet*, Bielefeld: Transcript 2019.
38 Vgl. ebd., 10 u.ö.
39 Vgl. ebd., 49–66.68.
40 Vgl. ebd., 51–52.
41 Vgl. das Beispiel der Scham (ebd., 51–52). Ob damit Liebe und Mitgefühl (oder auch Vertrauen, vgl. 64) nicht eher zu Meta-Gefühlen oder Gefühlstugenden werden, die andere Affekte formen sollen, sei als emotionentheoretische Frage hier nur angezeigt.

Wie Braun denkt Manemann nun an eine Art gegenlaufende Wir-Erfahrung. Das demokratische Wir ereignet sich in konkreten Versammlungen von Körpern.[42] Dort werden gewissermaßen Gegenemotionen zu denen des identitären Wir gepflegt. Kirche wäre m. E. als eine solche Gegengemeinschaft vorstellbar.[43]

Was bei beiden auffällt, ist die Kontrastierung von einer demokratiestützenden Kirche mit dem demokratiebedrohenden Teil der Welt. Gleichzeitig würde Kirche eine Allianz mit den entsprechenden zivilgesellschaftlichen Kräften schmieden. Dann allerdings wäre darauf zu achten, dass Kirche nicht nur eine emotionale Selbstvergewisserung nach innen betreibt und sich und den demokratiefreundlichen Kräften in der Zivilgesellschaft den richtigen Standort bestätigt.[44] Vielleicht läge eher eine Chance darin, neben allen »Gegen«-Emotionen auch einen genuin theologischen Zugang zu Emotionen der Selbstbehauptung wie Stolz oder Zorn zu finden und so Verfestigungen bestehender Kontraste im Kirche-Welt-Verhältnis zu unterlaufen. Das ginge mit Brauns zivilgesellschaftlichen Orten für Verletzungsemotionen einher, aber emotionentheoretisch auch weiter.

Fazit: Der Durchgang durch die drei Ansätze macht Probleme hinsichtlich des Verständnisses und der Theologie der Emotionen sichtbar. An der Grenzlinie von Kirche und Öffentlichkeit wäre daraus zu lernen, Emotionen als solche ernst zu nehmen, konkrete Emotionen in ihrer Eigenlogik wahrzunehmen und selbst aggressive oder selbstbehauptende Emotionen zumindest in Ambivalenz zu halten. Was die Rolle von Kirche betrifft, wird sie sich faktisch an allen drei Wegen beteiligen: Sie wird Emotionalisierungsprozesse kritisch begleiten (2), eigene Emotionskulturen kultivieren (3) und Wege finden, die Grenze zwischen eigener Botschaft und dem Emotionshaushalt von öffentlichen Akteuren zu ›vermitteln‹ (1). Kirche mag dabei plausibel machen können, was sie auf Ebene der Emotionen ins öffentliche Leben förderlich einbringt, wird dabei aber zusehen müssen, das als ihr eigenes Geschäft aus den Quellen ihrer eigenen Tradition auszuweisen und damit der Spannung von Universalität und Partikularität gerecht zu werden.[45]

---

42 Vgl. ebd., 96–99.
43 Auch bei Hartmut Rosa, *Demokratie braucht Religion. Über ein eigentümliches Resonanzverhältnis*, München: Kösel 2022 ist Religion – und durchaus auch Kirche – in Ansätzen als eine solche Gegengröße konzipiert.
44 Darin sehe ich eine Pointe des Beitrags Christian Albrechts und Reiner Anselms in diesem Band, vgl. unten 162.
45 Vgl. EKD, *Vielfalt und Gemeinsinn*, 13.

Reflexion und Engagement
Ethische Kompetenz in der Kirche als Thema einer Ekklesiologie des Öffentlichen Protestantismus

Christian Albrecht & Reiner Anselm

Was leistet die Kirche für das Leben in einer freiheitlich-demokratischen Gesellschaft? Auf diese Frage haben wir mit dem Programm des »Öffentlichen Protestantismus«[1] eine Antwort zu geben versucht. Ihre Leistung und Aufgabe bestehen darin, auf der Grundlage der leitenden Ideen des christlichen Glaubens ein Bewusstsein zu fördern, das die Gestaltung des Politischen aus der Orientierung am Nächsten heraus ermöglicht, politisch gesprochen: aus einer Ausrichtung am Gemeinsinn heraus. Akteure und Akteurinnen einer solchen Gestaltung sind nicht nur diejenigen, die unmittelbar politisch Verantwortung tragen, sondern auch evangelische Christinnen und Christen als Bürgerinnen und Bürger. Aus diesem Grund war und ist es uns ein Anliegen, eben nicht von Öffentlicher Theologie[2] oder Öffentlicher Kirche[3] zu sprechen, sondern dezidiert von einem Öffentlichen *Protestantismus,* von der öffentlichen Dimension des Christseins.

Trotz schwer überhörbarer Anklänge an die besonders von Dietrich Rössler in der Tradition der Liberalen Theologie herausgearbeitete Unterscheidung zwischen einem individuellen, einem kirchlichen und einem öffentlichen Christentum[4] kommt es uns in der zugrunde gelegten Protestantismustheorie darauf an, zu betonen, dass keine dieser Dimensionen für sich selbst stehen kann, es sich also nicht um empirisch wahrnehmbare, distinkte Sozialformen des Protestantismus handelt. Vielmehr sind es jeweils Dimensionen des Protestantismus als Ganzem, der stets in einer je eigenen Mischung und in der wechselseitigen Justierung dieser drei Konstitutionselemente auftaucht. Das heißt auch: alle Erscheinungsweisen des Protestantismus (wie zum

---

1 Christian Albrecht & Reiner Anselm, *Öffentlicher Protestantismus. Zur aktuellen Debatte um gesellschaftliche Präsenz und politische Aufgaben des evangelischen Christentums*, Zürich: Theologischer Verlag Zürich 2017; Christian Albrecht & Reiner Anselm, *Differenzierung und Integration. Fallstudien zu Präsenzen und Praktiken eines Öffentlichen Protestantismus*, Tübingen: Mohr Siebeck 2020.
2 Der Theologiebegriff des Programms »Öffentlicher Theologie« ist dabei sehr uneinheitlich und opak. Zur Bandbreite der Bedeutungen vgl. Ulrich H. J. Körtner, Reiner Anselm & Christian Albrecht (Hg.), *Konzepte und Räume Öffentlicher Theologie. Wissenschaft – Kirche – Diakonie*, Leipzig: Evangelische Verlagsanstalt 2020.
3 Vgl. – in größerer Nähe zum Programm des Öffentlichen Protestantismus – Thomas Schlag, *Öffentliche Kirche. Grunddimensionen einer praktisch-theologischen Kirchentheorie*, Zürich: Theologischer Verlag Zürich 2012.
4 Vgl. Dietrich Rössler, *Grundriß der Praktischen Theologie*, 2. Auflage, Berlin/Boston: De Gruyter 1994, 91–94.

Beispiel das gemeindliche Leben, der schulische Religionsunterricht, die Diakonie, Akademien, evangelische Bildungs- und Beratungsarbeit, Kirchentage, politische Stellungnahmen der Landeskirchen und der Evangelischen Kirche in Deutschland [EKD] und anderes mehr) lassen stets diese drei Dimensionen des Individuellen, des Kirchlichen und des Öffentlichen in unterschiedlichen Mischungsverhältnissen erkennen. Sie alle haben eine individuelle Dimension, also eine an den einzelnen Menschen sich richtende und von ihm getragene Dimension; eine kirchliche Dimension, also eine Dimension der internen Vergemeinschaftung und eine öffentliche Dimension, also eine auf die Welt oder auf die Gesellschaft sich richtende Dimension, die Gestaltungsabsichten und Relevanzanspruch umfasst. Im vorliegenden Zusammenhang ist zu unterstreichen, dass die individuelle wie die kirchliche Dimension des Protestantismus nicht denkbar sind ohne eine Ausrichtung auf das Gemeinwesen. Wolfgang Huber hat dies in die vertraut-verfremdende Formel vom »Dreifachgebot der Nächstenliebe« gekleidet.[5]

Während allerdings die Bedeutung der kirchlichen Dimension für die Genese und Stabilisierung der individuellen Dimension, des persönlichen Glaubens, vielfältig reflektiert worden ist und vor allem auch seit Beginn der empirischen Untersuchungen zur Kirchenmitgliedschaft im Zentrum von Analysen, Theoriebildung und Handlungsempfehlungen steht, ist für den Zusammenhang zwischen der kirchlichen und der öffentlichen Dimension des Protestantismus bislang nichts Vergleichbares erfolgt. Hier stand entweder, wie im Fall der sogenannten Lehre von der Königsherrschaft Jesu Christi, das direkte Handeln der Kirche als Akteurin im Zentrum, in der Regel vertreten durch Amtsträgerinnen und Amtsträger. Oder aber die Reflexion konzentrierte sich, wie in den verschiedenen Varianten der Zwei-Reiche- und Zwei-Regimenten-Lehre, auf das Handeln des Einzelnen und der Einzelnen nach den Gesetzmäßigkeiten der Vernunft, die zugleich als Ausdruck der glaubensbestimmten persönlichen Überzeugung gedeutet wird.

Die Interpretationskategorien der beiden konkurrierenden Großkonzeptionen zur politischen Ethik aus der Epoche des Kirchenkampfs erweisen sich jedoch unter den Bedingungen einer differenzierten, demokratisch organisierten Gesellschaft, in der zudem auch die Kirchen keine Monopolstellung für Orientierungsstiftung beanspruchen können, als zunehmend unbefriedigend: Weder kann für die Kirche in Anspruch genommen werden, dass sie deutlicher und vor allem verbindender und verbindlicher als jede andere zivilgesellschaftliche Gruppierung oder das politische Gemeinwesen selbst die Werteorientierung der Bürgerinnen und Bürger zum Ausdruck bringt, so wie es zumindest implizit das Konzept der Königsherrschaft Christi voraussetzt. Noch ist davon auszugehen, dass sich der christliche Glaube nur über die persönliche Frömmigkeit, also als Konsequenz des individuellen Glaubens in adäquate politische Orientierung überführen lässt. Die in der jüngsten Vergangenheit teils mit großer Schärfe geführten Debatten um eine moralisierende Verengung kirchlich

---

5 Vgl. Wolfgang Huber, *Glaubensfragen. Eine evangelische Orientierung.* München: C. H. Beck 2017, 226–232.

organisierten Christentums[6], aber auch die Diagnose einer liberaldemokratischen Unzuverlässigkeit persönlicher Christentumsorientierung, die sich in einem »Christentum von rechts« ausdrückt,[7] bilden exemplarisch und durchaus zugespitzt diese Problemlage ab. Damit aber rückt die Frage ins Zentrum, wie eigentlich die kirchliche Dimension des Protestantismus in diesem Zusammenhang des Politischen zu positionieren ist. Genauer gefragt geht es darum, wie konkret der Beitrag der Kirche aussehen kann, um eine solche Haltung des Gemeinsinns zu vermitteln, die für die Kohäsionskräfte einer pluralen Gesellschaft notwendig sind, gerade wenn sie die Freiheit der Einzelnen zur individuellen Lebensgestaltung hochhalten möchte. Es geht dabei, mit Jürgen Habermas gesprochen, um die Kultivierung derjenigen »entgegenkommenden Lebensformen«, auf die ein auf der Hochschätzung der Menschenwürde und der Menschenrechte aufgebautes Gemeinwesen unverzichtbar angewiesen ist.[8]

In seinen Analysen zur Struktur und zur Legitimität moderner, rechtsstaatlich-demokratischer Gesellschaften arbeitet Habermas heraus, wie voraussetzungsreich die Akzeptanz entsprechender Steuerungsverfahren ist. Zwei Aspekte stehen dabei im Fokus: Zum einen die gegenseitige Anerkennung der Bürgerinnen und Bürger als Freie und Gleichberechtigte, zum anderen der Übergang vom Erkennen zum Handeln. Für beides bringt Habermas die Religion und dabei insbesondere das Christentum ins Spiel, weil diese in ihren Traditionen und Praktiken ein wichtiges Reservoir an moralischen Werten, Sinnstiftungsangeboten und sprachlichen Ausdrucksformen für existentielle Erfahrungen wie Verletzlichkeit und Leiden, Schuld und Vergebung zur Verfügung stellen. Insofern in den christlichen Leiterzählungen zentrale Begriffe wie Gerechtigkeit, Solidarität, Verantwortung und Nächstenliebe stets mit konkreten Handlungen verbunden werden, können diese semantischen Potenziale zugleich die Motivation für ein entsprechendes Handeln schaffen. Diese Beziehung zwischen Christentum und Gesellschaftsgestaltung stellt jedoch keine Einbahnstraße dar, sondern einen Prozess wechselseitiger Durchdringung und Korrektur. Religionsgemeinschaften müssen die Säkularität und Pluralität des Gemeinwesens ebenso akzeptieren, wie dieses umgekehrt die Eigenlogiken der Religion zu respektieren hat, solange diese nicht in Konflikt mit den Prinzipien demokratischer Ordnung gerät.

Diese Aufgabenbestimmung vor Augen, haben sich in den Weiterführungen jener beiden konkurrierenden Großtheorien (Lehre von der Königsherrschaft Jesu Christi bzw. Varianten der Zwei-Reiche-Lehre) neue Modelle entwickelt, die stärker die

---

6   Vgl. als Einstieg Günter Thomas, *Im Weltabenteuer Gottes leben. Impulse zur Verantwortung für die Kirche*, Leipzig: Evangelische Verlagsanstalt 2020; Ulrich H. J. Körtner, *Für die Vernunft. Wider Moralisierung und Emotionalisierung in Politik und Kirche*, 2. Auflage, Leipzig: Evangelische Verlagsanstalt 2017.

7   Vgl. Johann Hinrich Claussen, Martin Fritz, Andreas Kubik, Rochus Leonhardt & Arnulf von Scheliha, *Christentum von rechts. Theologische Erkundungen und Kritik*, Tübingen: Mohr Siebeck 2021; Evangelische Kirche in Deutschland (Hg.), *Zwischen Nächstenliebe und Abgrenzung. Eine interdisziplinäre Studie zu Kirche und politischer Kultur*, Leipzig: Evangelische Verlagsanstalt 2022.

8   Vgl. Jürgen Habermas: *Faktizität und Geltung. Beiträge zur Diskurstheorie des Rechts und des demokratischen Rechtsstaats*, Frankfurt am Main: Suhrkamp 1992, 434.

Rolle der kirchlichen Dimension für die öffentliche Dimension des Protestantismus herauszuarbeiten suchten.⁹ Dabei nahm – idealtypisch und etwas vereinfachend gesprochen – das Programm der Öffentlichen Theologie in der Nachfolge des Konzepts der Königsherrschaft Jesu Christi und unter den Stichworten von »Zweisprachigkeit« und »Übersetzungsleistungen«¹⁰ zunächst vor allem das Handeln der Kirche in den Blick. Dies war entscheidend motiviert durch den Sachverhalt, dass mit Wolfgang Huber und Heinrich Bedford-Strohm die beiden prominentesten Vertreter der Öffentlichen Theologie jeweils auch Landesbischöfe sowie Vorsitzende des Rates der EKD und damit selbst in kirchenleitenden Funktionen tätig waren. Parallel dazu arbeiteten neuere Konzeptionen der Zwei-Reiche- und Zwei-Regimenten-Lehre heraus, dass deren Aufgabe gerade darin bestehe, Sakralisierungen des Politischen zu wehren und zugleich den verbindenden Horizont für das Gemeinwesen zu skizzieren sowie über entsprechende Handlungspraktiken präsent zu halten. Die Bedeutung der kirchlichen Dimension des Protestantismus besteht dann darin, diese Elemente bereit zu halten, mithin den Raum für die säkulare Vernunft offen zu halten und zugleich die entsprechenden Ideen und auch Praktiken vorzuhalten, die es ermöglichen, einen solchen gemeinsamen Horizont zu formulieren. Außerdem galt es, die Motivation dafür zu stärken, sich einem solchen gemeinsamen Horizont entsprechend zu verhalten und dabei die eigenen Interessen gegenüber denen Anderer zurücktreten zu lassen. In diesem Kontext besteht die Aufgabe der kirchlichen Dimension des Protestantismus und der ihr zugeordneten theologischen Reflexion dann nicht nur darin, die Botschaft des Christentums auszulegen in den Raum einer gesellschaftlichen Debatte, sondern dabei insbesondere darauf zu achten, dass die Partikularität der eigenen Position und damit deren Begründungspflichtigkeit präsent bleibt. In der Theoriesprache Peter Dabrocks formuliert: Es handelt sich bei der entsprechenden Transpartikularisierung eben nicht nur um eine Übersetzungsleistung, sondern um eine Haltung, die auf der Grundlage der Anerkennung der eigenen Partikularität eine Öffnung zum Anderen hin möglich macht:

> Insofern der Glaube und die ihm nachdenkende Theologie in ihrer Diskurspraxis eine Differenzsensibilität entwickeln und pflegen kann, nicht ›Herr im eigenen Hause‹ (S. Freud) zu sein, wird durch diese Anerkennung der Begrenztheit des Eigenen auch der gute Boden dafür bereitet, sich anderen zu öffnen.¹¹

---

9   Zur gesamten Problemlage vgl. nach wie vor Hans-Walter Schütte, Zwei-Reiche-Lehre und Königsherrschaft Christi, in: *Handbuch der christlichen Ethik*, hg. von Anselm Hertz, Wilhelm Korff, Trutz Rendtorff & Hermann Ringeling, Freiburg: Herder 1993, 339–353, ausführlicher Reiner Anselm: Ethik des Politischen, in: *Handbuch der Evangelischen Ethik*, hg. von Wolfgang Huber, Torsten Meireis & Hans-Richard Reuter, München: C. H. Beck 2015, 195–263.
10 Vgl. Heinrich Bedford-Strohm, Öffentliche Theologie in der Zivilgesellschaft, in: *Grundtexte Öffentliche Theologie*, hg. von Florian Höhne & Frederike van Oorschot, Leipzig: Evangelische Verlagsanstalt 2015, 211–226.
11 Peter Dabrock, Lars Klinnert & Stefanie Schardien, *Menschenwürde und Lebensschutz. Herausforderungen theologischer Bioethik*, Gütersloh: Gütersloher Verlagshaus 2004, 41.

Das Programm des Öffentlichen Protestantismus geht in dieser Hinsicht davon aus, dass diese Reflexivität dem Glauben nicht von vornherein zueigen ist, sondern ihm durch die kirchliche Dimension dieses Glaubens vermittelt und immer wieder präsent gehalten werden muss.

Diese Aufgabe vor Augen, gilt es nun im Sinne einer »Ekklesiologie des Öffentlichen Protestantismus« danach zu fragen, ob die Ressourcen und die Praktiken, mit denen sich die Kirche dieser Aufgabe stellt, geeignet sind, diese in befriedigender Weise zu erfüllen. Dabei ergibt sich zunächst ein positiver Befund: In der Kirche ist Fachexpertise zu sehr vielen einzelnen Sachfragen vorhanden. Sie verfügt aufgrund ihrer weit verzweigten Arbeitsfelder über Mitarbeiterinnen und Mitarbeiter, die in ganz unterschiedlichen, sehr vielfältigen Arbeitsbereichen eine sehr hohe Expertise in einzelnen, ethisch relevanten Problemlagen haben: Von den Sozialpfarrerinnen und -pfarrern über die verschiedenen Bereiche der Sonderseelsorge, den verschiedenen Beratungsstellen für Ehe, Partnerschaft und Familie, den Umwelt- und Klimabeauftragten bis hin zur Entwicklungs- und Flüchtlingsarbeit gibt es kaum ein Segment von öffentlicher Bedeutung, in dem die Kirche nicht ausgewiesene und auch weithin anerkannte Expertinnen und Experten aufbieten könnte. Hinzu kommt: Diese Expertise bezieht sich keineswegs nur auf den unmittelbaren Kontext kirchlicher Handlungsfelder, sondern immer auch auf den Bereich des gesellschaftlichen Zusammenlebens und damit des Politischen. Und weiter: Diese Expertise bildet die gesellschaftliche Differenzierung und Spezialisierung ab, auch hier zeigt sich das evangelische Christentum als Teil der Gesellschaft, als Volkskirche.

Die gesellschaftliche Anerkennung von Theologinnen und Theologen in ethischen Fragen und die Nachfrage nach ihnen sind allerdings keineswegs nur dieser Expertise geschuldet. Diese bleibt zwar unabdingbar, um in der Arena gesellschaftlicher und politischer Meinungsbildung gehört zu werden: wer nicht weiß, wovon er spricht, kann keine maßgebliche Wirkung entfalten. Die eigentliche Nachfrage aber resultiert nicht aus einer solchen Kompetenzunterstellung gegenüber fachlich versierten Expertinnen und Experten. Unserer Beobachtung nach kommt in ihr vielmehr das zum Ausdruck, was von der theologischen Ethik insgesamt erwartet wird, nämlich Probleme zu artikulieren, die sich mit einem segmentierten Expertinnen- oder Expertenwissen nicht lösen lassen. Gerade die Vertreterinnen und Vertreter der evangelischen Ethik gelten als Anwältinnen und Anwälte des Gesamten, der unterstellten Gemeinsamkeit, ohne die auch politische Kontroversen nicht ausgetragen werden können. Dementsprechend wird gerade von Pfarrerinnen und Pfarrern als exponierten Vertreterinnen und Vertretern der Kirche erwartet, dass sie in exemplarischer Weise daran interessiert sind, ihre Position als *common sense* der Gesellschaft zum Ausdruck zu bringen. Die Sensibilität, die in der Öffentlichkeit gegenüber einem Fehlverhalten im Bereich der Kirche deutlich wird, ist ein klares Indiz für diese Erwartung.

Es ist interessant, dass diese Erwartung zusammenfällt mit der Bedeutung, die der Ethik insgesamt in modernen Gesellschaften zugeschrieben wird: Ihre Aufgabe besteht darin, eine Perspektive zu entwickeln, in der die einzelnen Teilbereiche der Gesellschaft zu einem Ganzen zusammengefügt werden können – und zwar so, dass die Entscheidungsspielräume der einzelnen Teilbereiche, aber auch der einzelnen Bürgerinnen und Bürger nicht über Gebühr eingeschränkt werden. Die Aufgabe, die der

Ethik – und eben der evangelischen bzw. der christlichen Ethik ganz besonders – gestellt ist, besteht vor diesem Hintergrund darin, das Einzelne mit dem Gemeinsamen zu kombinieren.

Genau an dieser Stelle bestehen nun allerdings signifikante Defizite. Denn es ist keineswegs hinlänglich klar, wie eigentlich eine solche gemeinsame Position zu gewinnen wäre. Hier liegen große Herausforderungen, vor allem deswegen, weil die normativen Grundlagen des Glaubens nur schwer Auskunft geben können auf solche an der Gegenwart gewonnenen Fragen. Dies wirkt sich vor allem deswegen so schwierig aus, weil sich der moralische Appell und die Emotionalisierung von Kontroversen sehr viel einfacher mit der Routine religiöser Praxis verbinden lässt als die Suche nach Verbindendem und das Abwägen verschiedener, durchaus auch konträrer fachspezifischer Aspekte. Gerade durch die Konjunktur, die das Konzept der Emotionen in der jüngeren Vergangenheit bei Martha Nussbaum oder Chantal Mouffe erfahren hat, liegt hier eine erhebliche Versuchung, die Rolle der Religion auf die Verstärkung solcher Emotionen zu reduzieren – eine Problematik, die in Lisanne Teucherts Beitrag für diesen Band klar identifiziert wird. Denn zweifelsohne ist Politik nicht nur eine Sache der formalen Logik und des sachlich besseren Arguments. Insbesondere der Parlamentarismus lebt von der Rhetorik. Überzeugungskraft entsteht durch die Auswahl und Präsentation der Beispiele, nicht nur durch das widerspruchsfrei vorgetragene Argument. Zudem lebt eine Demokratie immer auch davon, etwas verändern zu wollen, vom Empfinden eines Störgefühls, ja auch von Wut und Empörung. Emotionen gehören zur Politik, gerade zur demokratischen Politik.

Auf der anderen Seite aber lässt sich nicht darüber hinwegsehen, dass Emotionen auch eine manifeste Bedrohung der Demokratie darstellen können. Denn der Rekurs auf Emotionen in der Politik kann mit einer affektiven Polarisierung einhergehen, bei dem sich politische Gruppen nicht nur inhaltlich, sondern auch emotional voneinander abgrenzen. In der Folge geht es nicht mehr nur um unterschiedliche Meinungen, sondern um tiefe emotionale Gräben, die sich zwischen den Anhängerinnen und Anhängern verschiedener politischer Lager auftun. Verbunden mit einer identitätspolitischen Aufladung von Kontroversen, bei der das Zurückweisen von Argumenten gleichgesetzt wird mit dem Zurückweisen von Personen, sind die Abwertung der »anderen« Gruppe und eine Überhöhung der eigenen Gruppe die fast unausweichliche Folge. Es entsteht ein »Wir-gegen-die«-Denken, das eben gerade nicht mit der Zielsetzung des Protestantismus in den Arenen des Politischen kompatibel ist.

So sehr also zwar Emotionalisierung wichtig ist für den Übergang vom Erkennen zum Handeln, so sehr muss die Kirche als Sachwalterin einer kritischen Reflexion des Glaubens, vor allem aber als Sachwalterin des christlich-ethischen Blicks auf das Ganze darauf achten, die destruktive Kraft der Emotionen zu kompensieren. Es ist ihre Aufgabe, Tendenzen und vor allem Strategien entgegenzutreten, die die deliberative Auseinandersetzung durch den Rekurs auf Emotionen unterlaufen möchte. Emotionen gehören zur parlamentarischen Demokratie und können die deliberative Demokratie stärken, sie können aber eben auch zur Aushöhlung der demokratischen Ordnung führen, so wie es derzeit nahezu in allen populistischen Positionen geschieht. Diese populistischen Modelle sind erfolgreich, weil sie präzise eine Schwachstelle der liberalen Modelle identifizieren. In ihrem Bestreben, jeder einzelnen Perspektive gerecht zu werden, haben diese die handlungsleitenden Wertvorstellungen weitestgehend in den Definitionsbereich der Individuen verlagert. Das aber bedeutet auch, dass es keine übergeordneten, rationaler Überprüfung zugänglichen Kriterien mehr gibt: Meine Sicht bestimmt, meine Emotionen sind der Bezugspunkt auch meines politischen Engagements. Die populistischen Bewegungen machen sich nun das Fehlen entsprechender allgemein anerkannter Kriterien zu eigen. Sie nutzen die Spielräume, die die liberale Gesellschaft mit der Verlagerung der Kriterien ins Individuelle bietet, um ihre destruktiven Gegenerzählungen zu formulieren. Damit bieten sie sich als Orientierungsstifterinnen für die an, die angesichts einer pluralen und sich schnell wandelnden Gesellschaft nach starken, die eigene Unsicherheit kompensierenden Führungsfiguren suchen. Populistischen Bewegungen von links bis rechts eignet daher stets ein antidemokratischer Grundzug, sie möchten allein ihre Perspektive als die einzig mögliche für ihre Anhängerschaft darstellen, ohne dies rational-diskursiv aus- und aufzuweisen.

Das bedeutet aber auch, dass alle Versuche, über eine Psychologisierung oder gar eine Pathologisierung dem destruktiven Potenzial des Populismus entgegenzutreten, zum Scheitern verurteilt sind. Denn im Kern geht es nicht um Emotionen, um Ängste oder Verletzungen. Es geht darum, die eigenen positionellen Interessen strategisch durchzusetzen und dabei durch den Verweis auf die Emotionalität sich der Notwendigkeit zur Rechtfertigung der eigenen Position zu entziehen. Theologisch reformuliert bedeutet dies aber nichts anderes als sich selbst in den Mittelpunkt zu stellen, nicht die Bedürfnisse des Nächsten und des Gemeinwesens.

Kirchliches Handeln, insbesondere theologische Reflexion sollte daher nicht davon lassen, für politische Entscheidungen rational nachvollziehbare Argumente einzufordern, die auch von denen geteilt werden können, die eine andere als die eigene Perspektive einnehmen. Emotionen sind eine Triebkraft des Handelns, aber sie bedürfen der Kultivierung – sonst werden sie destruktiv. Das gilt übrigens für die Religion ebenso wie für das Politische. Das destruktive Potenzial der Religion und ihrer Emotionen zu entschärfen, ist eine Aufgabe, die die kirchliche Dimension des Protestantismus der Theologie als ihrer Reflexionsinstanz stellt.

Allerdings bleibt die tatsächliche Praxis der Kirche im Blick auf die ihr hier zugeschriebene Rolle jedoch weit zurück hinter der beschriebenen Domestizierung der Emotionen und dem Eintreten für einen verbindenden Horizont. Zwar tragen die kirchlichen Stellungnahmen zu aktuellen politischen Debattenthemen wie etwa dem Erstarken rechtspopulistischer Tendenzen, Krieg und Frieden in Israel oder in der Ukraine, Klimawandel und so weiter äußerlich das Gewand rationaler Argumentation. Schaut man genauer hin, dann besteht der Gehalt der Beiträge allerdings weniger darin, differenzierte und emotionskanalisierende Argumente beizutragen, sondern eher darin, rote Linien zu beschreiben, also zu sagen, was alles nicht geht: populistisch-reaktionäre, nationalistische, antisemitische, rassistische oder kolonialistische Tendenzen gehen nicht, ebenso wenig geht Ignoranz gegenüber den angemessenen Reaktionen auf den Klimawandel oder Ignoranz gegenüber den berechtigten Anliegen von Migrantinnen und Migranten. Für all das ist kein Raum, weil all das dem christlichen Menschenbild widerspricht oder der frohmachenden Botschaft des Evangeliums oder dem Schöpferwillen oder der Menschenwürde oder unseren Werten. Daraus leiten sich dann im Gegenzug bestimmte politische Forderungen ab, die als solche artikuliert werden. Und worin sind sie begründet? In der evidenten Normativität der zuvor genannten Eckpunkte, der roten Linien bzw. der Pathosformeln.

Eine genauere Analyse zeigt dabei: Rote Linien und Pathosformeln fungieren gar nicht als Argumente oder als Gründe, sondern als emotionale Trigger für Moralbekenntnisse. Inhaltlich sind diese Moralbekenntnisse so wenig überraschend wie die aufgerufenen Triggervokabeln. Aber sie beabsichtigen auch gar nicht, dem Gespräch eine weiterführende Wendung zu geben. Sie zielen auf die Vergewisserung längst bekannter Positionen, auf Positionsvergewisserung: nach außen, im politischen Diskurs, falls dort überhaupt irgend jemand zuhört, vor allem aber nach innen: wir, die Christinnen und Christen in der Kirche, stehen fest und wanken nicht und lassen uns nicht irre machen: von keinen Personen, von keinen Argumenten, von keinen Veränderungen oder Entwicklungen, von Wahlergebnissen nicht und von Gerichtsurteilen nicht, von nichts und niemandem.

Mit einer solchen Herangehensweise kann die Kirche allerdings der Aufgabe, einen verbindenden Horizont zu formulieren und in ihren Praktiken präsent zu halten, nicht nachkommen. Vielmehr werden in einer immer kleiner, immer familiärer werdenden Kirche die normativen Ansprüche von Allgemeingültigkeit mehr und mehr durch die Maßgeblichkeit von Subjektivität abgelöst. Das Befinden, das Gefühl hat einen fraglos normativen Charakter, das dann unter der Hand als Konsequenz des Glaubens an den einen Gott als das universal, allverbindlich Absolute verstanden werden will. Weil ich das so fühle, soll es überall so sein.

Dieser Zug wird im Protestantismus noch dadurch verstärkt, dass die Vielstimmigkeit und der Status der Fragen des Zusammenlebens als *adiaphora* vielfach zum Markenkern evangelischen Christentums gehören. Und es ist ja auch richtig: Eine einheitliche Soziallehre lässt sich aus der für das evangelische Christentum allein normativ akzeptierten Grundlage, der Schrift, nicht ableiten. Dieser Umstand war solange scheinbar unproblematisch, als man im Grunde auf ein einheitliches Ethos, genauer: auf die durch den protestantischen Staat repräsentierte Sittlichkeit zurückgreifen konnte. Doch darf man schon hier nicht übersehen, dass die Bestimmung dessen, was der *common sense* in ethischen Fragen sein könnte, nur durch die Hinwegsetzung über abweichende Positionen erreicht werden konnte. Dieser Sachverhalt hielt, das nur am Rande, allerdings die Vertreterinnen und Vertreter der abweichenden Positionen nicht davon ab, ihre Position selbst mit der besonderen Autorität des Glaubens vorzutragen und in eine intolerante, moralisierende Argumentation zu verfallen.

Die Frage, wie die kirchliche Dimension des Protestantismus ihre Rolle für die öffentliche Dimension wahrnehmen kann, ist mithin gar nicht zu trennen von einer normativen Bestimmung dessen, was als das Gemeinsame angesehen werden kann, wie also eine Besinnung auf das Verbindende aussehen könnte. Diese Besinnung beinhaltet eine mindestens *vierfache Herausforderung*: Zum *einen* bedarf es einer ekklesiologischen Klärung, wer einbezogen werden muss und wer einbezogen werden darf, eine Klärung mitunter über die Grenzen der Kirche. Dabei ist deutlich, dass eine solche Bestimmung eine Antwort auf die höchst kontroverse Frage finden muss, ob die Grenzen der Kirche über ihre Institutionalität oder ihre Organisation getroffen werden, auch: ob neue Formen etwa punktueller Mitgliedschaft mit einbezogen werden können. Zum *zweiten* ist zu bestimmen, wie auf welcher Konkretionsebene dieses Gemeinsame bestimmt werden kann und muss: Umfasst es konkrete Einzelentscheidungen, beispielsweise über die Regelungen zum Asylrecht, oder gibt es lediglich einen Rahmen vor, innerhalb dessen die Einzelentscheidungen eigenverantwortlich getroffen werden? Anders und in Aufnahme politikwissenschaftlicher Termini gesprochen: Umfasst es Fragen der *polity*, der Strukturen, der *politics*, der Prozesse, oder auch der *policy*, der konkreten Inhalte? Zum *dritten*: Wie lassen sich die die materialen Gehalte auf allen Ebenen näher bestimmen? Gibt es, um bei einer verhältnismäßig einfachen Thematik anzufangen, eine dem Christentum in besonderer Weise nahestehende Staatsform? Eine Nähe zu einem Wahlsystem? Und schließlich zum *vierten*: Auf welchem Weg könnte es möglich sein, zu einer solchen gemeinsamen Position zu kommen? Und wie wäre es möglich, diese Position so zu formulieren, dass sie auch als eine solche gemeinsame Position akzeptiert werden kann und gleichzeitig aber nicht die individuelle Freiheit und die Vielfalt protestantischer Lebensformen konterkariert?

Diese wenigen Andeutungen sollten schon genügen, um deutlich zu machen: Ehe die Frage angegangen werden kann, wie die ethische Kompetenz einzelner Bereiche oder Akteure in der Kirche verbessert oder intensiviert werden kann, gilt es, genauer zu bestimmen, was als »das Gemeinsame« gelten und akzeptiert werden kann, zumindest den Rahmen, innerhalb dessen dieses Gemeinsame verortet werden soll. Es ist zugleich der Rahmen, der absteckt, wofür einzutreten den spezifischen Beitrag des evangelischen Christentums zum Zusammenleben und damit auch zur Ethik darstellt. Es ist die Aufgabe einer noch nicht in Angriff genommenen Ekklesiologie des Öffentlichen Protestantismus, diesen Fragen nachzugehen.

Eine wesentliche Fragestellung dieser Ekklesiologie des Öffentlichen Protestantismus besteht dabei, um zum Schluss an den Anfang zurückzukehren, in der vermutlich gleichermaßen im Inneren der Kirche wie in der gesellschaftlichen Öffentlichkeit herrschenden, doppelten Erwartung an die Leistungen der Kirche für das Leben in der freiheitlich-demokratischen Gesellschaft. Diese Doppelerwartung lässt sich dabei wie folgt beschreiben: Zum einen soll die Kirche in advokatorischer, positioneller und durchaus emotionaler bzw. emotionalisierender, wo nötig polarisierender Weise eine Stimme für die Schwachen, Armen und Benachteiligten erheben. Zum anderen soll die Kirche sich im gesellschaftlichen Streit als moderate, reflexive und reflektierende Institution der Konsenssuche und Konfliktlösung bewähren. In diesem Sinne soll die Kirche das Andere der Zersplitterung sein – Medium, Ort und Repräsentanz der Bewältigung gesellschaftlicher und politischer Spaltung. Hier wie dort, im Inneren der Kirche wie in der gesellschaftlichen Außensicht, herrscht eine Doppelerwartung, die nicht leicht zu bedienen ist, sondern zu einem Zielkonflikt führen muss.

Dieser Zielkonflikt prägt die öffentliche Wirksamkeit der Kirche nach ihrem Selbstverständnis und Selbstanspruch, er begründet aber zugleich inneren Streit und gesellschaftliche Unzufriedenheiten in Bezug auf die öffentliche Wirksamkeit der Kirche. Zwar bietet die zuverlässige kirchliche »Option für die Armen« eine Garantie dafür, dass diese als eine erwartete Position öffentlich vertreten wird – auch dann und dort, wo andere öffentliche Akteure diese Position nicht vertreten können oder könnten. Zum kirchlich-internen Streit und auch zur gesellschaftlichen Unzufriedenheit führt dieser Positionsbezug aber regelmäßig dann, wenn er das Ziel der Konsensbildung gefährdet oder gefährden könnte. Idealerweise sollte der Positionsbezug für die Armen niemals mit dem Ziel der Konsensbildung kollidieren – doch das ist eine Illusion. Zuverlässiger Positionsbezug muss die Konsensbildung erschweren, und das Konsensinteresse steht dem Positionsbezug für eine bestimmte Gruppe entgegen.

Genau dieser Zielkonflikt ist es, der hinter der Inklusionspartikel in den Programmformeln steht, die Kirche sei eine Gegenöffentlichkeit *in* der Öffentlichkeit[12], ein Wächteramt *in* der Gesellschaft. Die öffentliche Wirksamkeit der Kirche ist eben weder lediglich weltenthoben-grundsätzlich positionell noch ausschließlich den gesellschaftlichen Zusammenhalt stabilisierend, sondern beides gleichzeitig. In der Aufgabe, diesen grundsätzlichen Zielkonflikt stets im Einzelnen und stets von Neuem in der Aushandlung konkret zu bewältigen, besteht die praktische Aufgabe der Öffentlichkeit des Protestantismus. Eine *Ekklesiologie* des Öffentlichen Protestantismus hat die Strukturen und Kompetenzen zu beschreiben, die diese Aufgabe möglich machen. Ohne jeden Anspruch auf Vollständigkeit, sondern im Sinne einer ersten Aufgabenbeschreibung müssen entsprechend Strukturen im Zentrum stehen, die eine klar als christlich identifizierbare Position mit der Vielgestaltigkeit gesellschaftlicher Wertvorstellungen vermitteln und in einen *common sense* überführen können, und zwar so, dass dabei die christliche Position kompensatorisch die Defizite der sonstigen öffentlichen Debatte zur Geltung bringt. Das erste Augenmerk muss dabei der Ausbildung und der Kompetenz der Pfarrperson gelten, die versiert sein muss in der Vielfältigkeit der öffentlichen Diskurse und Problemlagen und darauf die christliche Botschaft im Sinne der eben beschriebenen, kompensatorischen Aufgabe beziehen kann. Ein weiterer Akzent müsste in all jenen Formaten liegen, die nach dem Vorbild des Gottesdienstes selbst Positionalität und Integration vermitteln, gerade in der Komplementarität von freien und gebundenen Stücken der Gottesdienstgestaltung.[13] Auf die Bildungsarbeit, insbesondere die Beteiligung an dem öffentlichen Schulwesen durch den Religionsunterricht wäre ebenso mit derselben Zielsetzung zu achten. Und schließlich, vielleicht am wirkmächtigsten: Alle Formen der Diakonie gälte es in diesen Zusammenhang einzubinden, insofern sie stets Parteinahme für jede konkrete Einzelperson mit einem klar erkennbaren Profil des wertgeleiteten Zusammenlebens verbinden.

---

12 Vgl. Thomas Schlag, *Öffentliche Kirche*, 67: Die Öffentliche Kirche muss »immer wieder auch den Charakter einer bewussten Gegenöffentlichkeit« annehmen.
13 Zur Figur vgl. insbesondere: Evangelische Kirche in Deutschland (Hg.), *Vielfalt und Gemeinsinn: Der Beitrag der evangelischen Kirche zu Freiheit und gesellschaftlichem Zusammenhalt. Ein Grundlagentext der Kammer der EKD für Öffentliche Verantwortung*, Leipzig: Evangelische Verlagsanstalt 2021.

Kirchenpolitikberatung – ein Grenzverkehr sui generis

Peter Bubmann

Wer sich als akademischer Hochschullehrer aufs Parkett der Kirchenpolitik wagt, um dort beratend tätig zu werden, bewegt sich auf der Grenze: auf der Grenze zweier gesellschaftlicher Systeme, zweier sehr unterschiedlicher Kommunikationsräume bzw. Öffentlichkeiten und auch ethisch gesehen bisweilen auf grenzwertigem Gelände.

Es gibt sehr unterschiedliche Motive und Anlässe, sich auf dieses mitunter recht glatte Parkett zu begeben: Neben der schlichten Verpflichtung qua Entsendung durch den eigenen Fachbereich in die Landessynode oder in Fachgremien (etwa zur Reform des Theologiestudiums oder des Vikariats) existieren auch stärker intrinsisch motivierte Varianten: Je abhängig vom eigenen theologischen Standpunkt sehen sich manche Hochschullehrende geradezu verpflichtet, an Fragen der Gegenwart und Zukunft der kirchlichen Praxis mitzuwirken und insbesondere Kirchenreformen mit anzustoßen. Die Kirche soll besser werden, und sie wissen (oder meinen zu wissen), wie! Dabei gibt es unterschiedliche theologische Fraktionen: Eher liberal oder volkskirchlich geprägte Theolog:innen verschreiben der verfassten Kirche gerne mehr Realitätsnähe, etwa durch Einspielen aktueller religionssoziologischer Befunde. Das kann sich in deskriptiven Beiträgen erschöpfen, gerne als Gastreferent:in, etwa bei Synodentagungen, die:der nach dem Vortrag wieder abreisen darf und die Konsequenzen (etwa der Kirchenmitgliedschaftsuntersuchungen oder der Missbrauchsgutachten) den Kirchenleuten überlässt. Oder es werden systematische Sprachspiele und Analysen ethischer Probleme per geistreichem Essay eingespielt, in der Hoffnung, zu stärkeren sprachlichen Differenzierungsleistungen im kirchlichen Diskurs beizutragen. Das bedarf meist der Schriftform in kirchlichen Nachrichtenblättern oder im Leitmagazin *Zeitzeichen* – immer in der Hoffnung, dass die kirchenleitenden Personen auch des Lesens willig seien. Und in der völligen Ungewissheit, ob überhaupt Resonanzen entstehen …

Andere theologische Strömungen, sei es in den Traditionslinien kritischer Theorie oder etwa eines politisch engagierten Links- (oder auch einmal Rechts-)Barthianismus, empfinden eine gewisse prophetische Verantwortung, die Stimme gegen Fehlentwicklungen zu erheben. Man ruft in flammenden Plädoyers, die dann gerne bei der EVA verlegt werden, die Kirche und gleich noch den ganzen Rest der Theologie zur Ordnung. Ob diese Formen gefühlter Prophetie durch die Outreach-Postulate der Hochschulen wirklich gedeckt sind, wäre eigens zu untersuchen.

Besondere Varianten sind Satire und Karikatur. Dazu sind nur wenige Kollegen:innen vom Kaliber Klaas Huizings in der Lage (man lese dazu seine Romane wie auch seine »Lebenslehre«), verlangt die süffisante Demaskierung kirchlicher oder auch theologischer Binnenkultur doch neben einer genauen Beobachtungsgabe auch noch literarische Qualitäten: der spitzen Feder, des Witzes und der Persiflage. Aber vielleicht ist diese theologische Eulenspiegelei der akademischen Zunft sogar in besonderer Weise angemessen, hütet sie sich doch vor allzu platter Besserwisserei und wahrt die ironische Distanz zum Gegenstand.

Ironie ist allerdings auf dem Feld der Ethik und Kirchenreform ein schwieriges Geschäft. Es geht ja immerhin um institutionelle und organisatorische Gestaltung der Kommunikation des Evangeliums und christlicher Lebenskunst. Das sind bekanntlich immer wieder auch ernste Themen, wiewohl in letzter Zeit sogar das Glück mit ratsvorsitzlicher Hilfe als kirchentauglich anempfohlen wurde.[1]

Kirchenpolitikberatung ist grenzwertig, weil sie Grenzen überschreitet und dabei wissen muss, was sie tut. Im Binnenraum theologisch-akademischer Diskurse sorgt eine spezifische, kollegiale Öffentlichkeit für Kritik und Gegenkritik, ja dort ist man professionsethisch darauf angewiesen, dass Thesen und Analysen überprüft und korrigiert werden. Offene, ja mitunter scharfe Kritik ist der Normalfall. Wer die Kommunikationssituation des Seminars einfach in die binnen- oder außerkirchliche Öffentlichkeit zu übertragen versucht, kann rasch in kommunikative Fallen tappen. Respekt und Beachtung ergeben sich nicht einfach aus der beruflichen Stellung als Expert:in und müssen erst ›verdient‹ werden. Etwa durch ausgiebiges Zuhören, durch ›Übersetzung‹ in nicht-wissenschaftliche Sprachspiele, auch in die Sprache der Kirchendiplomatie, durch die Verbindung mit dem Unterhaltsamen und durch intensive performative Inszenierung auf social media. Vor allem durch viel Geduld und Einschwingen in die binnenkirchliche Eigenwelt und Sprache: ›Da kann ich mich gut einfinden, aber vielleicht...‹.

Kirchenleitung als Aufgabe akademischer Theologie[2]

Kirchenleitung im evangelischen Sinn ist vielfältig. Steuerungs- und Projektgruppen, ad-hoc-Ausschüsse und Perspektivkommissionen etwa haben neben den institutionalisierten Formen von Kirchenleitung faktisch ebenfalls Anteil an kirchenleitender Steuerungsmacht.[3] Unbestimmter hingegen bleibt weithin die Rolle der akademischen Theologie. Gebührt ihr im Konzert der ›freien Geistesmächte‹ eine Sonderrolle, oder hat sie überhaupt nicht die Aufgabe, sich in die ›Niederungen‹ der kirchenpolitischen Steuerungspraxis beratend einzumischen? Die Universitäten jedenfalls fordern zunehmend von ihren Mitgliedern neben Forschung und Lehre auch die Vermittlung

---

1   Vgl. Heinrich Bedford-Strohm (Hg.), *Glück-Seligkeit. Theologische Rede vom Glück in einer bedrohten Welt*, 2. Auflage, Göttingen: Vandenhoeck & Ruprecht 2014.
2   Im Folgenden sind einige Passagen übernommen aus: Peter Bubmann, Praktische Theologie und Kirchenleitung in der Spannung zwischen Theoriearbeit und der Forderung nach berufspraktischer Orientierung, *Praktische Theologie heute* 106, 2017, 59–67.
3   Vgl. insgesamt: Jan Hermelink, *Kirchliche Organisation und das Jenseits des Glaubens. Eine praktisch-theologische Theorie der evangelischen Kirche*, Gütersloh: Gütersloher Verlagshaus 2011, 219–301.

in die gesellschaftliche Öffentlichkeit hinein (Outreach) – völlig zu Recht wie ich in Übereinstimmung mit Peter Dabrock meine. Folgt man dem klassischen Vorschlag Friedrich D. E. Schleiermachers, ist jede Theologie auf Kirchenleitung bezogen, wie es auch Wolfgang Huber aufgreift:[4]

> Wer Theologie treibt, nimmt damit eine kirchenleitende Aufgabe und Verantwortung wahr. Theologie ist eine zugleich praktische, nämlich auf kirchenleitendes Handeln ausgerichtete wie auch eine kritische, nämlich alles kirchenleitende Handeln eigenständig prüfende Wissenschaft.[5]

Versteht man gemeindlich-örtliches pastorales Leitungshandeln (mit Hermelink[6]) primär als anregendes und kommunikationsförderndes Handeln kirchlicher Interaktion, als Deutungsangebot und Inszenierung des Glaubens, dann bestünde der Beitrag der akademischen Theologie zu diesem kirchenleitenden Handeln primär darin, die zukünftigen wie gegenwärtigen Leitungspersonen wiederum zu eigener theologischer Deutungsarbeit wie Inszenierungsfähigkeit des Glaubens anzuregen und zu stimulieren.

Auf überregionaler Ebene wiederum erhält das episkopale Amt sein Proprium dadurch, dass die Aufgabe der moderierenden Gesprächsführung zur Klärung von Konflikten bzw. die Visitation sowie die öffentliche Präsentation des christlichen Glaubens ins Zentrum rücken. Auch hier kann akademische Theologie durch direktes beratendes Gespräch Anteil an der Episkopä erhalten. Dort, wo Ehepartner:innen akademischer Theolog:innen im kirchlichen Raum Leitungsverantwortung tragen, kann sogar die innereheliche Beratung zur Anteilhabe (manchmal auch: zu kondolierender Anteilnahme) an Kirchenleitung werden.

Beteiligung an Kirchenleitung im Modus der Experten-Beratung und Partizipation an kirchlichen Projekten und Kommissionen

Eine eher am Wissenschaftsbetrieb orientierte Form der Beteiligung wissenschaftlicher Theologie stellt, neben der Sonderform der durch Kirchenleitungen bestellten

---

4 Vgl. Friedrich Schleiermacher, *Kurze Darstellung des theologischen Studiums zum Behuf einleitender Vorlesungen*, 3. Auflage, Darmstadt: Wissenschaftliche Buchgesellschaft 1982, 2.
5 Wolfgang Huber, Kirchenleitung theologisch verantworten. Überlegungen zum Verhältnis von Kirchenleitung und Theologie, in: *Die Bedeutung der wissenschaftlichen Theologie für die Kirche, Hochschule und Gesellschaft, Dokumentation der XIV. Konsultation »Kirchenleitung und wissenschaftliche Theologie«*, hg. vom Kirchenamt der EKD, online einsehbar unter: https://www.ekd.de/ekd_de/ds_doc/ekd_texte_90.pdf (zuletzt aufgerufen am 20. Dezember 2024), 36–46.
6 Vgl. Hermelink, *Kirchliche Organisation*, 262–265.

fakultären Gutachten[7], die Durchführung *einer wissenschaftlichen Konsultation durch kirchenleitende Organe* dar.[8]

Als ›Klassiker‹ beratender Beteiligung an kirchenleitenden Prozessen gilt zweitens die Berufung akademischer Theolog:innen in *ständige oder ad-hoc-Kommissionen* der EKD, der Konfessionsbünde oder der Landeskirchen. Oder eben auch in staatliche Gremien wie dem Deutschen Ethikrat, dem Peter Dabrock, Wolfgang Huber, Elisabeth Gräb-Schmidt u.a. angehörten.

Eine dritte Form der Integration wissenschaftlicher Praktischer Theologie in kirchenleitende Prozesse besteht in *institutionalisierten, regelmäßigen Kontaktgesprächen* zwischen Vertreter:innen von Kirchenleitung und kirchlichen Handlungsfeldern (innerhalb der ELKB etwa durch Mitwirkung in einer der Handlungsfeldkonferenzen).

Als eine Sonderform der Begegnung von kirchenleitenden Personen und wissenschaftlicher Theologie sei viertens die *Form eines gemeinsamen Forschungsprojekts* erwähnt.[9]

Peter Dabrock, der Meister des Outreaches, hat diese Formate, zuletzt in der Funktion als Fachbereichssprecher, in den letzten Jahren mit Bravour bespielt und damit wichtige Brücken zwischen akademischer Theologie und kirchlichen Institutionen geschlagen. Dass dieses kirchenberatende Engagement auf der Grenze zweier Welten nicht nur die höhere Kunst der Diplomatie voraussetzt, sondern auch im Bohren dicker Bretter schult, hat er wiederholt erfahren dürfen. Zumindest *mein* Dank ist ihm dafür gewiss.

---

7 Wie sie beispielsweise 2016 zur Frage der Aufnahme der Barmer Theologischen Erklärung in die Kirchenverfassung der ELKB von den bayerischen Fakultäten und der Augustana-Hochschule erbeten wurden.

8 Exemplarisch sei die Konsultation im Rahmen des Prozesses »Berufsbild: Pfarrerin, Pfarrer« (Pfarrberufsbildprozess) der ELKB im Wildbad Rothenburg vom 30. Juni bis 01. Juli 2015 genannt. Vgl. *Rothenburger Impulse. Wissenschaftliche Konsultation im Rahmen des Prozesses »Berufsbild: Pfarrerin, Pfarrer«* in Wildbad Rothenburg vom 30. Juni bis 01. Juli 2015, zusammengestellt von Angela Hager & Martin Tontsch, Nürnberg 2015, online zugänglich unter: http://www.berufsbild-pfr.de/sites/www.berufsbild-pfr.de/files/files/Anlagen_Abschlussbericht/13.%20Rothenburger%20Impulse.pdf (zuletzt aufgerufen am 11. August 2017) komprimierte Fassungen erschienen in den *Nachrichten der ELKB* 70 (9), 2015, 245–273.

9 Im Projekt »Gemeinde auf Zeit«, das von der EKD wie von der ELKB gefördert wurde, trafen etwa von 2012-2016 in mehreren Tagungen in der Form eines kleinen Graduiertenkollegs zwei Doktorandinnen und ein Doktorand mit drei betreuenden Professor:innen der Praktischen Theologie und drei Vertreter:innen der Kirchenleitung aus EKD und ELKB zusammen. Vgl. Peter Bubmann, Kristian Fechtner, Konrad Merzyn, Stefan Ark Nitsche & Birgit Weyel (Hg.), *Gemeinde auf Zeit. Gelebte Kirchlichkeit wahrnehmen*, Stuttgart: Kohlhammer 2019.

Was tun in Zeiten des Geschreis?

Martin Hein

> Was gab es denn? Was lag in der Luft? – Zanksucht. Kriselnde Gereiztheit. Namenlose Ungeduld. Eine allgemeine Neigung zu giftigem Wortwechsel, zum Wutausbruch, ja zum Handgemenge. Erbitterter Streit, zügelloses Hin- und Hergeschrei entsprang alle Tage zwischen Einzelnen und ganzen Gruppen ... Man beneidete die eben Aktiven um das Recht, den Anlaß, zu schreien.
>
> Thomas Mann, Der Zauberberg (1924)

Geschrei: Eine kleine Phänomenologie

Ist der Titel dieses Beitrags selbst schon Geschrei? Folgt jetzt erwartungsgemäß eine laute, wütende Klage über den Verlust der politischen Kultur? Genau das ist nicht intendiert. Im Gegenteil soll es darum gehen, ein Verständnis dafür zu gewinnen, was in der unmittelbaren wie medialen Öffentlichkeit seit geraumer Zeit zu beobachten ist, wie damit umgegangen werden könnte und worin angesichts dessen ein Beitrag der Kirchen läge.

Das Geschrei als ein solches zu bezeichnen, ist selbst noch kein Geschrei. Das wird es erst, sofern man seinerseits die Schreienden anfeindet.

Geschrei unterscheidet sich von der lauten Klage darin, dass es in keinem Verhältnis zu dem steht, was es beklagt. Geschrei entsteht, wenn Menschen sich gegenseitig hochtreiben in der Erregung, der Empörung oder der Wut und dabei alles Maß und alle Rückbindung an den Anlass verlieren.

Wo Geschrei herrscht, da herrscht die Übertreibung. Es übertönt jeden Einwand, macht jeden Versuch einer sachlichen Debatte zunichte. Es nährt sich von sich selbst. Sehr schnell verliert es aus dem Auge, dass es Menschen sind, die schreien, wenn sich die Schreienden übertönen. Dann zeigt es sich als gewalthaltig. Wer schreit, muss nicht Unrecht haben, aber hat die Waffe gezückt.

Geschrei entsteht, wenn Menschen das Gefühl haben, sie werden nicht gehört oder nicht verstanden oder bewusst ignoriert. Es entsteht, wenn Menschen Angst haben und verletzt sind. Es entsteht, wenn die bisherige Wahrnehmung der Welt zusammenbricht.

Darum schreit ein kleines Kind auch bei einem kleinen Vorfall: weil es die Erfahrung der Widerständigkeit der Welt im Schmerz oder im unerfüllbaren Wunsch macht.

Darum schreien trauernde Menschen, die nicht verstehen, was geschieht, und überwältigt werden vom Strom der widerstreitenden Gefühle.

Geschrei ist nicht einfach ein »Ruf um Hilfe«. Das wäre eine paternalistische Abwiegelung seiner Energie, auf die die Schreienden zu Recht mit noch lauterem Geschrei antworten. Es ist die existentielle Äußerung eines Gefühls, das ganz nah am Hass ist, an der Angst und an der Kränkung.

Menschen schreien. Das ist so. Genau darin ist das Geschrei ein soziales Phänomen. Es schreit nach Kontakt und Aufmerksamkeit. Doch weil es so laut und abweisend ist, lässt es Kontakt und Aufmerksamkeit nicht zu. Es ist ein ungeeignetes Mittel des Ausdrucks, das sein eigenes Problem verstärkt, anstatt eine Lösung zu ermöglichen.

Wenn Menschen zusammen schreien, sind Mitschreiende zwar Verbündete, aber in der Regel keine Freunde. Doch das kollektive Geschrei erzeugt einen Eindruck von Gewissheit und erhebt Anspruch auf den Ausdruck eines kollektiven Mehrheitswillens, der in der pluralistischen Gesellschaft schon als solcher illusionär ist – was das Gefühl der eigenen Marginalisierung noch verstärkt. Eine Gesellschaft aus lauter Minderheiten läuft Gefahr, im Geschrei zu versinken, solange das Gespenst einer vermeintlichen Mehrheit noch umgeht. Das ist die Dynamik des Aufschaukelns, die wir in der öffentlichen Sphäre erleben – ein Prozess, der für viele einen Verlust an Zivilität, sogar an Zivilisation darstellt.

Geschrei gilt gemeinhin als schlechtes Benehmen und schlechte Umgangsform. Schon damit ist es ein Konventions-, wenn nicht gar ein Tabubruch. Und der findet nicht nur in der Öffentlichkeit der Straßen statt. Wir finden ihn in den Feuilletons renommierter Zeitschriften, den öffentlich-rechtlichen Medien, in Parlamenten und in den Spitzen der Politik.

In einem demokratischen Gemeinwesen ist die freie Meinungsäußerung essenziell – aber als friedliche, auf Rede und Gegenrede angelegte Äußerung. Auch die Empörung hat in ihr einen Platz. Wer wollte bestreiten, dass es empörende Anlässe gibt! Nur wie reagieren wir darauf? Mit Wut aus Enttäuschung und aus dem Gefühl der Ohnmacht heraus? Das Geschrei hat viel mit Affekten zu tun – und Affekte sind nicht schon deshalb falsch, weil sie Affekte sind. Sie sind innere Warnbojen und Alarmlampen.

Was sich am Geschrei zeigt: Affekte haben nicht bloß eine individuelle und persönliche, sondern auch eine soziale und damit politische Dimension. Darum müssen gerade demokratische, auf Auseinandersetzung und Verständigung gegründete Gemeinwesen mit Affekten angemessen umgehen. Denn einer der stärksten sozialen und politischen Affekte entsteht, wenn das Gefühl für Gerechtigkeit verletzt wird. Da hat die Empörung, die sich im Geschrei Luft macht, durchaus, wie jede Angst, eine wichtige Funktion. Sie dokumentiert einen Vertrauensverlust und ein Gefühl elementarer Ungerechtigkeit.

Wie berechtigt aber sind diese Gefühle und woran knüpfen sie in Wahrheit an? Da kann sich das wütende Subjekt sehr täuschen. Hier liegt das eigentliche Problem.

Der virtuelle öffentliche Raum

Die Situation hat sich dadurch verschärft, dass wir durch die Möglichkeiten der digitalen Kommunikation eine erweiterte Öffentlichkeit haben, die mit den traditionellen Methoden nicht hinreichend beschrieben werden kann. Das Geschrei findet vor allem (allerdings nicht nur) im virtuellen Raum statt – und der ist ein höchst *realer* Raum.

Die sozialen Medien ermöglichen eine virale Ausbreitung des Geschreis, einen Grad der Organisation hochgeschaukelter Empörung, wie wir das bisher nicht kannten – und zwar in einer Geschwindigkeit, die fast der des gesprochenen Wortes entspricht und sich dann im Geschehen auf der Straße fortsetzt. Protestaktionen, die wir erleben, kommen nicht aus dem »Nichts« oder aus den Hinterstuben professioneller Revolutionäre und Aufwiegler.

Es entstehen kommunikative Räume der Selbstverstärkung von radikalen Einstellungen, von Lügen und Falschaussagen, von grotesken Verschwörungsmythen und politischen Hirngespinsten, die Menschen sofort mobilisieren. Es ist ein vertrackter Kreislauf des Aufschaukelns. Akzelerierte Empörung entlädt sich in gewaltsamen Ausschreitungen. Zum Geschrei kommt die Zusammenrottung: Beides gemeinsam ermöglicht eine Überschreitung zivilisatorischer Schranken.

Auf diesem Boden bildet sich ein Typus von Politiker heraus, der exemplarisch in der Person des wiedergewählten US-amerikanischen Präsidenten Donald Trump sichtbar ist: Empörung und Geschrei werden in hohem Maß zum Mittel der Politik. Mit traditionellen Auffassungen von Herrschaft, Governance und Demokratietheorien stößt man deutlich an Grenzen.

Wie kann dieser Teufelskreis durchbrochen werden, wenn wir unsere liberalen und im historischen Vergleich einmaligen stabilen politischen Verhältnisse in Deutschland nicht infolge des Geschreis riskieren wollen?

Kann eine christliche Glaubenshaltung dazu etwas sagen? Ermöglicht sie es, uns dazu zu verhalten und Maximen im Umgang mit Geschrei zu formulieren?

Das biblische Ethos und seine Aktualität

Ein Blick in die Bibel zeigt, dass die Antwort schwieriger ist als vielleicht vermutet. Denn die biblische Tradition kommuniziert als Ganze nicht Normen und Werte, sondern Haltungen und Perspektiven. Wir können nicht einfach komplexe Geschehnisse, die mindestens zwei Jahrtausende zurückliegen, ungebrochen transferieren und adaptieren. Aber die Perspektive, die der biblisch-christliche Glaube auf menschliches Verhalten hat, kann durchaus freigelegt und eingeübt werden!

Die Stichworte, die hierfür einschlägig sind, lauten: Demut, Besonnenheit und Langsamkeit.

Eine Durchsicht des Neuen Testaments zeigt, dass vor allem die Schriften des Apostels Paulus in eine Situation hineinsprechen, die der unseren ähnlich ist: Das frühe Christentum fand sich in einer multireligiösen, hoch pluralistischen Umwelt wieder, so dass pauschale Regeln gar nicht anwendbar waren und die Verhaltensunsicherheit sehr hoch war. Es musste ein *Prinzip* des Umgangs gefunden werden, das es erlaubte, die *Regeln* des Umgangs je nach Situation zu definieren.

Denn die christlichen Gemeinden waren keineswegs homogen[1]: Menschen unterschiedlicher sozialer, ethnischer und religiöser Herkunft trafen aufeinander, was Konflikte schon auf der untersten Ebene erzeugte. Die Briefe des Paulus legen davon ein beredtes Zeugnis ab, wie schnell das eskalieren konnte. Mit rein normativen Direktiven für den Umgang war das Problem nicht zu lösen.

Paulus orientierte sich für die Begründung seiner Maximen an Jesus Christus. Und es diente ihm ausgerechnet ein eher negativ besetztes Wort aus der heidnischen Umwelt dazu, ein neues Ethos des Umgangs miteinander zu entwerfen, das eine Ethik des Respekts beschreibt: Es ist der Begriff der *Demut*.

Im Brief an die Gemeinde in Philippi schreibt er: »Tut nichts aus Eigennutz oder um eitler Ehre willen, sondern in Demut achte einer den andern höher als sich selbst, und ein jeder sehe nicht auf das Seine, sondern auch auf das, was dem andern dient.« (Philipper 2,3-4)

In der Antike war mit »Demut« die Haltung des Sklaven, des Unfreien und des niedrigen Menschen beschrieben. Eines freien Menschen war sie unwürdig.[2] Paulus aber übernimmt ausgerechnet dieses kontaminierte Wort und macht es zum Leitbegriff seiner Ethik des alltäglichen Verhaltens. Denn die Demut ergibt sich für ihn daraus, dass Christus sich für alle Menschen hingegeben hat (Philipper 2,5) – ungeachtet ihrer Herkunft, ihrer Verdienste und Würdigkeit.

Das klingt für heutige Ohren fremd, weil »Demut« und »Hingabe« eine äußerst belastete Geschichte durchlaufen haben: Demut wurde als Gehorsam verstanden, Gehorsam aber als Unterwerfung. Hier spiegelt sich eine fatale Auslegungsgeschichte, die den emanzipatorischen Impuls des Christentums in einen autoritären verwandelte, von dem wir uns mit Hilfe der historischen Kritik und moderner Kontext-Hermeneutik erst allmählich befreien.

Denn tatsächlich liegt hinter »Demut« bei Paulus ein neues Verständnis von menschlicher Würde: Sie ergibt sich für ihn daraus, dass Gott den Menschen seiner Liebe würdigt. »Demut« meint also nicht die erzwungene Unterwerfung eines Sklaven unter seinen Herren, sondern die freiwillige Zuordnung von Menschen zueinander, die einander eine gottgegebene Würde zugestehen. Damit aber wird zugleich die menschliche Geschöpflichkeit anerkannt – und mit ihr die Einsicht, dass die Welt größer und komplexer ist als das individuelle Verstehen und die individuelle Vernunft.

Es wäre demnach falsch, Demut als Selbstmarginalisierung zu deuten. Vielmehr ist sie die Anerkennung der eigenen Begrenztheit: Denn dem Bewusstsein der eigenen Würde entspricht das Bewusstsein für die Würde der anderen. Das christliche Ethos

---

1   Vgl. Ekkehard W. Stegemann & Wolfgang Stegemann, *Urchristliche Sozialgeschichte. Die Anfänge im Judentum und die Christusgemeinden in der mediterranen Welt*, Stuttgart/Berlin/Köln: Kohlhammer 1995, 249-271.
2   Vgl. Ulrich B. Müller, *Der Brief des Paulus an die Philipper*, Leipzig: Evangelische Verlagsanstalt 1993, 85-86. Differenzierter Angela Standhartinger, *Der Philipperbrief*, Tübingen: Mohr Siebeck 2021, 143-145.

ist in seinem Kern auf Gegenseitigkeit angelegt und eingebettet in einen umfassenden Begriff von Würde, der das Individuelle übersteigt.

Darum kultiviert dieses demütige, sich selbst bescheidende Bewusstsein der Geschöpflichkeit die dafür nötige Verhaltensweise der *Besonnenheit*: des gründlichen, zeitintensiven, erwägenden Nachdenkens. In der Besonnenheit gewinnt die Demut ihre konkrete Gestalt.

Wer in seiner Grundhaltung demutsvoll und besonnen mit anderen umgeht, wird Formen wertschätzenden und raumgebenden Umgangs miteinander suchen und kultivieren und gerade darin seiner menschlichen Bestimmung erkennbaren Ausdruck geben. Wer Demut lernt, findet seinen Platz in der Gemeinschaft, wer besonnen ist, erreicht Einsicht und Klarheit, und mit ihnen Gewissheit. Das mag ungewohnt klingen, verändert aber unsere Sichtweise.

Aus dieser Position heraus kann ein genaues Urteil darüber gewonnen werden, was eben *nicht* geht: Herabwürdigung von Einzelnen oder Institutionen, öffentliche Brandmarkung und Bloßstellung von Menschen, rassistische, nationalistische oder sexistische Äußerungen! Wer schreit, muss nicht prinzipiell Unrecht haben, aber setzt sich ins Unrecht.

Bei alltäglichen Umgangsformen fängt es an: ob und wie man sich begrüßt, wie man sich bei Tisch verhält und wer wen ausreden lässt. All dies muss in einer modernen und pluralen Gesellschaft durch Kommunikation ausgehandelt und vereinbart werden! Das ist eine enorme Zumutung. Wir müssen miteinander austarieren, was Demut und Besonnenheit bedeuten – und dazu gehört ein freundlicher, zugewandter, im recht verstandenen Sinn leiser Tonfall. Sich dem zu verweigern, ist schlichtweg unmoralisch, weil es unwürdig ist und im Geschrei der Fake-News und Hate-Speeches seine Ausdrucksformen findet.

Vielleicht besteht zum gegenwärtigen Zeitpunkt eine der wichtigsten gesellschaftlichen Verpflichtungen der Kirchen darin, dass sie die Debatte über diese Herausforderung in Gang halten und um Verständnis dafür werben, Formen zu entwickeln, wie Menschen unterschiedlicher Herkunft und Sozialisation miteinander angstfrei, offen und respektvoll umzugehen lernen.

Doch es gibt noch einen weiteren Aspekt, der mit der Entwicklung der jüngeren Zeit zu tun hat: Es ist das *Gebot der Langsamkeit*. Auch hierzu eröffnet die biblische Tradition insofern Anhaltspunkte, als sich der Jakobusbrief (1,19) ausdrücklich darauf bezieht: »Ein jeder Mensch sei schnell zum Hören, langsam zum Reden, langsam zum Zorn.«[3]

Mit dem Internet und den Sozialen Medien haben sich Formen von Öffentlichkeit und eine Beziehungskultur entwickelt, die unsere vertrauten Kategorien sprengt. Alle haben in Echtzeit Zugang zu allem.

Der Medienwissenschaftler Bernhard Pörksen hat herausgearbeitet, dass das Internet, zusammen mit der hohen Ausdifferenzierung des privatisierten Fernsehens,

---

3 Vgl. Oda Wischmeyer, *Der Brief des Jakobus*, Göttingen: Vandenhoeck & Ruprecht 2024, 191–192.

wesentlich dazu beigetragen hat, eine Stimmung der kollektiven Gereiztheit entstehen zu lassen, die der Besonnenheit entgegensteht.[4]

Dafür ist eine Beobachtung, die im ersten Moment widersprüchlich erscheint, besonders wichtig: Das Internet ist demokratischer, offener, partizipativer Diskurs in Reinform.

Denn alle Diskurse, die seriösen wie die unseriösen, die auf Recherche oder auf Behauptungen beruhenden, die uns entsprechenden und uns widersprechenden, liegen unsortiert nebeneinander. Wir sind permanent Meinungen ausgesetzt, die unserer Wahrnehmung der Welt, unserer Perspektive auf Wahrheit und unseren Überzeugungen zutiefst widersprechen. Und das in hoher Geschwindigkeit. Es fehlt die Zeit, sie überhaupt zu prüfen.

Das erzeugt, wie Pörksen beschreibt, geradezu die Nötigung zu einem »kommentierenden Sofortismus«[5]: Wir müssen uns als engagierte Bürgerin oder engagierter Bürger stets sofort zu einer geäußerten Meinung verhalten.

Es stellt aber eine permanente Überforderung unseres kognitiven Vermögens dar, mit dieser Fülle an Informationen umzugehen – und vor allem mit der Vielzahl von dissonanten Informationen.

Eine Folge davon ist, dass die klassische Aufgabe des Journalismus immer weiter verschwindet: das so genannte »Gatekeeping«, also die Recherche, Sichtung, Prüfung und Aufarbeitung von Information durch kompetente, legitimierte und dafür ausgebildete Menschen.[6] Jede Person wird zu ihrem eigenen Gatekeeper – und ist damit heillos überlastet. So haben die Simplifizierer, die Schwarz-Weiß-Maler einfaches Spiel, so entsteht die Dynamik von Fake-News, die geglaubt werden, weil sie den Weg der eigenen Recherche abkürzen und gleichzeitig die Glaubwürdigkeit der Medien untergraben. Noch ein Teufelskreis, der im Geschrei endet.

Der Psychologe Daniel Kahneman hat unseren kognitiven Apparat intensiv untersucht und dabei den Unterschied von »schnellem Denken« und »langsamem Denken« beschrieben.[7]

Schnelles Denken meint jene aus der Evolution geerbte Fähigkeit, Situationen und Ereignisse vorbewusst und unbewusst wahrzunehmen, zu bewerten, zu verknüpfen und auszuwerten auf der Basis vorgefertigter Muster. Das ist sehr oft das, was wir »Intuition« nennen oder durch viel Übung, etwa für die Bewältigung des Straßenverkehrs, verinnerlichen. Für die Sicherung unseres Überlebens ist dieses Denken von entscheidender Bedeutung gewesen – und ist es in vielen Situationen immer noch. Es ist vor allem extrem ökonomisch.

---

4 Vgl. Bernhard Pörksen, *Die große Gereiztheit. Wege aus der kollektiven Erregung*, München: Hanser 2018.
5 Ebd., 52.
6 Vgl. ebd., 62–70.
7 Vgl. Daniel Kahneman, *Thinking, Fast and Slow*, New York: Penguin 2011 (deutsche Ausgabe Daniel Kahneman, *Schnelles Denken, langsames Denken*, übersetzt von Thorsten Schmidt, München: Siedler 2012).

Wichtiger jedoch ist für uns das langsame Denken: das Denken in komplexen Abläufen, in verknüpfender Vorausschau, analytisch-zergliedernd und kreativ-zusammensetzend. Das ist anstrengend. Die Fähigkeit zum langsamen Denken hat uns zu Menschen gemacht. Weil es ungeheuer ermüdend ist, muss es trainiert und auf Stand gehalten werden, denn es ist fast immer kontraintuitiv.

Angesichts dieser kräftezehrenden Beanspruchung neigt das menschliche Gehirn dazu, bei jeder Gelegenheit zuerst das schnelle Denken zu aktivieren. Genau das aber ist für den größten Teil der Herausforderungen der Moderne nicht geschaffen. Wir können Geschwindigkeit oder Mengen, die über das in unserer Umwelt natürlich vorkommende Maß hinausgehen, nicht intuitiv einschätzen. Wir sind nicht in der Lage, exponentielle Entwicklungen intuitiv zu erfassen. Ein Großteil unseres modernen Lebens erfordert von uns intensives, mühsam erlerntes langsames Denken. Es ist das Ritardando, das uns hilft, nicht sofort zu reagieren, nicht alles, was plausibel erscheint, sofort zu glauben, nicht alles, was eine Mehrheit meint, sofort allein deswegen für wahr zu halten.

Das Geschrei als Produkt des schnellen Denkens ist für die liberale Gesellschaft eine massive Bedrohung mit enormer destabilisierender Energie – ganz gleich, ob es auf der Straße, im Feuilleton oder in einer Talkshow stattfindet. Unreflektiertes Geschrei und enthemmtes Geplärr sind zutiefst respektlos, weil sie unsere menschlichen Möglichkeiten des langsamen Denkens untergraben.

Angesichts der Begrenztheit des eigenen Einsichts- und Kenntnisbereichs geht es darum, nicht Totalität, sondern Perspektivität von Erkenntnis zu kultivieren und kooperative Formen des Zusammenlebens zu entwickeln.

Unter den Bedingungen der beschleunigten Moderne gewinnen daher Demut, Besonnenheit und Langsamkeit eine neue Bedeutung: Sie sind ein probates Mittel gegen das Geschrei, das die Wahrheit okkupiert, den Diskurs der Perspektiven beendet und schlimmstenfalls, weil es selbst schon Gewalt ist, die Schwelle zur körperlichen Gewalt absenkt.

Geschrei und Gebet

»Indignez-vous!« lautete 2010 der Titel eines Essays von Stéphane Hessel,[8] der erhebliche Resonanz auslöste. Was ihm am Herzen lag, kann ich teilen. Doch er unterschätzte das moderne Mobilisierungspotenzial der Empörung, die allzu schnell zum Geschrei wird.[9] Wenn Empörung, dann durch behutsame, umsichtige und kompeten-

---

8 Deutsche Ausgabe: Stéphane Hessel, *Empört Euch!*, übersetzt von Michael Kogon, Berlin: Ullstein 2011.
9 Bei allem Respekt gegenüber Stéphane Hessel, den ich im April 2010 persönlich kennenlernen durfte, setze ich seinem fulminanten Aufruf zur politischen Empörung eine Erkenntnis aus dem Weisheitsdenken des Buches Sirach entgegen: »Eifer und Zorn verkürzen das Leben.« (Sirach 30,24)

te Recherche abgesichert und begründet! Eine solche Haltung verlangt ein gewisses Maß an Distanzierung und Selbstzurücknahme.

Der biblisch-christliche Glaube kennt die bewusste Verlangsamung, kennt die Interruption des täglichen Geschäfts und der Geschäftigkeit. Denn das Gegenteil von Geschrei sind nicht Schweigen und Verstummen, sondern – wie dargestellt – das besonnene Hören und Reden. Und das bedeutet, sich auf das Gebet zurückzubesinnen. In ihm vereinen sich Demut, Besonnenheit und Langsamkeit zu einer zutiefst heilsamen Unterbrechung.[10]

Beten ist die reinste Form »langsamen Denkens«, weil – recht verstanden – christliches Beten immer zuerst ein aufmerksames Wahrnehmen ist – und dann ein Reden. Beten eröffnet in der Fülle der Perspektiven eine neue Perspektive: »Gott hat uns nicht gegeben den Geist der Furcht, sondern der Kraft und der Liebe und der Besonnenheit.« (2. Timotheus 1,7)

Dass Menschen zunehmend wieder beten, wenn sie von erschütternden Ereignissen heimgesucht werden, die prädestiniert sind, im Geschrei zu enden, erscheint mir geradezu als eine natürliche Reaktion, die die Kirchen ernst nehmen und aufnehmen sollten.

Ihre Kirchengebäude bieten für Demut, Besonnenheit und Langsamkeit einen geschützten Raum: Hier kann sich Empörung in Trauer und Trauer in Anteilnahme wandeln. Kirchengebäude werden zu eminent wichtigen öffentlichen Orten: Das Geschrei kommt zur Ruhe, weil der Schrei des Herzens gehört wird. Es ist Zeit für die vielen ungesagten Worte. Im Gebet ist das Geschrei aufgehoben.

---

10 Vgl. Michael Meyer-Blanck, *Das Gebet*, Tübingen: Mohr Siebeck 2019, 8–9.

V   Produktion und Kommunikation von Wissen

Grenzen der Vermittlung, oder: Können Hexen fliegen 2.0
Dekoloniale Perspektiven auf Wissensproduktion

Claudia Jahnel

> Die Epistemologien des Globalen Südens laden die Europäer:innen dazu ein, sich darüber Gedanken zu machen, ob ihr begriffliches Vokabular noch dazu geeignet ist, die Welt zu beschreiben, in der wir leben [...] Das Postkoloniale an dem Ansatz der Epistemologien des Globalen Südens ist die Ablehnung der Vorstellung, dass die Welt nur von Europa aus verstanden werden kann.[1]

Die Worte des Soziologen Elísio Macamo aus Basel fassen die grundlegende Skepsis und Kritik dekolonialer Theoretiker:innen gegenüber »europäischer« Wissensproduktion zusammen: Die »europäischen« Kategorien, Regeln und Ordnungen, mit deren Hilfe Wissen erschlossen und Phänomene interpretiert wurden und werden, sind, so die dekoloniale Analyse, unzureichend und ungeeignet, Welt zu erschließen. Nicht nur hinsichtlich der »Tiefen-Interpretationen« von Phänomenen, wie Ricœur formuliert,[2] wird ihre Eignung in Frage gestellt. Auch bereits für die reine Beschreibung, die »Oberflächen-Interpretationen« also, erscheinen das »begriffliche Vokabular« der »Europäer:innen« und die von diesem Vokabular geformte Wahrnehmung ungeeignet. Das konventionalisierte »europäische« Wissen steht damit nicht nur an einer Grenze. Es ist selbst die Grenze, weil es Verstehenszugänge verschließt, dabei aber zugleich behauptet, einen universalen und exklusiven Schlüssel zu Verstehen, Interpretation und damit zu Wissen darzustellen. Es geht also nicht um die grundsätzliche Grenze der menschlichen Erkenntnisfähigkeit, die Immanuel Kant, Hans Blumenberg und viele weitere Philosoph:innen, Theolog:innen oder Soziolog:innen traktieren. Auch wird hier keine Kunst des Nichtverstehens als Theorie eingeführt. Vielmehr geht es um eine »hausgemachte« Grenze des Verstehens, zu deren Überwindung dekoloniale Theorie einlädt. Entsprechend konstatiert Gruminder Bhambra von der Universität Sussex: Mit dem Begriff ›Dekolonisieren‹ verbinden sich »alternative Wege des Denkens über die Welt und alternative Formen der politischen Praxis«[3].

---

1 Elísio Macamo, Die Anwesenheit der Abwesenheit. Die intellektuelle Agenda des globalen Südens am Beispiel Afrikas, *Interkulturelle Theologie/Zeitschrift für Missionswissenschaft* 2, 2024, 31–46.
2 Vgl. Paul Ricœur, *Verstehende Soziologie. Grundzüge und Entwicklungstendenzen*, München: Nymphenburger 1972, zitiert nach: Hans-Ulrich Lessing (Hg.), *Philosophische Hermeneutik*, Freiburg: Alber, 1999.
3 Gruminder K. Bhambra, Dalia Gebrial & Kerem Nişancıoğlu, Introduction: Decolonising the University?, in: *Decolonising the University*, hg. von Gruminder K. Bhambra, Dalia Gebrial & Kerem Nişancıoğlu, London: Pluto Press 2018, 1–18, 2 (Übersetzung: CJ).

»Europäer:innen« stehen noch am Anfang, zu verstehen und zu prüfen, was mit dem hier geforderten epistemologischen Perspektivwechsel gemeint und gefordert ist, ganz zu schweigen davon, dass diese Forderungen nach Anerkennung einer Pluralität von Wissensformen, nach einer Erweiterung der Curricula in der Lehre oder nach einer partizipatorischeren Forschung bereits umgesetzt würde. Dabei ist die Einsicht in die Notwendigkeit eines epistemologischen Perspektivwechsels keineswegs neu. Schon im Jahr 1976 bekundeten die Teilnehmenden der Versammlung der Ecumencial Association of Third World Theologians (EATWOT) in Dar es Salaam in ihrer Schlusserklärung:

> Wir sind bereit, in der Epistemologie einen radikalen Bruch zu vollziehen, der das Engagement zum ersten Akt der Theologie macht und sich auf eine kritische Reflexion oder die Realitätspraxis der Dritten Welt einlässt.[4]

Mit der Globalisierung von Forschenden, Lehrenden und Studierenden, und v.a. mit anhaltenden Ungleichheiten hinsichtlich des Zugangs zu Universitäten oder globalen Anschlussfähigkeiten hat die »Einladung« an die Europäer:innen, sich über ihr »begriffliches Vokabular« Gedanken zu machen, in jüngerer Zeit an Fahrt aufgenommen und sich differenziert.

Was macht es so schwer, sich auf die Forderung einzulassen, »alternative Wege des Denkens über die Welt und alternative Formen der politischen Praxis« zu bedenken? Ich möchte hier keine umfassende Antwort auf diese Frage geben, sondern exemplarisch über Dimensionen nachdenken, die das Eingehen auf eine solche Forderung nach sich zöge. Dabei beschäftigen mich besonders zwei Aspekte bzw. Fragen:

Zum einen die Vehemenz, mit der die *Andersartigkeit* »alternativer Wege des Denkens« konstatiert und deren Anerkennung eingefordert wird: »Ein *anderes* Wissen ist möglich«, so proklamiert Boaventura de Souza Santos.[5] Hier werden, deutlich und manchmal geradezu essenzialisierend, Grenzen des Verstehens und der Vermittlung markiert. Das kommt überraschend in einer Zeit, in der die Rede vom »kulturell ganz Anderen« doch, so dachten wir, - transkulturell oder transdifferent - passé ist?

Für die grenzmarkierende Forderung gibt es gleichwohl gute Gründe: »Decolonize« bedeutet eben nicht Harmonisierung von Wissensformen und -beständen und auch nicht Diversifizierung im Sinne eines schiedlich-friedlichen, ggf. kulturrelativistischen Nebeneinanders. Diese Vorstellung von Dekolonisierung käme einer Entpolitisierung der Bewegung und einer Verharmlosung der Invisibilisierung, ja, in Frantz Fanons Worten, dem »Verbleichen von Kulturen« und also der Auslöschung nichteuropäischer Wissensbestände gleich.[6] Wie aber kann diese Grenze, die Andersheit und die notwendige Partikularität der einzelnen kulturellen Wissensformen und -be-

---

4   Ludwig Bertsch & Ursula Faymonville (Hg.), *Herausgefordert durch die Armen. Dokumente der Ökumenischen Vereinigung von Dritte-Welt-Theologien 1976-1986*, Freiburg: Herder 1990, 43-44.
5   Vgl. Boaventura de Souza Santos (Hg.), *Another Knowledge is Possible. Beyond Northern Epistemologies*, London: Verso 2008 (Hervorhebung: CJ).
6   Vgl. Frantz Fanon, Über nationale Kultur. (Rede auf dem II. Kongreß schwarzer Schriftsteller und Künstler in Rom 1959), in: *Die Verdammten dieser Erde*, hg. Von Frantz Fanon, Hamburg: Rowohlt 1969, 158-189, 181.

stände ernst genommen werden, ohne erneut der Versuchung einer VerAnderung – dem *othering* –, der Exotisierung und Abwertung zu erliegen? Besonders eklatant erscheint mir diese Herausforderung in der Art und Weise, wie sogenannte »indigene Schöpfungskosmologien« in der derzeitigen Frage nach einer Transformation des ökologischen Bewusstseins an den Start gebracht werden und dabei in Selbst- wie Fremdbeschreibungen hochgradig essenzialisiert, romantisiert und »neu erfunden« werden. Wie kann es gelingen, bei aller Partikularität und geforderten Verschiedenheit doch Verständigungsbrücken zwischen den unterschiedlichen Weltdeutungen zu bauen und zu vermitteln?

Zum anderen beschäftigt mich die Frage: Was, wenn wir tatsächlich »unser« – das »europäische« – begriffliches Vokabular und die Konzepte daraufhin überprüfen, ob sie noch dazu geeignet sind, »die Welt zu beschreiben, in der wir leben«? Angeregt von der Reihe »*Critical Terms in ...*«, die die University of Chicago Press veröffentlichte, hat eine Projektgruppe von Theolog:innen/Religionswissenschaftler:innen, die sich mit afrikabezogener Forschung beschäftigen, hierzu einen ersten Vorstoß gemacht und jene Konzepte – *critical terms* – zusammengetragen, die die afrikabezogene theologische und religionswissenschaftliche Forschung prägen, leiten und »fest«-legen.[7]

Ich habe nicht den Anspruch, abschließende Antworten auf diese Fragen zu geben – zumal gerade die Anerkennung der Fragmentarität und Fragilität des eigenen Wissens zu den zentralen Impulsen dekolonialer Theorie gehört. Ich möchte vielmehr die *Grenzen der Vermittlung* etwas ausloten – und habe dazu einen Titel gewählt, der sich an Exotisierungsphantasien wohl kaum übertreffen lässt: Können Hexen fliegen 2.0?

#sciencemustfall

Den Anlass dafür gab zunächst der globale Shitstorm, den ein vierminütiger Video-Ausschnitt aus einer längeren studentischen Diskussionsveranstaltung an der Universität Kapstadt in Südafrika zum Thema »#sciencemustfall: decolonize the curriculum« im Jahr 2016 hervorgerufen hat.[8] Die #sciencemustfall-Initiative folgte vorangehenden studentischen Initiativen in Südafrika wie #rhodesmustfall, #feesmustfall, #everythingmustfall.

In dem Video fordert eine Studentin dazu auf, regionale afrikanische Wissensbestände – darunter »witchcraft« – als Wissen anzuerkennen, das ebenso gültig sei wie die westliche Wissenschaft. Liest man das Video im Sinne der Forderung Macamos, dann können – und müssen – die Aussagen der Studentin als Anfrage an westlich-wissenschaftliche Modelle zur Erklärung von »witchcraft« betrachtet werden.

---

7   Vgl. Klaus Hock & Claudia Jahnel (Hg.), *Theologie(n) Afrika. Ausgewählte Schlüsselbegriffe in einem umstrittenen Diskursfeld*, Leipzig: Evangelische Verlagsanstalt 2022.
8   Das Video ist online einsehbar unter: https://www.youtube.com/watch?v=C9SiRNibD14 (zuletzt aufgerufen am 26. Februar 2023).

Die Reaktionen des »viral vigilanten Mobs« auf das Video und die »virale cancel culture«⁹ waren beträchtlich – und das kollektive vermeintliche »Wissen«, das hier zum Ausdruck gebracht wurde, ist das eigentlich Interessante an diesem Ereignis. Denn in diesem völlig entkontextualisierten Diskurs brachen sich all jene Vorstellungen und stereotype Wissensbestände Bahn, gegen die die #sciencemustfall-Bewegung gerade protestierte.

Das Video bestätige, so ein *basso continuo* der Reaktionen, das niedrige Bildungsniveau afrikanischer Universitäten und Studierender. Eine Kostprobe der Reaktionen:

> this is exactly the reason why Africa is still miles behind everywhere else on Earth, just archaic superstitions from the dark ages being peddled as truths because of cultural egotism. How laughable that she sits there with all the comforts that science brought here while decrying it.¹⁰

Doch was hatte die Studentin in dem Video eigentlich gesagt:

> So if you want a practical solution to how to decolonize science, we'd have to restart science from, I don't know, an African perspective, from our perspective of how we've experienced science. For instance, I have a question for all the science people. There's a place in KZN called Umhlab'uyalingana and they believe that through the magic, the black magic, you've heard of black magic – they call it witchcraft, others – that you are able to send lightning to strike someone. So, can you explain that scientifically? Because it is something that happens …¹¹

Für »westliche« oder »europäische« Betrachter:innen und Wissenschaftler:innen, deren Forschungszugang von einer Rationalität geprägt ist, die wiederum von einer bestimmten Logik der Naturwissenschaften und ihrer Idee der Beweisbarkeit herkommt, mag die Aussage der Studentin in der Tat befremden. Sie verliert aber an Fremdheit, wenn wir zum einen den *konkreten* Kontext berücksichtigen: eine studentische Versammlung, deren Mitglieder womöglich schon seit 18 Monaten (#Rhodesmustfall, #feesmustfall) für ein gerechteres Bildungssystem kämpfen. Vermutlich wurden die Studierenden seit der Grundschule mit universalisierten und globalisierten »westlichen« Inhalten konfrontiert, was an sich nicht schlecht sein muss, was aber oftmals mit der Abwertung regionaler Traditionen – von Heilmethoden bis hin zu religiösen und divinatorischen Wissenspraktiken – einhergeht.

Noch weniger befremdlich ist die Aussage, wenn wir den *regionalen* Kontext in den Blick nehmen: »Witchcraft«, »Magie« oder »alternative Medizin« sind in vielen afrikanischen Kontexten keine exotischen Praktiken und Glaubensvorstellungen, sondern gehören zum Alltag.

Die Formulierung der Studentin ist bezeichnend: »magic, the black magic, you've heard of black magic – they call it witchcraft, others«. Hierin deutet sich an, dass »witchcraft« die von »europäischen« Ethnolog:innen eingeführte exotisierende und abwertende Fremdbezeichnung für ein Phänomen ist, das für die Studentin einen Teil

---

9   Sasha Newell, Decolonizing Science, Digitizing the Occult. Theory from the Virtual South, *African Studies Review* 64 (1), 2021, 86–104, 87.90, doi: 10.1017/asr.2020.87.
10 Newell, *Decolonizing Science*, 2021, 93–94.
11 Newell, *Decolonizing Science*, 2021, 91.

ihres Wissenskanons darstellt. Die Reaktionen auf das Kurzvideo reaktivieren damit letztlich eben jene »europäischen« Wissensannahmen über »afrikanische« Wissenssysteme und sagen mehr über »europäische« als über »afrikanische« Wissenssysteme und Wissensarchive aus.[12]

Diese Annäherungen an das Verständnis und die Weltdeutung der Studentin beantworten gleichwohl noch nicht die Frage, wie Verstehen und Vermittlung möglich sind, ob hier Grenzen des Verstehens aufgrund von kulturell »anderen« Bildungsarchiven, die Wissen und Wahrnehmung »framen«, bestehen bleiben müssen. Diese letztlich kulturrelativistische »Lösung« wird aber der dekolonialen Forderung auch nicht gerecht. Dekoloniales *Delearning* – wie geht das?

Hans Peter Duerr: Können Hexen fliegen?

Auf der Suche nach Verständigungsbrücken für die »tatsächliche oder vermeintliche Unvereinbarkeit einander widerstreitender Epistemologien«[13] bin ich auf das Werk des Mannheimer Ethnologen Hans Peter Duerr gestoßen, das lange Zeit in der Ethnologie – in Deutschland wie auch international – eine Außenseiterposition einnahm. Duerrs Veröffentlichung »Traumzeit. Über die Grenzen zwischen Wildnis und Zivilisation« (Erstveröffentlichung 1978 in der Syndikat Autoren- und Verlagsanstalt) wurde trotz akademischer Randposition zum »Kultbuch«[14] – und wird oftmals in einem Atemzug mit der Veröffentlichung »Die Lehren des Don Juan« des US-amerikanischen Ethnologen Carlos Castañeda genannt (engl. Original 1968).

Wie bei dem erwähnten Video #sciencemustfall sind auch bei Duerr die Reaktionen auf sein Werk spannend und aufschlussreich, wobei sie wiederum oftmals mehr über die Kommentator:innen und die Regeln und Normen der Ethnologie und Kulturwissenschaften sagen, als über den Forscher selbst. Erstaunlicher- oder bezeichnenderweise finden sich überaus ambivalenten Reaktionen auf der U3 der Neu-Veröffentlichung von »Traumzeit« bei Suhrkamp:

> Ein mittlerweile berühmt gewordenes Kultbuch. (*Weltwoche*) Hans Peter Duerr hat mit diesem Buch Maßstäbe gesetzt für ein Denken, das sich in Gegensatz zur abendländischen Tradition stellt. (*Aurel Schmidt, Basler Magazin*) Ein Buch, das westdeutsche Wissenschafts-

---

12 Vgl. zu dem Fall auch: Chad Harris, ›Science must Fall‹ and the Call for Decolonization in South Africa, in: *Global Epistemologies and Philosophies of Science*, hg. von David Ludwig, Inkeri Koskinen, Zinhle Mncube, Luana Poliseli & Luis Reyes-Galindo, London: Routledge 2022, 105–115; Antje Daniel, Dekolonial und intersektional? Widersprüche der Herrschaftskritik in der südafrikanischen Studierendenbewegung, in: *Intersektionalität und Postkolonialität. Kritische feministische Perspektiven auf Politik und Macht*, hg. von Heike Maurer & Johanna Leinius, Opladen/Berlin/Toronto: Barbara Budrich 2021, 207–228.
13 Klaus Hock, L'art pour l'art? Interkulturelle Theologie als Praxistheorie epistemischer Dissonanzen, *Interkulturelle Theologie. Zeitschrift für Missionswissenschaft* 2, 2021, 88–111.
14 Matthias Schloßberger, Rezeptionsschwierigkeiten. Hans Peter Duerrs Kritik an Norbert Elias' historischer Anthropologie, *Leviathan* 28 (1), 2000, 109–121, doi: 10.1007/s11578-000-0006-2, 114.

geschichte machte. (*Die Presse*) Duerrs Irrationalismus führt uns allerdings auch nur in die Sackgasse. (*Rüdiger Schott* in *Grundfragen der Ethnologie*) Könnte man von Duerr nicht lernen, eine Diskussion witzig, gebildet und menschenfreundlich, das heißt: wie unter Erwachsenen zu führen? (*Hans Platschek, Die Zeit*) Der Leser, der ein Sensorium für die augenzwinkernde Schalkhaftigkeit der Selbstironie besitzt, wird sich immer wieder erheitert finden. (*Urs Bitterli*) Duerr ist unpathetisch, geisterweit entfernt von aller Sektiererei, gar nicht rechthaberisch und will niemanden erlösen. (*Stern*) Ein Buch, das sehr kokett, manchmal eitel, zweifellos arrogant und daher sehr unterhaltsam ist. (*Eckhard Nordhofen, Frankfurter Allgemeine Zeitung*) Ein in gutem Deutsch spannend geschriebener Essay, nicht ohne Witz und allerlei Hintersinn. (*Adolf Holl, Profil*) Provokante Frechheit. (*Rhein-Neckar-Zeitung*) Ein unordentliches, unorganisiertes, schludrig geschriebenes, mit brillanten Aphorismen gespicktes und oft sehr lustig in schnoddriger Subkultursprache verfaßtes, enorm eitles und doch wieder dank seiner Offenheit sehr versöhnliches Buch. (*Ernest Borneman*) Akademisch sattelfest, aphoristisch, bibliophil, zauntranszendent, jenseits vom Jargon. (*Gerhard Marcel Martin*).[15]

Können Hexen fliegen? Mit dieser provokanten Frage verbindet Duerr Mittelalterforschung mit der Erforschung von »witchcraft« in afrikanischen Kontexten und Schamanismusforschungen unter dem Einfluss halluzinogener Drogen. Die entscheidende Frage dabei ist die nach Wahrnehmung und Wirklichkeitsdeutung. Die »epistemische Dissonanz«[16] macht Duerr an dem Dialog zwischen Carlos Castañeda und seinem schamanischen »Lehrmeister«, Don Juan, deutlich. Immer wieder fragt Castañeda: »Bin ich wirklich geflogen, Don Juan?« Und Don Juan antwortet geduldig: »Das hast Du mir doch gesagt, oder nicht?« Doch Castañeda insistiert: »Ich meine, ist mein Körper geflogen? Bin ich wie ein Vogel davongeflogen?« Der Dialog entspinnt sich weiter, bis Don Juan dem Forscher sagen muss: »Die Sache mit Dir ist, daß Du die Dinge nur auf eine Art verstehst. Du glaubst nicht, daß ein Mensch fliegt. Und doch kann ein brujo in Sekundenschnelle tausend Meilen zurücklegen«.[17]

»Wir sehen also immer nur das, was wir selber sind«, so fasst Duerr diese Erfahrung zusammen,[18] allerdings nicht, um dann bei einem kulturellen und vielleicht auch epistemischen Relativismus stehen zu bleiben, sondern um ein neues Verstehen anzuregen, das nicht »Übersetzen« ist, »nicht die Zurückführung des Fremden auf ein Bekanntes, keine anamnesis«. Verstehen wäre vielmehr das Ergebnis der Initiation in eine fremde (wz: multidimensionale) Lebensform.«[19]

---

15 Hans Peter Duerr, *Traumzeit*, 8. Auflage, Frankfurt am Main: Suhrkamp 1984, U3.
16 Hock, *L'art pour l'art?*
17 Hans-Peter Dürr, *Können Hexen fliegen?* Kommentierte Fassung von Werner Zurfluh, online einsehbar unter: https://www.oobe.ch/duerr01.htm (zuletzt aufgerufen am 20. Dezember 2024), 1–12, 5. Urspr. in *Zeitschrift für Parapsychologie und Grenzgebiete der Psychologie* 20 (2), 1978, 75–91.
18 Duerr, *Traumzeit*, 181.
19 Duerr, *Können Hexen fliegen?*, 5.

Ausblicke

Verstehen im Sinne einer Initiation in andere Weltdeutungen und Lebensformen wäre zugleich interventionistisch, eine Intervention im Sinne der Überprüfung des begrifflichen Vokabulars und der Konzepte, die die Wahrnehmung und die Forschung leiten und Wissen immer in bestimmten Grenzen generieren. Oder, in Philip Swifts auf Deleuze und Guattari basierender Deutung von Duerrs Werk: Forschung im Kontext und unter dem Vorzeichen epistemischer Dissonanzen impliziert die Transformation »unseres Körpers und unserer Sprache« – und gerade nicht die Vergewisserung der Familienähnlichkeit der untersuchten Phänomene mit dem, was vertraut und bekannt ist.[20]

Peter Dabrock hat dazu ermutigt, Dinge an-zudenken, in aller Fragmentarität und Fragilität. Deshalb weise ich ausblickend auch nur darauf hin, dass sich epistemische Dissonanzen längst nicht nur auf das Verhältnis zwischen Weltwahrnehmungen des sogenannten »globalen Südens« und des sogenannten »globalen Nordens« beziehen. Die Frage nach der Realität bzw. den Konstruktionsbedingungen etwa »des Transzendenten« ist nicht auf Phänomene und Forschungen zum sogenannten »globalen Süden« begrenzt. Die »Gegensatzformel *Wirklichkeit* oder *Konstruktion*« erweist sich vielmehr in wohl sämtlichen Kontexten als »fataler Dualismus«,[21] weil sie die gegenseitigen Bedingungsfaktoren von Sprachen und Wirklichkeiten nicht zur Kenntnis nimmt.

Damit geht es mir nicht darum, nun doch die Unterschiede wegzurationalisieren. Viel fruchtbarer erscheint es mir, epistemische Vielfalt und Dissonanz als eminent notwendige und fruchtbare Voraussetzung für die Wissensgenerierung und den Wissensdiskurs zu verstehen, in den Worten des Ethnologen Ignacio Farías, als Voraussetzung für

> ›die produktive Ausschöpfung alternativer Erkenntnisperspektiven auf ein noch nicht existierendes Objekt‹, indem ›unterschiedlichste Wissensvorräte miteinander in Beziehung gesetzt [werden], was die Generierung neuer … [A]lternativen erlaubt‹, und zwar im Sinne einer ›Notwendigkeit von Offenheit und Uneindeutigkeit‹.[22]

---

20 Philip Swift, »*In the Witches' Kitchen: The Anarchist Anthropology of Hans Peter Duerr*«, Draft essay intended to accompany a translation of Duerr's paper, »Can witches fly?« (im Erscheinen), Preprint Mai 2024, online einsehbar unter: https://www.researchgate.net/publication/380785857_In_the_Witches'_Kitchen_The_Anarchist_Anthropology_of_Hans_Peter_Duerr (zuletzt aufgerufen am 20. Dezember 2024), 19–20.
21 Wolf-Andreas Liebert, Können wir mit Engeln sprechen? Über die eigenartige (Un)Wirklichkeit der Verständigung im Religiösen, in: *Wirklichkeit oder Konstruktion? Sprachtheoretische und interdisziplinäre Aspekte einer brisanten Alternative*, hg. von Ekkehard Felder & Andreas Gardt, Berlin/Boston: De Gruyter 2018, 162–193, 189.
22 Ignacio Farías, Epistemische Dissonanz. Zur Vervielfältigung von Entwurfsalternativen in der Architektur, in: *Wissenschaft Entwerfen. Vom forschenden Entwerfen zur Entwurfsforschung der Architektur*, hg. von Sabine Ammon & Eva-Maria Froschauer, Paderborn: Wilhelm Fink 2013, 77–107, zitiert aus Hock, *L'art pour l'art?*, 2021, 99.

Situierte Expeditionen
Ein kritischer Kommentar zu Konventionalisierungen von Unwissen

Kristin Merle

Dass die Bestimmung des Denkens als »Reflexion ›auf der Grenze‹ (Paul Tillich)« quasi als Überschrift für einen Band zu Ehren von Peter Dabrock fungiert, ist mehr als passend: Peter Dabrock ist in verschiedenen Hinsichten und im besten Sinne ein Grenzgänger. Nicht nur ist ihm – wie hoffentlich den meisten Wissenschaftler:innen unter uns – stets daran gelegen, Wissen zu generieren. Das ist per se ein Grenzunterfangen, und Peter Dabrock kommt ihm mit einer immensen Schaffenskraft nach. Man kann vielmehr von Peter Dabrock auch lernen, was es heißt, an den Schnittstellen verschiedener Disziplinen wie an den Schnittstellen von Politik, Öffentlichkeit und Wissenschaft zu denken und zu arbeiten.[1] Kein Wunder, dass in dieser Perspektive auch rasch die Frage der Vermittlung in den Blick kommt, denn in der Situiertheit unserer Denkvollzüge zeigen diese sich als in soziale Praktiken involviert – welche wiederum in einem hermeneutischen Sinne nach den Möglichkeiten von Verstehen und Verständigung fragen lassen. Diese Zusammenhänge in ihrem Bedingungsgefüge zu bedenken, erweist auch der gegenwärtigen politischen Debattenkultur einen Dienst, stellt sich diese nicht selten als verhärtet in Fronten und durch eine Polarisierung der Diskussionen dar. So hat erst kürzlich Bundestagspräsidentin Bärbel Bas für die Debattenkultur im *Deutschen Bundestag* konstatiert, sie sei härter in der Sprache und diskriminierender geworden. Eine Verschlechterung der Debattenkultur ist eine Herausforderung für die Demokratie. Fraglos ist also ein Nachdenken über epistemische und kommunikative Grenzen und ihre Vermittlung, über die Möglichkeiten der Überbrückung dieser Grenzen gesellschaftlich relevant – auch wenn es um die sozial verantwortete Reflexion unserer theologischen Unternehmungen und ›Expeditionen‹ und ihrer Bedingungen geht. Ein solches Nachdenken ist umso mehr angezeigt angesichts nicht aufzugebender diskursethischer Erwartungen – nicht zuletzt als Effekt der Auseinandersetzung mit postkolonialen Theorien –, mit dem Ausweis der Situierung der eigenen Sprechposition selbstkritisch auskunftsfähig über Güte und Reichweite der eigenen Argumente zu sein. Es ist mehr als überfällig, eine kritische Epistemologie fest zu den Standards unseres jeweils disziplinären wissenschaftlichen

---

1   Eindrücklich ist die langjährige Arbeit von Peter Dabrock im *Deutschen Ethikrat*, ein kleineres, ganz aktuelles Beispiel unter vielen anderen in den letzten Jahren ist die Federführung in der Erarbeitung einer Stellungnahme des Rates der *Evangelischen Kirche in Deutschland* (EKD) zum Gesetzentwurf zur Neuregelung des Schwangerschaftsabbruchs im Dezember 2024. Beides zeigt: In ganz unterschiedlichen Zusammenhängen ist die vermögende Praxis eines solchen Grenzgängertums unverzichtbar.

Arbeitens zu zählen (sie ist also nicht nur bestimmten Disziplinen vorbehalten oder gleichsam an sie zu delegieren). Eine kritische Epistemologie hält das Denken in Bewegung und ist imstande, als soziale Epistemologie sozialen Wandel zu befördern, welcher wiederum auf Veränderungen im Denken und Handeln angewiesen ist. Diesen Bogen will ich im Folgenden anhand von fünf Punkten skizzieren.

(1) Wenn wir Denken als »Reflexion auf der Grenze« fassen und »Kommunikation eigenen Denkens« als »Vermittlung dieser Grenzerfahrung«, dann ist damit, wie oben bereits angedeutet, eine prinzipielle epistemische Krisenerfahrung benannt. Gleichzeitig scheint mir, dass dem hier als ›Vermittlungsweise‹ in Anschlag gebrachten Kommunikationsverständnis (zu) viel zugetraut wird, und dass dieses in seiner technischen Anmutung zu wenig von seinen sozialen Voraussetzungen her gedacht ist.

Zunächst: Warum ist die Bestimmung »Denken ist Reflexion auf der Grenze« so richtig? Weil zuhandenes Wissen, von dem das Denken notwendig seinen Ausgang nimmt, immer prekär ist.[2] Nicht nur das Denken also, auch das das Denken voraussetzende Wissen und seine Genese sind grundsätzlich in epistemologischer Hinsicht prekär. Ultimative Kausalitäten sind unzugänglich, und auch prognostisch haben wir es mit Insuffizienzen zu tun. Antizipationen zukünftiger Ereignisse und Entwicklungen gelingen nur bedingt. Denken bekommt vor dem Hintergrund solcher Klärungen etwas ausgesprochen Experimentelles, in der Regel aufgrund notwendig herzustellender Sinnrelationen auch etwas Inkrementelles. Wissenserwerb ist Arbeit an der Grenze, und die auf Dauer gestellte Grenzerfahrung bildet als epistemisches Krisenphänomen ein anthropologisches Grunddatum. Wissen und Denken sind immer nur perspektiviert möglich. Was wohl auch gilt: Religion bzw. Religiosität gibt es nur aufgrund dieser Grenzerfahrung des Wissens und des Denkens. Man könnte auch sagen: Religion gibt es nur aufgrund epistemischer Krisen. Der Einbruch der Kontingenz, die Bearbeitung der existenziellen, sich wesentlich auf die Möglichkeit menschlichen Erkennens bezogenen Grenzerfahrung ist das ureigene Thema von Religion und damit auch der Theologie.

Was bleibt, wenn wir in einem ethisch verantworten Sinne mit dem Denken ›vorankommen‹, Grenzen des Nichtwissens bearbeiten wollen – wohl wissend, dass Wissen und Wissenserwerb strukturell die Erfahrung der Krise eben dieses Wissens mit sich führen? Denken, das beansprucht, Lebensrelevanz zu haben, bedarf der sozialweltlichen Überprüfung. Eine Anerkennung der Grenze und Situiertheit der denkerischen Expeditionen sucht die Reliabilität des Denkens und seiner ›Grenzgänge‹ im Diskurs. Spätestens damit impliziert die Frage nach Wissen und Denken und seinen Grenzen immer auch die Frage nach den Bedingungen von Diskursteilnahme. Es geht um eine kritische Sichtung von Partizipationshürden wie Bildung, Status, Ressourcen, Partizipationshürden in Prozessen der Wissensproduktion und -organisation. Und damit geht es um Fragen von Legitimierung, Sanktionierung, Priorisierung, kurz: sozialen Praktiken und Machtverhältnissen.

---

2   Vgl. Kristin Merle, Manuel Stetter & Katharina Krause (Hg.), *Prekäres Wissen. Praktische Theologie im Horizont postkolonialer Theorien*, Leipzig: Evangelische Verlagsanstalt 2024.

(2) Auch Kommunikation ist an sich eine Grenzerfahrung. Ihr prekärer Status wird in der Regel dramatisch unterschätzt und unterliegt alltagspragmatischen Regulationsbemühungen. Die Grenzerfahrung der Kommunikation ruht auf dem Problem des Verstehens auf, das sich in der Sozialwelt als Problem des intersubjektiven Verstehens darstellt: Entzogen ist meiner Auffassung die jeweils andere Person in ihren Bewusstseinsvollzügen, ihren Sinndeutungen und mit ihren Relevanzhintergründen. Beschränkt ist die Fähigkeit, sinnhaft deutend auf Anzeichen in der Umwelt zu reagieren. Denn jeder Prozess der Interpretation vollzieht sich dabei über die Inanspruchnahme kulturell konventionalisierter Zeichen, vor dem Hintergrund meiner eigenen biografisch bedingten Interpretationsrelevanzen. Auch selbst sind wir uns nicht vollständig transparent oder verständlich.

Die Notwendigkeit des Verstehens für die kollaborative Weltgestaltung steht in einem spannungsreichen Verhältnis zu den inhärenten Herausforderungen des Verstehensprozesses selbst. Die Tendenz zur vorschnellen Assimilation ›fremder‹ Sinngehalte in das eigene Bedeutungssystem, bedingt durch Machtdynamiken und/oder die Komplexität des Verstehensgegenstands, führt alltäglich in nicht wenigen Fällen zu verfrühten Abbrüchen von Verständigungsprozessen. Diese Problematik manifestiert sich mit Blick auf ein ›Verstehen‹ des Anderen in der Begegnung wie hinsichtlich intersubjektiver Verständigungen über Interpretationen kultureller Objektivationen. Adressiert ist hier die allgemeine Limitiertheit von Verstehen und Verständigung – Verständigungsprozesse werden freilich nicht selten auch in strategischem Interesse unterbrochen, bewusst sabotiert und ad absurdum geführt, wie wir es mittlerweile täglich von einem autoritären Populismus in unterschiedlichen Spielarten in öffentlichen Debatten vorgeführt bekommen.

Grundsätzlich aber bleibt die Einsicht relevant, dass die Uneinholbarkeit des ›fremden‹ gemeinten Sinns in die Bedingungen der Intersubjektivität eingelassen ist, und dass sie damit auch in die Gelingensbedingungen von Kommunikation verwoben ist. Diesen Sachverhalt hat prominent Alfred Schütz in seinem Werk *Der sinnhafte Aufbau der sozialen Welt* erörtert, wobei es ihm vor allem um die Grenze des Verstehens zwischen Subjekten geht, also zwischen fremden Selbstverhältnissen, wie Schütz es nennt. In alle Interpretationsprozesse ist immer der »Index des jeweiligen Jetzt und So«[3] der Interpretierenden eingeschrieben. Die hermeneutische Konstellation impliziert, dass die Rezipientin einer Kommunikationsleistung unweigerlich auf ihr eigenes Referenzsystem zurückgreift, um den Sinngehalt der Äußerung zu dekodieren und zu interpretieren. Folglich können weder der Verstehensprozess noch Verständigung bzw. ›Kommunikation als Vermittlung‹ – das hat die Praktische Theologie spätestens mit ihren Arbeiten im Zuge der sogenannten ›zweiten empirischen Wende‹ der Theologie als Ganzer ins Stammbuch geschrieben[4] – als eine Art ›Transmission von Bedeutung‹ konzeptualisiert werden. Vielmehr handelt es sich um

---

3   Alfred Schütz, *Der sinnhafte Aufbau der sozialen Welt. Eine Einleitung in die verstehende Soziologie*, hg. von Martin Endreß & Joachim Renn, Konstanz: Herbert von Halem Verlag 2004, 228.
4   Vgl. etwa Ernst Lange, *Predigen als Beruf. Aufsätze zu Homiletik, Liturgie und Pfarramt*, München: Christian Kaiser 1976, 9–67.

komplexe Vorgänge der Re-/Konstruktion, bei denen die subjektiven Erfahrungen, das Vorwissen und die kulturelle Prägung der Rezipierenden eine konstitutive Rolle spielen. Eine Annäherung an einen gemeinten Sinn ist somit als dialektischer Prozess zu verstehen, in dem die Fremdauslegung stets durch die Selbstauslegung mediiert wird und *vice versa* – ein Grenzgang par excellence. Die Dimension der Grenze in der Kommunikation der denkerischen Grenzerfahrung ist also eine zweifache: Die Kommunikation der eigenen Grenze im Denken wie die Begrenztheit der Kommunikationsmöglichkeiten der eigenen Grenzerfahrung.

(3) An dieser Stelle scheint mir eine Unterscheidung dienlich, auf die der Untertitel dieser essayistischen Ausführungen mit seinem Verweis auf das Problem der Konventionalisierung von Unwissen anspielen will. *Politisch* – und an dieser Stelle knüpfe ich an den obigen Verweis auf die strategischen Verstehens- und Verständigungsabbrüche an – scheint es mir unverzichtbar, die Differenz zwischen Unwissen als anthropologisch bedingtem Nicht-Vermögen von Erkennen und Unwissen als Konsequenz *kultivierter ignorance* genau herauszuarbeiten. Bekannt sind Charles W. Mills Ausführungen über *white supremacy* und das Problem einer deformierten epistemologischen Perspektive, die auf einer *weißen* Erkenntnistheorie basiert und nicht in der Lage ist, die Bedingungen ihrer eigenen defizitären Theorieproduktion sowie die daraus resultierenden Einschränkungen im Wissenserwerb kritisch zu reflektieren.[5] Die Form des Nichtwissens, das aus dieser defizitären Situation resultiert, bezeichnet Mills als »*white ignorance*«. Programmatisch notiert Mills: »[M]apping an epistemology of ignorance is for me a preliminary to reformulating an epistemology that will give us genuine knowledge.«[6] *White ignorance*, das liegt auf der Hand, ist kulturell tief verankert und zeigt sich auf der Ebene von gesellschaftlichen Strukturen und Institutionen, dann aber eben auch mit Blick auf Wahrnehmung und Kognition. Wenn Mills die Verflechtung von Wahrnehmung und Begriffsbildungen problematisiert, wird deutlich, wie tief diskriminierende Bedingungsgefüge in jeweils dominante Kulturen, d. h. auch in konventionalisierte Denkungsarten eingelassen sind. Interessen, aber auch *ignorance* formen die Kognitionen und beeinflussen, was Menschen sehen, und wie sie ›Dinge‹ interpretieren. Begriffe bzw. Konzepte werden durch ein ›Netzwerk‹ interdependenter Hintergrundannahmen zu kognitiven Schemata verwoben, die spezifische hermeneutische Zugänge begünstigen, während sie gleichzeitig alternative Interpretationsansätze marginalisieren oder gar deren Plausibilität ausschließen. Solche epistemischen Strukturen fungieren als Prädisposition für *bestimmte* Deutungen und konstituieren gleichzeitig Barrieren für divergierende Interpretationen. Mills schreibt:

---

5   Vgl. Kristin Merle, Wissenserwerb durch Regelbruch. Epistemische Ungerechtigkeit als Problem akademischer Bildung, in: *Prekäres Wissen. Praktische Theologie im Horizont postkolonialer Theorien*, hg. von Kristin Merle, Manuel Stetter & Katharina Krause, Leipzig 2024, 17–36, 23–27.

6   Charles W. Mills, White Ignorance, in: *Race and Epistemologies of Ignorance*, hg. von Shannon Sullivan & Nancy Tuana, New York: Suny Press 2007, 11–38, 16. (Deutsche Übersetzung: Charles W. Mills, Weißes Nichtwissen, in: *Critical Philosophy of Race. Ein Reader*, hg. von Kristina Leopold & Marina Martinez Mateo, Berlin: Suhrkamp 2021, 180–216.)

> At all levels, interests may shape cognition, influencing what and how we see, what we and society choose to remember, whose testimony is solicited and whose is not, and which facts and frameworks are sought out and accepted. Thus at any given stage it is obvious that an interaction of great complexity is involved, in which multiple factors will be affecting one another in intricate feedback loops of various kinds.[7]

Der denkerische wie kommunikative Zugewinn als Arbeit auf der Grenze ist also auf kritische Revisionen angewiesen, auf eine reflexive Epistemologie, die die eigenen Vorannahmen und deren Einfluss auf den Prozess der Bedeutungskonstruktion kritisch hinterfragt.

(4) Eine solche kritische Revision leistet das, was man herkömmlich auch als *Ideologiekritik* bezeichnet. Ideologiekritik zielt als Methode darauf ab, (verborgene) Annahmen, Machtstrukturen und ideologische Rahmenbedingungen in sozialen Kontexten zu hinterfragen und zu analysieren. »Eine Ideologie«, so Sally Haslanger »ist eine Kulturtechnik – das Netz von Bedeutungen, Symbolen, Skripten und dergleichen, das dazu dient, ungerechte soziale Beziehungen zu schaffen oder zu stabilisieren«[8], eine Kulturtechnik, die Unterdrückung prolongiert. Untrennbar verwoben sind darin freilich soziale Praktiken unterschiedlichster Art. Es wäre also falsch, den Begriff der Ideologie wie der Ideologiekritik kognitivistisch eng zu führen. Ideologiekritik hat konstruktives Potenzial. Sie kann durch einen reflexiven Prozess der Selbstkritik und des Dialogs realisiert werden, in dem bestehende, inkulturierte Ideologien aufgedeckt, gegebenenfalls umgeformt werden. Ideologiekritik ist Ausgangspunkt für die Erarbeitung alternativer Perspektiven und Lösungen. Immanente Kritik leitet sich aus den Praktiken selbst und ihrem Verständnis ab. Dazu Haslanger:

> One solution – that is designed to disrupt adherence to the existing practices and also avoid paternalism and vanguardism – is to challenge the formal or epistemic workings of the ideology, rather than imposing substantive values from ›outside‹. So, properly speaking, critique demonstrates that the ideology has epistemic flaws (e.g., is ›selfcontradictory‹) and provides other epistemic resources (and practices) to unmask it, without taking a moral stand.[9]

Ideologiekritik kann eine prozessuale Wendung erzeugen: Ihre Funktion liegt nicht darin, für das soziale Miteinander scheinbar undienliche, gar schädliche Perspektiven durch ›bessere‹ schlicht zu ersetzen. Ihre Funktion besteht darin, den Akteur:innen selbst Möglichkeiten einzuräumen, entsprechende Fragen zu stellen und selbst Antworten zu finden. Ideologiekritik weiß um die Grenze des eigenen Denkens, und gleichzeitig kann sie in die Lage versetzen, die Grenzen der Konventionalisierung von Unwissen im Sinne von *ignorance* aufzuweiten.

---

7   Ebd., 24.
8   Sally Haslanger, *Der Wirklichkeit widerstehen. Soziale Konstruktion und Sozialkritik*, Berlin: Suhrkamp 2021, 225–226.
9   Sally Haslanger, Political Epistemology and Social Critique, in: *Oxford Studies in Political Philosophy. Volume 7*, hg. von David Sobel, Peter Vallentyne & Steven Wall, Oxford: Oxford University Press 2021, 23–65, 41.

(5) Denken ist ein sozial grundgelegter Prozess, und Denken ist auf Öffentlichkeit angewiesen: »Die Öffentlichkeit ermöglicht selbst noch das individuelle, auf Begreifen und Erkennen, auf Wissen und Verstehen angelegte Bewusstsein des Einzelnen, der ohne sie nicht nur nichts von der gemeinsamen Welt zu sagen wüsste, sondern noch nicht einmal in der Lage wäre, sich selbst zu erkennen«[10], schreibt Volker Gerhardt sehr richtig. Denken, Reflektieren, Arbeiten an Interpretationsschemata und Konzepten sind aber nicht ›nur‹ sozial grundgelegte Prozesse, sie prozessieren auch selbst soziale Grundlegungen und haben das Potenzial, sozialen Wandel voranzubringen. Das ist weniger trivial als es sich auf den ersten Blick liest. Geht man davon aus, dass unsere Handlungsmöglichkeiten, die Agency von Akteur:innen, bestimmt und dann auch begrenzt werden durch die symbolischen und materiellen kulturellen Ressourcen, die zur Verfügung stehen, sind diese Interpretationen immer verbunden mit Konsequenzen für unser soziales Handeln, wie wir unsere Welt und unser Miteinander gestalten. Soziale Praktiken und Interpretationsschemata / Konzepte stehen in engstem Wechselverhältnis, zum Beispiel mit Blick auf Rollenzuweisungen, Skripte und Normenobservanz.[11] Konzepte – man könnte auch sagen: handlungsleitende Interpretationsschemata – sind, so Sally Haslanger, »public resource[s] for coordination«:

> Sharing concepts, however, is crucial for communication and coordination. Concepts marshal and organize our capacities for attention, categorization, interpretation, memory, language, inference, affect, and the like, for coordinating with others in response to particular kinds of information. [...] Those who are conversant with a concept in a context have an approved *orientation* that privileges certain exemplars, features, responses (affective and cognitive), experiences, inferences, sub-categories.[12]

Sozialer Wandel also kann über die Arbeit an Bedeutungen, Logiken, Leitideen – an Konzepten angestoßen werden. Das ist kein Elitenprojekt bzw. kein Privilegierten-Projekt, soll nicht das Potenzial einer kritischen Epistemologie und also der Ideologiekritik für eine soziale Epistemologie verspielt werden. Geht es aber um semantische, konzeptionelle Amelioration, die dem Wohle möglichst Vieler dienen soll, also um eine sozial grundgelegte Form, ›Wirklichkeit‹ zu interpretieren, zu ›verstehen‹, zu gestalten, handelt es sich um partizipativ organisierte, interdisziplinär ausgerichtete Kommunikations- und Verständigungsbemühungen mit Blick auf die Frage: Welches Verständnis brauchen wir von etwas (X), damit dieses handlungsimplizierende, ressourcenaufteilungsregulierende Konzept bessere ›Resultate‹ erzeugt als das bisheri-

---

10 Volker Gerhardt, *Licht und Schatten der Öffentlichkeit. Voraussetzungen und Folgen der digitalen Innovation*, Wien: Picus 2014, 26.
11 Vgl. Daniel James, Nachwort, in: *Der Wirklichkeit widerstehen. Soziale Konstruktion und Sozialkritik*, hg. von Sally Haslanger & Daniel James, 2. Auflage, Berlin 2022, 234–282, 265.
12 Sally Haslanger, *Paper Conceptual Amelioration and Social Coordination*, 2020, online einsehbar unter: https://sallyhaslanger.weebly.com/uploads/1/8/2/7/18272031/haslanger_arche_handout_2020_.pdf (zuletzt aufgerufen am 30. Dezember 2024), 3.

ge? Was für ein Konzept brauchen wir von X, damit es zur Gestaltung eines gerechteren Miteinanders beiträgt?[13]

Denken *wie* Kommunikation sind Arbeit »auf der Grenze« und können so als offene, kollaborative und kontextsensitive Expeditionen verstanden und praktiziert werden. Diesen Expeditionen geht es mitnichten um Formen gewaltvoller Grenzüberschreitungen, auch nicht um Eroberungen im Sinne ausbeuterischer kultureller Aneignungen. Als Erkundungsgänge im Grenzgebiet wissen sie um ihre notwendige Situiertheit, deren Anerkenntnis Freiheit gibt, von der Welt neu zu lernen und bisher Gelerntes und Gewusstes kritisch infrage zu stellen. In einer Zeit, in der autoritäre Populismen mit ihren zahllosen Diskriminierungspraktiken fröhlich Urstände feiern, erweist sich eine epistemologische Haltung situierter Expeditionen, die das eigene Nichtwissen einer ideologiekritischen Reflexion unterzieht, als unverzichtbar. Denn sie stärkt demokratische Prozesse durch die Förderung einer Kultur der kritischen Auseinandersetzung, des respektvollen Dialogs und der kontinuierlichen Selbstreflexion. Die Haltung situierter Expeditionen vermag einen machtsensiblen Zugang zur Welt anzubieten, um Komplexität zu würdigen, kritisches Denken zu kultivieren und gleichzeitig eine Offenheit für neue Erkenntnisse und Perspektiven zu bewahren.

---

13   Vgl. ebd.

Elementarisierung als doppelte Entdifferenzierung
Anmerkungen zu Wissenschaftskommunikation und Ethik

Thorsten Moos

Kristin Merle hat in ihrem Beitrag[1] das Projekt einer »sozialen Epistemologie« skizziert, die durch wissenssoziologische, praxeologische und postkoloniale Kritik von universalen Geltungsansprüchen hindurchgegangen ist und – in gut aufklärerischer Manier – nach den Bedingtheiten, Perspektivitäten, konventionellen Fiktionen und Verblendungen des Wissens und Denkens fragt. Dies tut sie mit dem Ziel, diese ideologiekritisch offenzulegen und abzuarbeiten. Merle präsentiert hier eine Art intellektueller Diakonie am gemeinsamen Denken durch Differenzierungsgewinn.

Wenn ich recht sehe, ist damit der Titel der Sektion subversiv unterlaufen, der das Thema des Wissens und seiner Kommunikation unter das Stichwort »Elementarisierung ohne Banalisierung« gestellt hat und damit nach der Möglichkeit legitimer *Entdifferenzierung* im Dienste der Verständigung fragt. Hierbei handelt es sich um ein Kernproblem insbesondere einer öffentlich agierenden Wissenschafts-, Technik-, und Medizinethik.[2] Angezeigt ist jedenfalls, so habe ich Merles Beitrag verstanden, kontingenzverschärfende Differenzierung, nicht aber Entdifferenzierung.

Und das klingt dann doch recht dabrockkompatibel; hat Peter Dabrock doch immer wieder auf Differenzierung gedrungen und insbesondere von einer christlichen Religionskultur »Differenzkompetenz und Ambiguitätstoleranz«[3] in öffentlichen De-

---

1 Dem Beitrag liegt ein ursprünglich als Vortrag formulierter Kommentar zum Beitrag von Kristin Merle (siehe auch in diesem Band) zugrunde. Der Vortragsstil ist weitgehend beibehalten.
2 Vgl. zur Entdifferenzierung in der Wissenschaftskommunikation etwa Claudia Paganini, Julia Serong & Marlis Prinzing (Hg.), *Wissen kommunizieren. Ethische Anforderungen an die Kommunikation zwischen Wissenschaft und Gesellschaft*, Baden-Baden: Nomos 2023; Beatrice Dernbach, Christian Kleinert & Herbert Münder (Hg.), *Handbuch Wissenschaftskommunikation*, Wiesbaden: VS Verlag für Sozialwissenschaften 2013.
3 »Dennoch kann und sollte christliche Religionskultur via Lebensform, Organisation und Reflexionsinstanzen von ihrem geglaubten Auftrag her destruktiven Kräften, die Eindeutigkeitsprätentionen gegen Differenzkompetenz und Ambiguitätstoleranz setzen, trotzen. Sie soll und kann radikaler aus dem Warum ihres Auftrags, aus dem geglaubten Letzten, leben, auf diesem Grund, der gelegt ist, gelassener nach ihrem Wozu fragen und in der Zwischenzeit eigene und fremde Orientierungserwartungen so enttäuschend bedienen, dass zwar die Grundlage ihres Zeugnisses gewiss (*certitudo*) bezeugt wird, aber genauso eingestanden werden kann: Moralische und politische Orientierung ist in der komplexen Welt selten eindeutig. Diese Unsicherheit (*insecuritas*) anzuerkennen, wäre in einer Welt so viel vorgetäuschter Sicherheit ein wertvoller Schritt, ja: es wäre ein role model. Ob man dafür belohnt wird, darf für eine um in der Öffentlichkeit debattierte Gemeinwohlfragen weiterhin

batten eingeklagt. In ähnlicher Weise hat Kristin Merle nun das epistemische Krisenbewusstsein von Religionen stark gemacht. Also wäre hier festschriftlich-theologischer Familienfriede, und wer wäre ich, dort nicht einzustimmen – wenn, ja wenn nicht Peter Dabrock jüngst in einem Kommentar in der Zeitschrift für Evangelische Ethik eine der knalligsten Entdifferenzierungsformeln, eine Verstehens- und Konsensfiktion allerersten Ranges aus der Mottenkiste der politischen Phraseologie wieder hervorgeholt und zur Neubegutachtung auf den Sockel gestellt hätte: das »Wir«. Sein Beitrag endet mit dem X-tauglichen Slogan: »Bei aller Ambivalenz- und Differenzbereitschaft: Mehr ›Wir‹ wagen!«[4] Dabrock inszeniert hier die Selbstkorrektur einer Ethik, die sich nicht nur im »Distanzierungsmodus der Metabeobachtung« ergehen dürfe, sondern Konstruktives zum politischen Zeitgeschäft beizutragen, »nach dem Verbindenden […] zu suchen«, ja: »›Wir‹-Imaginationen zur Stärkung zivilgesellschaftlicher Kräfte« zu befördern (im Original gar: zu »beflügeln«[5]) habe.

Damit bin ich in aller Kürze eines Kommentars beim Thema der Elementarisierung in der Wissens-, insbesondere der Wissenschaftskommunikation. Ich adressiere das Thema aus der Perspektive einer Ethik, die nach der Möglichkeit normativer Verständigung (etwa zu bio- und medizinethischen Fragen) unter den Gegenwartsbedingungen zunehmend wahrnehmbarer gesellschaftlicher Antagonismen fragt.[6] Unter Elementarisierung verstehe ich hier die Übertragung von Wissen aus einem hoch ausdifferenzierten, also z. B. fachwissenschaftlichen, Wissensregime in einen öffentlichen Diskurs.[7] Elementarisierung heißt damit auch Erzeugung von Prägnanz durch epistemische Entdifferenzierung, und das ist immer rechenschaftsbedürftig und kritikabel. Elementarisierung ist, das sei dabei normativ vorausgesetzt, ausgerichtet auf das kommunikative Ziel der Verständigung in bestimmten gesellschaftlich relevanten Sachverhalten über die Grenzen von Wissensregimen hinweg. In diesem

---

besorgte Kirche (Jer 29,7) oder für öffentliche Theologie, die primär nach dem Warum und nicht nach dem Wozu fragt, eine zweitrangige Frage sein.« Aus Peter Dabrock, Differenzkompetenz und Ambiguitätssensibilität zum Wohle der Öffentlichkeitskultivierung. Ein Essay über modernitätssensible Repristinationen der Zwei-Reiche-und-Regimenten-Lehre, in: *Kontext und Dialog. Sozialethik regional – global – interdisziplinär. Festschrift für Traugott Jähnichen zum 65. Geburtstag*, hg. von Clemens Wustmans, Nathalie Eleyth, Norbert Friedrich, Maximilian Schell & André Witte-Karp, Stuttgart: Kohlhammer 2024, 52–68, 67.

4 »Mehr konstruktive Beiträge der Ethik, auch der theologischen, zur gegenwärtigen Lage ist demgegenüber das Gebot der Stunde. Bei aller Ambivalenz- und Differenzbereitschaft: Mehr ›Wir‹ wagen!« Peter Dabrock, »Mehr ›Wir‹ wagen? Zur Kontingenz und Normativität einer unvermeidbaren Verblendungskategorie. Ethische (Selbst-)Kritik«, *Zeitschrift für Evangelische Ethik* 68 (3), 2024, 163–169, doi: 10.14315/zee-2024-680302, 169.

5 Ebd., 168.

6 Üblicherweise wird an dieser Stelle von »gesellschaftlicher Polarisierung« gesprochen, die aber einen klaren Antagonismus zweier Gruppen voraussetzt, der sich in unterschiedlichsten Debatten immer wieder manifestiert. Dagegen spricht allerdings, dass es in verschiedenen, je für sich bipolar aufgeheizten Debatten zu unterschiedlichen Diskurskoalitionen und Frontstellungen kommen kann.

7 Dabei kann dahingestellt bleiben, ob es eine oder irreversibel mehrere öffentliche Sphären gibt.

Sinne handelt es sich bei Elementarisierung gerade nicht um Banalisierung, verstanden als manipulatives Für-dumm-Verkaufen aus einem spezifischen Interesse heraus. Bei letzterer handelt es sich um eine Form der Instrumentalisierung der Hörenden, die selbstverständlich unstatthaft ist.

Die These, die ich hier vertreten möchte, ist nun: Elementarisierung bedeutet epistemische Entdifferenzierung im doppelten Sinne. Erstens und ganz offensichtlich bedeutet Elementarisierung die Reduzierung der Bestimmtheit wissenschaftlicher Begriffe durch deren Dekontextualisierung. So geschehen etwa jüngst anlässlich des Chemie-Nobelpreises für David Baker, John Jumper und Demis Hassabis, wo auf allen möglichen medialen Kanälen und damit auf allen möglichen (Ent-)Differenzierungsniveaus Proteinfaltung entfaltet wurde.[8] Das ist der offensichtlichere, wenngleich keineswegs triviale Part der Entdifferenzierung. Was hier auf dem Spiel steht, ist das prekäre Vertrauen in Entdifferenzierungsagenturen und epistemische Stellvertretungsfiguren (die die Sache in toto verstehen und mir weitere Stufen der Differenzierung des Elementarisierten nachliefern könnten, wenn ich davon denn wissen wollte).[9] Dabei geht es auch um die öffentliche Verfügbarkeit von Differenzierungsreservoiren, die zusätzliche Bestimmtheit vorhalten und bei Bedarf nachliefern.[10]

Max Weber hat das klassisch unter dem Stichwort der »zunehmenden Intellektualisierung und Rationalisierung« durch Wissenschaft diskutiert. Diese bedeute nicht, dass jede:r selbst wissen oder verstehen müsse, wie etwa eine Trambahn funktioniert; es bedeutet vielmehr »das Wissen davon oder den Glauben daran, daß man, wenn man *nur wollte*, es jederzeit erfahren *könnte*.«[11] Eben dieses »könnte« aktualisiert die Elementarisierung situativ und partiell und bewährt damit im Gelingensfall das moderne Rationalitätsvertrauen, »daß man [...] alle Dinge – im Prinzip – durch *Berechnen beherrschen* könne.«[12]

Doch Elementarisierung bedeutet noch in einem zweiten Sinne eine epistemische Entdifferenzierung. Beim Wechsel des Wissensregimes von »fachwissenschaftlich« zu »öffentlich« ist – insbesondere, aber längst nicht nur im Kontext ethischer Debatten – ein Verständnis davon vorausgesetzt, was etwa an einer wissenschaftlichen Entwicklung von öffentlichem Belang ist. Wenn auf gesellschaftlich (potentiell) Relevantes hin elementarisiert wird, fließen implizite Annahmen über kollektive Relevanzstrukturen ein. Die Elementarisierung eines wissenschaftlichen Sachverhalts konstituiert mithin erst dasjenige öffentliche Wir, für das dieser Sachverhalt von Bedeutung sein

---

8 Vgl. etwa Pascal Kiss, Chemie-Nobelpreis 2024 für Erforscher der Proteine, *swr Wissen*, 09. Oktober 2024, online einsehbar unter: https://www.swr.de/wissen/chemie-nobelpreis-2024-raetsel-protein-struktur-100.html, (zuletzt aufgerufen am 12. Oktober 2024).
9 Zu diesen gehören auf individueller Ebene Wissenschaftsjournalist:innen und öffentliche Expert:innen, auf institutioneller Ebene Ethikräte, Parlamentsausschüsse oder bestimmte zivilgesellschaftliche Akteure.
10 Erinnert sei hier an die gegenwärtige Debatte um sogenannte Spartenkanäle des öffentlich-rechtlichen Rundfunks.
11 Max Weber, Wissenschaft als Beruf, in: *Max Weber-Gesamtausgabe* (MWG). Band 1/17, hg. von Wolfgang J. Mommsen & Wolfgang Schluchter, Tübingen: Mohr Siebeck 1994, 71–110, 9.
12 Ebd.

soll. Angesichts des virtuell unbegrenzten Raumes möglicher Relevanzen ist auch dies eine Art der epistemischen Entdifferenzierung, nun nicht hinsichtlich der Formierung des Gewussten, sondern hinsichtlich der Positionierung der Wissenden.

Braun, Starkbaum und Dabrock haben 2015 in einem PLOS-one-Artikel untersucht, welche Wahrnehmung Biowissenschaftler:innen von der an ihren Forschungsgegenständen interessierten Öffentlichkeit haben.[13] Das Ergebnis war, etwas überprägnant formuliert: Forschende nehmen die Öffentlichkeit als epistemisch passiv, risikofokussiert und kontrollwütig wahr. Nun handelt es sich hierbei um das Resultat einer Interviewstudie, in der explizit nach Überzeugungen gefragt wurde. Spannender wäre noch die Untersuchung der performativen Positionierung von Öffentlichkeit in Praktiken der Wissenschaftskommunikation und der Beteiligung von Forschenden an ethischen Debatten. Eine solche Untersuchung würde die hier involvierten impliziten Annahmen und Wissensbestände ans Tageslicht bringen.

Ein anekdotisches Beispiel: NotebookLM, Googles KI für den Wissenschaftsgebrauch, basierend auf dem Large Language Model *Gemini*, hat seit kurzem eine Funktion, in der man einen wissenschaftlichen Artikel, einen Sammelband o.ä. hochladen kann. Die KI macht dann daraus einen Podcast, in dem eine weibliche und eine männliche Stimme sich in perfektem Amerikanisch an- bis aufgeregt, gut informiert, unterhaltsam und humorvoll, im besten Sinne elementarisierend über das hochgeladene Textkorpus unterhalten. Ich kann das nur empfehlen, vor allem zur wissenschaftsnarzisstischen Selbstbespiegelung. (Das ist wie früher: sich selbst googlen.) Man lädt einen eigenen Beitrag hoch, und die beiden namen- und gesichtslosen Elementarisierer:innen reden fröhlich über den Text, als wäre er, nun ja – wirklich interessant![14] Wirklich interessant ist nun, dass jeder dieser Podcasts mit einer Takehome-Message »für uns alle« endet. Jeweils wird also etwas formuliert, was aus der besprochenen bahnbrechenden Forschung für »unser« Leben wirklich relevant ist. Hier hat man die Konstitution eines »Wir« der Hörenden in unbarmherzig idealtypischer Form, und noch dazu, wie bei jedem Large Language Model, im Modus der Maximierung von Erwartbarkeit. In der Auswertung dieser automatisch generierten Take-home-Messages wäre also einiges über *übliche* Relevanzzuschreibungen und damit Wir-Konstruktionen zu lernen.

Solche in der Elementarisierung vorgenommene Wir-Zuschreibung ist im Merleschen Sinne ideologieanfällig und fordert dekonstruktive Anstrengungen;[15] und sie ist zugleich im Sinne des Dabrockschen ›Wir‹-Pathos Bedingung der Möglichkeit

---

13　Vgl. Matthias Braun, Johannes Starkbaum & Peter Dabrock, Safe and Sound? Scientists' Understandings of Public Engagement in Emerging Biotechnologies, *PLoS ONE* 10 (12), 2015, e0145033, doi: 10.1371/journal.pone.0145033.
14　Vgl. https://notebooklm.google.com/ (zuletzt aufgerufen am 29. November 2024).
15　Auch hier geht es um Institutionen, präziser gesprochen um das Vorhalten von Differenzierungsreservoiren der Ideologiekritik, die beständig auf Ent-Elementarisierungen, d. h. hier: Neu-Formierungen von kritischer Öffentlichkeit, hinwirken. Hierzu gehören die Vielzahl an Versuchen, die Diversität der öffentlich gehörten Stimmen zu erhöhen, etwa Experimente mit Bürgerräten. Zur Kritik an materialen Wir-Imaginationen aus universalistischer Perspektive vgl. Omri Boehm, *Radikaler Universalismus*, Berlin: Suhrkamp 2022, 73–119.

von Verständigung. Aus liberaler Tradition heraus würde ich sagen: Wenn das transzendentalpragmatische Urvertrauen in die Verständigung – wer argumentiert, formuliert Geltungsansprüche, setzt damit eo ipso einen gemeinsamen epistemischen Raum von Wahrheit und Richtigkeit voraus[16] – in die Krise gerät, gilt es, dieses zu materialisieren: Wer argumentiert, setzt damit eo ipso einen *spezifisch möblierten* epistemischen Raum von Wahrheit und Richtigkeit als gemeinsam voraus, und zwar als gemeinsam für eine spezifische Gruppe, der die einen zugehören, andere aber nicht. Erhoben werden – und ethisch relevant sind – immer noch Geltungsansprüche; das lässt sich nicht in reine Spiele der Macht aufheben. Aber die Struktur der Geltungsansprüche ist komplexer geworden, indem nicht nur Geltung in den Modi von Wahrheit, Richtigkeit und Authentizität beansprucht (und die Geltungsansprüche damit der Kritik ausgesetzt) werden, sondern auch das materiale Wir einer öffentlichen Verständigung gesetzt und damit ebenfalls der Kritik ausgesetzt wird. Indem Ethik beides zugleich tut und reflektiert, wird ihr Geschäft komplexer, aber auch um ein Vieles spannender.

Soweit von mir; damit Sie aber wirklich etwas zum Nachdenken haben, zitiere ich abschließend die Schlusssequenz eines Podcasts über Peter Dabrocks ZEE-Beitrag, generiert von NotebookLM.[17]

> A: Okay, that's quite the cliffhanger. It's like he's acknowledging that we crave belonging, being part of something bigger. But then there's this ethical dilemma of pretending ›we‹ is this simple unified thing when the reality is so much more complicated.
>
> B: Exactly. And what Dabrock argues is that even though ›we‹ is inherently flawed, we can't let that stop us from acting. We still have an ethical obligation to engage with these issues, to find common ground, even when, or maybe especially when we disagree.
>
> A: So it's not about throwing ›we‹ out the window entirely, but being really mindful of how we use it. We need a ›we‹ built on invitation, on genuine dialogue, a willingness to listen and understand, even when maybe, especially when we don't see eye to eye.
>
> B: Couldn't have said it better myself. (pause) Dabrock is calling for a more nuanced, inclusive understanding of ›we‹. One that acknowledges our differences while still working towards a shared future.
>
> A: Wow. So much to unpack here. To recap this whirlwind deep dive for you: The world is a messy place right now. Crises are piling up and the ›we‹ we thought we knew might be more complicated than it seems. But the good news is we don't have to have all the answers to start building a better future together.
>
> B: Well said.

---

16 Vgl. Karl-Otto Apel, Sprechakttheorie und transzendentale Sprachpragmatik zur Frage ethischer Normen, in: *Sprechpragmatik und Philosophie*, hg. von Karl-Otto Apel, Frankfurt am Main: Suhrkamp 1983, 10–173.

17 Dabrock, *Mehr ›Wir‹ wagen?*.

A: And on that note, dear listener, we'll leave you with this. What does your ideal ›we‹ look like? What concrete actions, even small ones, can you take to build that more inclusive, future-oriented ›we‹ within your own circles? It's a question worth pondering, wouldn't you say? (B: Absolutely.) Until next time, keep asking those tough questions and keep searching for the threads that connect us all.[18]

---

18 Vgl. https://notebooklm.google.com/, erstellt am 12.10.2024.

Theologie als Grenzkompetenzvermittlung
Theologisch-ethische Überlegungen zur Wissenschaftskommunikation

Tabea Ott

Eine Grenze irritiert, sie stößt mitunter auf Missfallen und wird zur Kränkung, womöglich auch zur Krise. In jedem Fall drängt sie auf Bearbeitung: an einer Grenze wartet man auf Durchlass, in Grenzsituationen ist man in Not, die Grenze bedeutet das Ende der eigenen Möglichkeiten und Horizonte, des eigenen Wissens, an der Grenze trifft man auf das Andere, auf das Fremde und mitunter das Feindliche, die körperlichen Grenzen konfrontieren mit der eigenen Endlichkeit. Die Grenze erfüllt verschiedene Funktionen: sie trennt, beschränkt, verschließt und will darum gerade in der Wissenschaft, wenn es um Grenzen der Erkenntnis geht, in der Regel überbrückt und überquert werden.

Doch die Grenze erfährt auch andere Deutungen: beispielsweise als Schutz, Membran und Filter, als notwendiger Haltepunkt und Irritation der anderen Art. Eine Grenze kann als unentbehrlicher Horizont erscheinen, vor dem sich allererst etwas anderes abhebt und wird damit zum Ermöglichungsgrund.

Der vorliegende Beitrag will die Ambivalenz der Grenzerfahrung etwas länger auskosten, das heißt, die Spannung der Grenze genauer untersuchen, bevor ihre Überbrückung und Überwindung geschieht. Dabei wird insbesondere der Beitrag der Theologie zur Erfahrung der Grenze und zur Grenzkompetenz untersucht werden.

Ein Blick in die *Border Studies* macht schnell deutlich, dass *die Grenze* kein Gegenstandsbereich ist, dessen Untersuchung allein der Geographie vorbehalten ist. Auch die politische Soziologie, die Kulturwissenschaften, die Philosophie und, hier soll die Liste, die Corey Johnson et al. aufgestellt haben, ergänzt werden, auch die Theologie machen die Grenze nicht nur als Raumphänomen zum Thema.[1] Die Grenze wird verschiedentlich und nicht immer nur materiell manifestiert. In den Sozialwissenschaften, insbesondere der Soziologie, wird die Grenze zu einem sozial produzierten Phänomen, das dann auch einen räumlichen Ausdruck gewinnen kann.[2] Grenzziehungen entstehen unter anderem durch die Einteilung von Körpern in ›fremde‹ oder ›ausländische‹ Körper.[3] Grenzen lassen sich aber auch phänomenologisch verstehen:

---

1 Vgl. Corey Johnson, Reece Jones, Anssi Paasi, Louise Amoore, Alison Mountz, Mark Salter & Chris Rumford, Interventions on Rethinking ›the Border‹ in Border Studies, *Political Geography* 30 (2), 2011, 61–69, doi: 10.1016/j.polgeo.2011.01.002.
2 So auch Simmel, der die Grenze als soziologische Tatsache versteht, die sich räumlich formt. Vgl. Georg Simmel, Soziologie des Raumes (1903), in: *Georg Simmel. Schriften zur Soziologie. Eine Auswahl*, hg. von Heinz-Jürgen Dahme & Otthein Rammstedt, 6. Auflage, Frankfurt am Main: Suhrkamp 2016, 221–242.
3 Vgl. Johnson et al., *Rethinking ›the Border‹*, 61.

Jede Begegnung mit einem Anderen ist im Grunde eine Grenzerfahrung: eine Erfahrung der Grenze des eigenen Leibes angesichts des Fremdleibes sowie die Erfahrung der Unmöglichkeit, die Erfahrung des fremden Leibes zu erfahren, und darum eine Erfahrung der Be-grenztheit von Erfahrung und Wissen. Schließlich wird der eigene Leib zur Grenzerfahrung: Das eigene Sehen kommt nie selbst in den Blick, der eigene Rücken wird nicht gesehen.[4] Weiterhin lassen sich Grenzen des Verstehens identifizieren – auch: Nicht-Sinn oder Negativität.[5] Schließlich erscheint der eigene Tod als Grenze des Lebens.

Um die Grenzen wissen

Um die Grenze zu ›bearbeiten‹, muss zunächst um die Grenze gewusst werden. Besonders die eigenen, leiblich bedingten Grenzen zu wissen und weiterhin einzugestehen, ist kein leichtes Unterfangen. ›Ich weiß, dass ich nichts weiß‹ lautet die sokratische Reflexion auf die Grenzen des Wissens. Doch dieses (Un-) bzw. Nicht-Wissen zuzugeben bzw. zum Thema zu machen, ist nicht immer leicht. Denn nur der:die aufrichtige Denker:in wird die eigenen Grenzen vor sich selbst und Anderen eingestehen, gerade dann, wenn dieses Bekenntnis möglicherweise zu ihrem Schaden gereicht oder strukturelle, z. B. politische oder wissenschaftliche Ordnungen ihr das Eingeständnis von Unwissenheit verbieten – zumindest aber nicht lohnen. Und nicht nur aufrichtig muss der:die Denker:in sein, sondern zur Aufrichtigkeit muss sich auch der Mut sowie die Reflexion auf die Erfahrung des Nicht-Wissens und der Grenztypen gesellen. Das Wissen um die Grenze ist voraussetzungsreich, wie sich auch in den verschiedenen anderen Beiträgen in diesem Band andeutet. Sich der Grenzerfahrung – sei es derjenigen am eigenen Leib oder in der Begegnung mit den Anderen – zu stellen, bedarf also der Grenzkompetenz.

Für die Theologie ist die Auseinandersetzung mit der Grenze zentral. Dies ist *erstens* deshalb der Fall, weil Theolog:innen schon immer Grenzgänger:innen sind: Sie agieren nicht nur innerhalb des akademischen oder kirchlichen Rahmens, sondern sind auch Teil der pluralen Öffentlichkeit, haben neben dem Fach der Theologie häufig noch andere Fächer studiert und erleben sich alltäglich mit verschiedenen Rollenerwartungen konfrontiert.

Die Auseinandersetzung mit der Grenze ist *zweitens* deshalb zentral, weil Theologie – zumindest im Fall der konkreten Ethik in fundamentaltheologischer Perspek-

---

4   Vgl. Maurice Merleau-Ponty, *Das Sichtbare und das Unsichtbare*, hg. von Claude Lefort, übersetzt von Reula Giuliani & Bernhard Waldenfels, 2. Auflage, München: Wilhelm Fink 1994, 315.
5   Vgl. Emil Angehrn, Selbstverständigung und Alterität. Zwischen Phänomenologie und Hermeneutik, in: *Phänomenologie des praktischen Sinns*, hg. von Thiemo Breyer, Paderborn: Wilhelm Fink 2019, 229–248.

tive – als »Schwellenwissenschaft«[6] verstanden werden kann und darin selbst Grenzgängerin ist. Sie bewegt sich immer schon an der Schnittstelle zwischen inneren theologischen Fragestellungen zwischen Ethik und Dogmatik, Praktischer Theologie und Kirchengeschichte sowie den exegetischen Fächern und äußeren Disziplinen wie Philosophie, Geschichts- und Gesellschaftswissenschaften. Sie operiert also an den Schnittstellen zwischen Gott und Mensch sowie Kirche und Welt. Das Verhältnis von Kirche und Welt sowie die Schnittstellen und Grenzübergänge werden besonders in der Öffentlichen Theologie thematisiert. Wolfgang Huber schreibt, dass die Kirche als Teil der Öffentlichkeit zu verstehen sei, die ihren Ursprung, ihr Wesen und ihre Aufgabe allerdings nicht von diesem System herleite.[7] Dies führt ihn zu der Schlussfolgerung, dass die Kirche »nicht von der Welt, aber in der Welt« sei.[8] Bereits in dieser knappen Bestimmung zeigt sich die Komplexität und Durchlässigkeit von Grenzen und Grenzbereichen zwischen Kirche und Welt, mit denen sich Theologie und insbesondere Ethik und Öffentliche Theologie befassen.

Drittens zeichnet sich Theologie deshalb durch eine besondere Affinität zu Grenzphänomenen aus, weil sie das Verhältnis von Transzendenz und Immanenz, von Unsichtbarkeit und Sichtbarkeit und damit die Grenze am Anderen, am Außer-Ordentlichen sowie Grenzen der Freiheit selbst zum Thema macht. Die Grenze, die das Selbst am ganz Anderen, theologisch zumeist mit Gott beschrieben, findet, wurde und wird in der evangelischen Theologie vielfach zu bestimmen gesucht: Gott als der ganz Andere (Barth), Gott als »die Tiefe des Seins« bzw. »das, was uns unbedingt angeht« (Tillich).[9] Weiterhin identifiziert Theologie die Figuren des »Risses« (Stoellger) bzw. der »Unterbrechung« (Metz) als ihre Grundfiguren.[10] Besonders eindrücklich schildert Emmanuel Levinas die göttliche Grenzerfahrung, indem er Jenseitigkeit und Andersheit Gottes derart konzipiert, dass das Andere dem Selbst zur unüberschreitbaren und nicht in eigene Begrifflichkeit einhegbaren Grenzerfahrung wird, das nur vom Jenseits, nicht aber vom Diesseits der Grenze überschritten werden könne.[11] Wie schließlich mit der Erfahrung (endlicher) Freiheit umgegangen werden kann und sollte, ist Thema evangelischer Ethik. Dafür bedarf es allerdings zuerst die Anerkennung der endlichen Grenze. Werde diese Grenze nicht anerkannt, so Wolfgang Huber,

---

6   Peter Dabrock, *Antwortender Glaube und Vernunft. Zum Ansatz evangelischer Fundamentaltheologie*, Stuttgart: Kohlhammer 2000, 36; Hans Waldenfels, *Kontextuelle Fundamentaltheologie*, 4. Auflage, Paderborn/München/Wien: Schöningh 2005, 98.
7   Vgl. Wolfgang Huber, *Kirche und Öffentlichkeit*, Stuttgart: Klett 1973, 31.
8   Ebd.
9   Vgl. Karl Barth, Römerbrief (Zweite Fassung 1922), in: *Barth lesen. Zentrale Texte seines Denkens*, hg. von Matthias Freudenberg & Georg Plasger, Zürich: Theologischer Verlag 2019, 61–65; Paul Tillich, In der Tiefe ist die Wahrheit, in: *Paul Tillich. Religiöse Reden*, Berlin: De Gruyter 1987, 51–61.
10 Vgl. Philipp Stoellger, *coram cruce. Deutungspotentiale der Kreuzestheologie*, Tübingen: Mohr Siebeck 2024, 217; Johann Baptist Metz, *Glaube in Geschichte und Gesellschaft. Studien zu einer praktischen Fundamentaltheologie*, Freiburg/Basel/Wien: Herder 2016.
11 Vgl. Emmanuel Lévinas, *Jenseits des Seins, oder, Anders als Sein geschieht*, übersetzt von Thomas Wiemer, 2. Auflage, Freiburg/München: Nijhoff 1998; Emmanuel Lévinas, *Totalität und Unendlichkeit. Versuch über die Exteriorität*, 4. Auflage, München: Karl Alber 2008.

bestünde die Gefahr im Kult der Nation, der Vernunft oder der Kunst, das Irdische zu vergötzen, das Menschenwerk zu idolisieren und die endliche Freiheit zu einer vermeintlich unbegrenzten Freiheit zu steigern.[12]

Die Theologie und theologische Ethik kann darum, so die erste These, als Grenzgängerin und Grenzexpertin selbst einerseits das *Wissen um* die Grenzen anregen, andererseits die *Reflexion auf* die Grenzen und darin die Grenzunterscheidungen sowie schließlich das *Zugeständnis der Grenzen* – zuweilen der schwerste Part – ermöglichen.

Die Grenze als Reflexionsanlass

Mit dem Wissen um die Grenze, kann die Reflexion auf sie beginnen. Wie kann sich zu ihr verhalten werden? Die unterschiedlichen Deutungen und Konzeptionen der Grenze bzw. die unterschiedlichen Arten und Weisen der Grenze, regen an, der Liminalität nachzugehen, die eine Grenze auch bedeuten kann. Eine Grenze lässt sich eben auch als Grenzland, Grenzbereich, Zwischenraum, als Schwellen- oder Pufferzone, als Durchgangsbereich, aber auch ein Nicht-Ort bzw. ein unbefriedigender Zustand des Changierens zwischen Nicht-mehr und Noch-nicht konzipieren.[13] Es wurde bereits angedeutet: die Grenze provoziert die Bearbeitung, sie will überschritten werden und kennt verschiedene Formen der Überschreitung. Indem die Grenze zur Konfrontation mit der Beschränkung der eigenen Freiheit und des eignen Wissens führt, fordert sie zu einer Antwort heraus, die jedoch unterschiedlich ausfallen kann.

Die Grenze kann *erstens* ignoriert oder geleugnet werden (I). Dies zeugt jedoch von einiger Realitätsferne und mangelnder Differenzsensibilität[14] angesichts einer aus-

---

12 Vgl. Wolfgang Huber, »*Keine anderen Götter*« – Über die Notwendigkeit theologischer Religionskritik. Eröffnungsvortrag zum XIV. Europäischen Kongress für Theologie in Zürich am 11. September 2011, online einsehbar unter: https://www.news.uzh.ch/dam/jcr:ffffffff-d802-3014-0000-00002001f146/Huber.pdf (zuletzt aufgerufen am 20. Dezember 2024).
13 Vgl. Clemens Ruthner, Grenzwertig im Dazwischen. Liminalität als DenkRaum, ars 13 (2), 2019, 26–39, doi: 10.4312/ars.13.2.26-39; Marc Augé, *Non-Places. An Introduction to Supermodernity*, übersetzt von John Howe, London: Verso 2009. Der Begriff der Liminalität geht auf den Anthropologen Victor Turner zurück, der auf Basis von Arnold van Genneps wegweisendem Werk *Rites de passage* (1909) verschiedene Übergangsphasen identifizierte, in denen sich Einzelne oder Gruppen befinden, nachdem sie sich durch Rituale von der bestehenden sozialen Ordnung distanziert haben. Beispiele dafür findet Turner vor allem in den Initiationsriten vorindustrieller Gesellschaften. Mit der Liminalität ist eine Schwellensituation zwischen Trennung und (Wieder-)Angliederung beschrieben, wobei noch unsicher ist, ob die Wieder- oder Neuangliederung gelingt oder eine bleibende Trennung hervorgebracht wurde. Vgl. Victor Turner, *Das Ritual. Struktur und Anti-Struktur*, Frankfurt am Main: Campus 2005.
14 Vgl. Peter Dabrock, Differenzkompetenz und Ambiguitätssensibilität zum Wohle der Öffentlichkeitskultivierung. Ein Essay über modernitätssensible Repristinationen der Zwei-Reiche-und-Regimenten-Lehre, in: *Kontext und Dialog. Sozialethik regional - global - interdisziplinär. Festschrift für Traugott Jähnichen zum 65. Geburtstag*, hg. von Clemens Wustmans, Nathalie Eleyth, Norbert Friedrich, Maximilian Schell & André Witte-Karp, Stuttgart: Kohlhammer

differenzierten und pluralen Gesellschaft, in der sowohl gelebte Religion ebenso wie die Konfrontation mit dem transzendenten anderen Menschen eine alltägliche Rolle spielt. Es wird sich einer Auseinandersetzung mit den eigenen und fremden Grenzen bewusst widersetzt und ein Kommunikationsabbruch bzw. eine Verhinderung der Kommunikation absichtlich herbeigeführt.

Die Grenze kann im Gegenteil dazu *zweitens* fanatisch zementiert werden (II). Das Jenseits der Grenze wird dann nicht nur zum Fremden, sondern zum Feindlichen, das mit verschiedenen Strategien abgewertet und überzeichnet wird. Für das Gottesbild kann dies bedeuten, dass das Andere gefürchtet oder gar zu bekämpfen versucht wird.

Drittens kann die Grenze schließlich machtvoll überschritten werden und das Andere, das Jenseits der Grenze dem eigenen Diskurs unterworfen und kompromisslos in ihn eingehegt werden (III). Dies entspricht einerseits der Unterwerfung des Fremden unter das eigene Begriffssystem. Die Fremdheit wird dem Anderen geraubt.[15] Philipp Stoellger formuliert dies so: »Wenn radikale Differenzen als im Grunde oder im Letzten immer schon vermittelt ausgegeben werden, wird die Härte des Differenzbewusstseins nicht ertragen und verdrängt.«[16] Anthropologisch gedeutet finden sich Versuche der Überschreitung der Grenze, besonders angesichts der narzisstischen Kränkung durch den eigenen Tod,[17] in trans- und posthumanistischen Fantasien des unendlich verlängerten Lebens wieder. Alle drei Formen der Grenzüberschreitung, Ignoranz und Leugnung der Grenze (I), fanatische Zementierung (II) wie auch die machtvolle(n) (Versuche der) Überschreitung (III) der Grenze können darüber hinaus zu Formen von epistemischer Gewalt führen, indem die Erfahrung der Anderen geleugnet, bekämpft oder eingehegt wird.[18]

Die vierte Strategie im Umgang mit der Grenze ist schließlich die Aufgabe der Allmachtsphantasien und die kritische Auseinandersetzung mit dem eigenen Für-wahr-Gehaltenen (IV). Diese vierte Strategie lässt sich von der Grenze positiv irritieren, ohne sie ignorieren (I), zementieren (II), aufheben oder (unbedacht) überschreiten (III) zu müssen. Vielmehr werden zunächst die eigenen Inhalte, das eigene (Nicht-)Wissen aufgrund der Fremdheitserfahrung kritisch revidiert. In diesem Zusammenhang kann es passieren, dass bemerkt wird, dass die Grenze möglicherweise nicht

---

2024, 52–68, 53; José Medina, *The Epistemology of Resistance: Gender and Racial Oppression, Epistemic Injustice, and Resistant Imaginations*, New York: Oxford University Press 2013, 148–154.
15 Vgl. Lévinas, *Totalität und Unendlichkeit*.
16 Stoellger, *coram cruce*, 219.
17 Mit Freud kann die Grenzerfahrung des Todes als Kränkung erscheinen – analog zur sogenannten psychologischen Kränkung als Grenze der Macht eines Menschen im eigenen Haus der Seele; vgl. Sigmund Freud, Eine Schwierigkeit der Psychoanalyse, *Imago. Zeitschrift für Anwendung der Psychoanalyse auf die Geisteswissenschaften* 1, 1917, 1–7.
18 Vgl. den Beitrag von Kristin Merle zur postkolonialen Kritik von Mill in diesem Band sowie Miranda Fricker, *Epistemische Ungerechtigkeit. Macht und die Ethik des Wissens*, übersetzt von Antje Korsmeier, München: C. H. Beck 2023.

starr oder eindeutig gezogen werden kann.[19] Vielmehr wird in der vierten Variante Grenzkompetenz eingeübt, indem der Liminalität als *Dazwischen* eine Daseinsberechtigung erteilt wird. Indem die Grenze bemerkt und auf ihr Überschreiten zunächst verzichtet wird, werden Binaritäten in Frage gestellt und ein »Simulationsraum für die De(kon)struktion kultureller Leitdifferenzen« hervorgebracht, der insbesondere auf die Alterität und die Grenze zwischen Eigenem und Fremdem kritisch reflektiert.[20] Die Thematisierung der Grenze wird dann selbst zum fragilen Grenzgang.

Unterscheidung der Grenzen oder Umgang mit Grenzen

Wird die Grenze gewusst – so zeigt die vierte Umgangsweise – initiiert sie im besten Fall einen Grenzgang, das heißt einen Reflexionsprozess, der bestehendes Wissen und Erfahrungen in Frage stellt. Bisher wurde – auf abstrakt-analytischer Ebene zumindest – keine Grenze überschritten. Doch nun zur Tat – zur Expedition über die Grenze: Wie kann diese gelingen, ohne zur Gewalterfahrung zu werden? Die Reflexion auf die Grenze lässt in der Regel qualitative Unterschiede in den jeweiligen Grenzerfahrungen feststellen. Obwohl das Motiv der Überwindung von Grenzen in der Regel dominiert, sind nicht alle Grenzen gleichermaßen revisionsbedürftig oder überschreitungsnotwendig – so sei an Grenzphänomene gedacht, die zwar eine sichtbare Grenze zwischen Selbst und Anderer, vielleicht auch privatem und öffentlichem Bereich etablieren, wie z. B. die Maske, die Verschleierung oder aber schlichtweg der Leib der Anderen.[21] Die Maske dient dem Schutz vor Ansteckung und wurde in Zeiten der Pandemie zum Zeichen der Solidarität gegenüber den Schwächsten und zum sichtbaren Merkmal der eigenen Vulnerabilität. Der Schleier ist Teil der Religionsausübung und öffentliches Zeichen der Religionszugehörigkeit und Religionsfreiheit. Der Körper der Anderen schließlich wird umgeben von einer schützenden Hautmembran als Grenze zum Nächsten, dessen Grenzen zu durchbohren oder einzureißen ein übergriffiges und gewaltsames Verhalten bedeutet. Auch politisch sind Grenzen benannt, die nicht überschritten werden sollen – beispielsweise die Grenze zum totalitären Staat.[22] Wie mit den unterschiedlichen Grenzen und Grenzphänomenen umgegangen wird, bedarf der Grenzkompetenz, die situationsangemessene Umgangsweisen mit Grenzen und *rites de passage* ermöglicht.

---

19 Dorothee Sölle macht auf die Gefahren aufmerksam, die die strenge Trennung von Kirche und Welt unter nationalsozialistischer Herrschaft im Dritten Reich bedeutete: vgl. Dorothee Sölle, Kirche außerhalb der Kirche, in: *Die Wahrheit ist konkret*, hg. von Dorothee Sölle, Olten: Walter-Verlag 1968, 118–121.
20 Vgl. Ruthner, *Grenzwertig im Dazwischen*, 32.
21 Gary Watt, Law Suits: Clothing as the Image of Law, in: *Visualizing Law and Authority. Essays on Legal Aesthetics*, hg. von Leif Dahlberg, Berlin: De Gruyter 2012, 38–42.
22 Karl Barth postuliert, dass es die Aufgabe der Kirche sei, eine solche Grenze gegenüber einem alles vereinnahmen Staat darzustellen; vgl. Karl Barth, Theologische Existenz heute! (1933), in: *Barth lesen. Zentrale Texte seines Denkens*, hg. von Matthias Freudenberg & Georg Plasger, Zürich: Theologischer Verlag 2019, 108.

Es bedarf der Gestaltung von Grenzerfahrungen und Grenzgängen, aus denen sich womöglich Kontaktzonen und ein Grenzverkehr etablieren.[23] In seinem Buch *Hyperphänomene* schreibt Bernhard Waldenfels von der Figur des Gastes, die gerade diese Grenzzone zwischen Eigenem und Fremdem bewohnt.[24] Zudem stellt er verschiedene Vermittlungsfiguren vor, die er anhand von Berufen verdeutlicht – nämlich: Rechtsanwält:in, Therapeut:in, Übersetzer:in, Zeug:in, Feldforscher:in. Ihnen allen ist gemeinsam, dass sie den Grenzübergang in verschiedener Weise gestalten – bzw. in das Verhältnis von Selbst und Anderem eingreifen, ohne eine abschließende Vermittlung herbeizuführen. An dieser Stelle soll die Theolog:in diese Liste als Grenzkomptenzvermittler:in ergänzen. Nach dem Gesagten besteht die Aufgabe des:der Theolog:in darin, zunächst auf die Existenz der Grenze(n) – das ganz Andere, das Transzendente, das Unsichtbare, das Geheimnishafte und Entzogene, die Unverfügbarkeit des eigenen und des fremden Leibes, die Grenze, die mit dem Tod markiert wird – aufmerksam zu machen und schließlich darüber hinaus Sensibilität für die unterschiedlichen Grenzübergangsmöglichkeiten zu erzeugen sowie Angebote zu schaffen, diese rituell zu begleiten. Die Grenze der eigenen Freiheit wird schließlich besonders in theologisch-ethischen Argumentationen tangiert, wenn Fragen des sozialen Zusammenlebens verhandelt werden.

Fazit

Theologie und theologische Ethik, die Wissenschaftskommunikation betreibt, kann als Beitrag zur Grenzkompetenzvermittlung verstanden werden. Der theologisch-ethische Beitrag zur Wissenschaftskommunikation, die im Übrigen selbst Grenzgänger:in zwischen verschiedenen Systemen ist, kann als eine Art Schulung im Umgang mit der Grenze verstanden werden – als Schulung des *rite de passage* – als Vorbereitung auf Grenzübergänge, ohne dabei die Grenzen der Anderen zu verletzen. Dies ist der theologische Beitrag zur ›Vermittlung von Grenzen‹. Es beinhaltet die Vermittlung eines Wissens von verschiedenen Arten und Weisen der Grenze – und eine Unterscheidung zwischen solchen Grenzen, die überschritten werden wollen und solchen, die es zu wahren gilt, um Freiheit und Integrität der Anderen nicht zu verletzen. Weiterhin bedarf es eines Wissens darum, wann welche (Sprach-)Formen und Modi (Peter Dabrock unterscheidet z. B. konstituierende, legitimierende, begrenzende, kritisierende Modi des Grenzübertritts) hierfür gewählt werden.[25]

Eine Theologie, die Grenzkompetenz zum Gegenstand der Wissenschaftskommunikation macht, konzentriert sich auf eine Kerndimension evangelischer Theologie und legt damit die Grundlage für Elementarisierung – ohne Banalisierung und ohne

---

23 Vgl. zum Grenzverkehr den Beitrag von Hartmut von Sass in diesem Band.
24 Bernhard Waldenfels, *Hyperphänomene. Modi hyperbolischer Erfahrung*, Berlin: Suhrkamp 2012.
25 Dabrock, *Differenzkompetenz und Ambiguitätssensibilität*, 59.

Indoktrination.[26] Bewusst wird dabei kein Lernziel formuliert, sondern vielmehr eine handlungsbasierte Kompetenz, die sich auf je neue Herausforderungen einzustellen vermag. Dass theologische Wissenschaftskommunikation kein leichtes Unterfangen darstellt, weil sie die Revisionsbedürftigkeit und Deutungsoffenheit zwischenmenschlicher Beziehungen, politischen Zusammenlebens sowie der Inhalte und die Grenzen des Wissens selbst zum Thema macht, steht außer Frage und kann dennoch kein Grund sein, um auf theologische Wissenschaftskommunikation als Grenzkompetenzvermittlung in, mit und unter aller befreienden Selbstkritik zu verzichten.

---

26   Norbert Greinacher, Indoktrination oder Elementarisierung?, *Theologische Quartalschrift* 175, 1995, 19–31. Mit dem Begriff der Elementarisierung, der vorrangig in der katholischen Religionspädagogik begegnet, wird ein Teilaspekt unter Berücksichtigung des Lerngegenstandes, der Lernenden, der Zugänge und Lernformen herausgegriffen und fokussiert aufbereitet. Im Falle der vorliegenden Analyse ist dies die Grenze bzw. die Grenzkompetenz.

Verzeichnis der Autorinnen und Autoren

Prof. Dr. **Christian Albrecht** ist Inhaber des Lehrstuhls für Homiletik und Theorie medialer Kommunikation an der Ludwig-Maximilians-Universität (LMU) München. Außerdem ist er Vertreter der Evangelisch-Theologischen Fakultät der LMU in der Synode der Evangelisch-Lutherischen Kirche in Bayern und Vorsitzender des synodalen Ausschusses für Grundfragen des kirchlichen Lebens.

Prof. Dr. **Reiner Anselm** ist Inhaber des Lehrstuhls für Systematische Theologie und Ethik an der Ludwig-Maximilians-Universität München. Darüber hinaus ist er Mitglied des Bayerischen Ethikrates und im Steuerungsboard des Kammernetzwerks der Evangelischen Kirche in Deutschland.

Prof. Dr. **Steffen Augsberg** ist Inhaber des Lehrstuhls für Öffentliches Recht an der Justus-Liebig-Universität Gießen. Von 2016 bis 2024 war er Mitglied des Deutschen Ethikrates. Seit 2018 gehört er dem Direktorium des Gießener Graduiertenzentrums Sozial-, Wirtschafts- und Rechtswissenschaften (GGS) an. Darüber hinaus ist er seit 2011 Mitglied der Vereinigung der Deutschen Staatsrechtslehrer e.V.

Prof. Dr. **Matthias Braun** leitet den Lehrstuhl für (Sozial-)Ethik an der Universität Bonn und ist Research Associate an der University of Oxford. Er hat mehrere internationale Auszeichnungen gewonnen, darunter einen Forschungspreis des Europäischen Forschungsrats und den Falling Walls Award 2023 in der Kategorie Sozial- und Geisteswissenschaften sowie einen Henriette Hertz-Award der Alexander von Humboldt-Stiftung. Er ist Mitglied in mehreren nationalen und internationalen Gremien (z. B. UN, UNESCO, Europäische Kommission).

Prof. Dr. **Peter Bubmann** ist Inhaber der Professur für Praktische Theologie mit dem Schwerpunkt Religions- und Gemeindepädagogik an der Friedrich-Alexander-Universität Erlangen-Nürnberg. Darüber hinaus ist er Mitglied der Landessynode der Evangelisch-Lutherischen Kirche in Bayern.

Prof. Dr. **Peter Dabrock** ist Inhaber des Lehrstuhls für Systematische Theologie mit dem Schwerpunkt Ethik an der Friedrich-Alexander-Universität Erlangen-Nürnberg. Von 2012 bis 2020 war er Vorstandsmitglied des Deutschen Ethikrates, dessen Vorsitz er ab 2016 innehatte. Darüber hinaus ist er Präsidiumsmitglied der Deutschen Akademie der Technikwissenschaften (*acatech*) und Mitglied im Steuerungsboard des Kammernetzwerkes der Evangelischen Kirche in Deutschland.

Prof. Dr. **Sabine Döring** ist Honorarprofessorin für Philosophie an der der Eberhard Karls Universität Tübingen und Staatssekretärin a.D. im Bundesministerium für Bildung und Forschung. Von 2008 bis 2023 war sie Inhaberin des Lehrstuhls für Philosophie mit dem Schwerpunkt Praktische Philosophie an der Universität Tübingen.

Michael Hahn ist Wissenschaftlicher Mitarbeiter am Lehrstuhl für Systematische Theologie II (Ethik) an der Friedrich-Alexander-Universität Erlangen-Nürnberg. Er ist Fellow des Bayerischen Forschungsinstituts für Digitale Transformation (bidt), einem Institut der Bayerischen Akademie der Wissenschaften.

Prof. Dr. **Friedhelm Hartenstein** ist Inhaber des Lehrstuhles für Theologie des Alten Testaments und Religionsgeschichte Israels in ihrem altorientalischen Kontext an der Ludwig-Maximilians-Universität München. Er ist u.a. Mitglied des Internationaler Arbeitskreis für Auslegungs- und Mediengeschichte der Bibel (IAAM).

Prof. Dr. **Martin Hein** ist ehemaliger Bischof der Evangelischen Kirche von Kurhessen-Waldeck. Von 2008 bis 2020 war er Vorsitzender der evangelischen Seite des Ökumenischen Arbeitskreises evangelischer und katholischer Theologen und von 2014 bis 2018 Mitglied des Deutschen Ethikrates. 2018 wurde er von der Hessischen Landesregierung in den Rat für Digitalethik berufen und leitet zudem seit 2020 den Klimaschutzrat der Stadt Kassel.

Prof. Dr. **Wolfram Höfling** war bis zum 31. März 2022 Direktor des Instituts für Staatsrecht der Universität zu Köln sowie Inhaber des Lehrstuhls für Staats- und Verwaltungsrecht, Finanzrecht sowie Gesundheitsrecht und Leiter der Forschungsstelle für das Recht des Gesundheitswesens in Köln. Von 2012 bis 2020 war er Mitglied des Deutschen Ethikrates.

Prof. Dr. **Jeanette Hofmann** ist Professorin für Internetpolitik an der Freien Universität Berlin. Sie ist Forschungs- und Gründungsdirektorin des Alexander von Humboldt Institut für Internet und Gesellschaft (HIIG). Des Weiteren ist sie Honorarprofessorin an der Universität der Künste Berlin und Mitglied in verschiedenen politikberatenden Gremien.

Prof. Dr. **Florian Höhne** ist Inhaber des Lehrstuhls für Medienkommunikation, Medienethik und Digitale Theologie an der Friedrich-Alexander-Universität Erlangen-Nürnberg. Außerdem ist er stellvertretendes Mitglied der Landessynode Evangelisch-Lutherischen Kirche in Bayern und Vorsitzender der Internationalen Dietrich Bonhoeffer-Gesellschaft.

Prof. Dr. **Claudia Jahnel** ist Professorin für Interkulturelle Theologie und Religionswissenschaft an der Universität Hamburg. Sie ist Vorsitzende der Wissenschaftlichen Gesellschaft für Theologie sowie der Theologischen Kommission der Evangelischen Mission weltweit (EMW) und Mitglied der Joint Consultative Group (JCG) zwischen dem Weltrat der Kirchen und der Pentecostal World Fellowship sowie Mitglied des Steuerungsboards der EKD und der Theologischen Kommission der VELKD.

Prof. Dr. **Kristin Merle** ist geschäftsführende Direktorin des Instituts für Praktische Theologie und Professorin für Praktische Theologie mit den Schwerpunkten Poimenik und Homiletik an der Universität Hamburg. Sie ist Mitglied des Steuerungsboards des Kammernetzwerk der EKD sowie Mitglied der 13. Synode der EKD, der 13. Generalsynode der VELKD und der II. Landessynode der Evangelisch-Lutherischen Kirche in Norddeutschland. Darüber hinaus ist sie Mitherausgeberin der Schriftenreihe *Arbeiten zur Praktischen Theologie* bei der Evangelischen Verlagsanstalt sowie der Fachzeitschrift *Wege zum Menschen*.

Prof. Dr. **Thorsten Moos** ist Inhaber des Lehrstuhls für Systematische Theologie (Ethik) an der Universität Heidelberg. Er ist Mitglied in der Wissenschaftliche Gesellschaft für Theologie sowie in der Zentralen Ethikkommission für Stammzellenforschung des Robert-Koch-Instituts. Darüber hinaus war er im Präsidium des Deutschen Evangelischen Kirchentages tätig.

Dr. **Frank Niggemeier** leitet hauptberuflich seit 2014 den Wissenschaftlichen Stab und die Geschäftsstelle des Sachverständigenrats zur Begutachtung der Entwicklung im Gesundheitswesen und in der Pflege sowie freiberuflich die Philosophische Praxis »denk-raum« in Berlin.

Dr. **Tabea Ott** ist wissenschaftliche Mitarbeiterin am Lehrstuhl für Systematische Theologie II (Ethik) an der Friedrich-Alexander-Universität Erlangen-Nürnberg. Sie ist Fellow des Bayerischen Forschungsinstituts für Digitale Transformation (bidt), einem Institut der Bayerischen Akademie der Wissenschaften, und Mitglied im Leitungsgremium von *Young Societas Ethica*.

Prof. Dr. **Barbara Prainsack** ist Professorin für Vergleichende Politikfeldanalyse und Leiterin der Forschungsplattform *Governance of Digital Practices* an der Universität Wien. Sie ist seit 2017 Mitglied und seit 2022 Vorsitzende der *European Group on Ethics in Science and New Technologies (EGE)*. Zudem ist sie gewähltes Mitglied der Deutschen Akademie der Technikwissenschaften (*acatech*), der Österreichischen Bioethikkommission sowie der Königlichen Dänischen Akademie der Wissenschaften.

Florian Schroeder ist Satiriker, Hörfunk- und Fernsehmoderator sowie Autor mehrerer Bücher, darunter *Schluss mit der Meinungsfreiheit* oder *Unter Wahnsinnigen*. Für sein vielseitiges künstlerisches Schaffen wurde er mit zahlreichen renommierten Preisen ausgezeichnet.

Prof. Dr. **Philipp Stoellger** ist Inhaber des Lehrstuhls für Systematische Theologie mit Schwerpunkt Dogmatik und Religionsphilosophie an der Theologischen Fakultät der Universität Heidelberg. Von 2016 bis 2021 war er Mitglied der Theologischen Kammer der Union Evangelischer Kirchen (UEK) und ist seit 2021 Leiter der Forschungsstätte der Evangelischen Studiengemeinschaft (FEST).

Prof. Dr. **Lisanne Teuchert** ist Inhaberin des Lehrstuhls für Systematische Theologie (Dogmatik) an der Friedrich-Alexander-Universität Erlangen-Nürnberg. Sie ist Mitglied im Ökumenischen Studienausschuss des Lutherischen Weltbundes, des Ökumenefachausschusses der Evangelisch-Lutherischen Kirche in Bayern sowie in der Wissenschaftlichen Gesellschaft für Theologie.

Dr. **Max Tretter** ist Wissenschaftlicher Mitarbeiter am Lehrstuhl für Systematische Theologie II (Ethik) an der Friedrich-Alexander-Universität Erlangen-Nürnberg.

Prof. Dr. **Hartmut von Sass** ist Professor für Systematische Theologie mit den Schwerpunkten Dogmatik und Religionsphilosophie an der Universität Hamburg, Mitherausgeber der Schriftenreihen *Religion in Philosophy and Theology* und *Zur Sache. Der Essay* bei Mohr Siebeck sowie Mitglied des *Editorial Boards* der *Neuen Zeitschrift für Systematische Theologie und Religionsphilosophie*.

Prof. Dr. **Mathias Wirth** ist Professor für Systematische Theologie mit Schwerpunkt Ethik und Direktor des Instituts für Systematische Theologie an der Theologischen Fakultät der Universität Bern. Zudem ist er geschäftsführender Herausgeber der *Zeitschrift für Evangelische Ethik* sowie Mitglied im Beirat der Zeitschrift *Ethik in der Medizin*.

Prof. Dr. **Thomas Zeilinger** ist Beauftragter der Evangelisch-Lutherischen Kirche in Bayern für Ethik im Dialog mit Technologie und Naturwissenschaft sowie außerplanmäßiger Professor an der Friedrich-Alexander-Universität Erlangen-Nürnberg.